ERTONG JIATING SHENGHUOQUAN
BAOZHANG YANJIU

儿童家庭生活权保障研究

林建军／著

法律出版社 LAW PRESS · CHINA
北京

图书在版编目(CIP)数据

儿童家庭生活权保障研究 / 林建军著. -- 北京 : 法律出版社, 2023
ISBN 978-7-5197-8274-0

Ⅰ. ①儿… Ⅱ. ①林… Ⅲ. ①儿童－社会生活－权益保护－研究－中国 Ⅳ. ①D922.74

中国国家版本馆 CIP 数据核字(2023)第 168459 号

儿童家庭生活权保障研究
ERTONG JIATING SHENGHUOQUAN BAOZHANG YANJIU

林建军 著

责任编辑 董 昱
装帧设计 汪奇峰

出版发行 法律出版社
编辑统筹 法规出版分社
责任校对 张红蕊
责任印制 耿润瑜
经　　销 新华书店

开本 710毫米×1000毫米 1/16
印张 17.75　**字数** 268千
版本 2023年11月第1版
印次 2023年11月第1次印刷
印刷 三河市兴达印务有限公司

地址:北京市丰台区莲花池西里7号(100073)
网址:www.lawpress.com.cn
投稿邮箱:info@lawpress.com.cn
举报盗版邮箱:jbwq@lawpress.com.cn
销售电话:010-83938349
客服电话:010-83938350
咨询电话:010-63939796

书号:ISBN 978-7-5197-8274-0
定价:78.00元

凡购买本社图书,如有印装错误,我社负责退换。电话:010-83938349

序　言

家庭是人类的天然生活共同体，家庭生活权是自然人享有的与家庭成员有尊严地安宁共同生活、免予任意非法侵扰的权利，是触及人类最基本生存层面具有根本生命意义的人权。保障儿童家庭生活权，为儿童构架一个有尊严的免受非法侵扰的安宁家庭生活领域，是维系儿童身心才智全面成长、创造生命价值的重要保障。因为儿童具有不同于成年人的特质，生理上具有不成熟性和成长性，心理上具有脆弱性和独立性，智识上具有有限性和可塑性，儿童家庭生活权的保障相比成年人家庭生活权的保障更具必要性。而当前，虽然我国的儿童整体发展水平和权益保障状况不断提升，但儿童家庭生活权保障依然面临着高度时空压缩的多重问题，既有传统社会固有的拐卖儿童、流浪儿童等问题，由此造成的骨肉分离仍是社会顽疾；也有工业化、城镇化进程中出现的留守儿童家庭生活实现困境等阶段性问题；还有持续攀升的离婚案件中屡禁不止的藏抢、诱拐孩子的问题，这些都严重侵害了儿童家庭生活权的实现。

家庭生活权已被《公民权利和政治权利国际公约》《欧洲人权公约》等普遍性、区域性人权公约所普遍承认。《儿童权利公约》与儿童权利委员会第14号一般性意见等人权文书则专门聚焦儿童家庭生活权，明确了国家的全面义务，形成了国际社会共同恪守的最低限度的国际人权标准。我国已批准加入《儿童权利公约》等国际人权公约，高度重视对公约的履行和儿童权益保护，初步形成了未成年人保护法律体系，助推了儿童整体发展水平和权益保障状况。但儿童家庭生活权在法律体系中仍付之阙如。

为因应客观现实需要，并恪守国际人权公约，国家应将保障儿童家庭生活权、安定儿童家庭生活秩序纳入法秩序维护的基本内容。由此，以国际人权文件为解释资源开展儿童家庭生活权研究具有重要意义。而目前我国对儿童家庭生活权问题的关注和研究极少，研究成果寥寥，聚焦儿童家庭生活权的著述几近空白，为此全面系统地探究儿童家庭生活权保障问题，既有填补学术空白的开创性和重大学术理论价值，也有保障儿童实现家庭生活权的现实意义。

本书从人权视角出发，以国际人权文书为主要法源依据，采用文义解释、目的解释、体系解释等方法，全面系统阐释了儿童家庭生活权保障的规范结构内容，涉及儿童家庭生活权的范畴、国家保障的宗旨、国家保障的界限、国家保障义务、联合国对缔约国履行义务的条约监督机制等，形成了儿童家庭生活权保障的研究框架体系，为儿童家庭生活权保障研究提供了一种具有普遍适用性和广泛解释力的研究思路。对开展儿童家庭生活权保障研究具有基础性理论意义，为相关国际人权公约在中国的“转化”实施奠定了扎实的理论基础。同时，本文在全面解析国际社会普遍接受的儿童家庭生活权保障最低标准的基础上，结合中国客观实际，围绕如何完备儿童家庭生活权保障的“国家义务”这一重心，体系化建构了国家尊重义务、保护义务和实现义务的相关制度，为中国儿童家庭生活权保障相关立法、司法工作提供了理论和制度支撑。

林建军在攻读博士期间就将儿童家庭生活权研究作为博士论文的主题。本人作为她的导师，见证了她从确定选题到最终完成博士论文的整个研究过程。由于国内有关家庭生活权的研究几近空白，可资利用的研究成果十分有限，可以调动的研究资源相当匮乏，聚焦这一主题进行学术研究绝非易事，确有较大难度，以此作为博士论文的题目需要很强的学术勇气和学术定力。可贵的是，林建军迎难而上，付出了艰辛努力，经过四年不懈而专注的研究，最终如期完成博士论文写作并被评为中国政法大学优秀博士论文。毕业后，林建军博士继续耕耘钻研，经过不断修改完善，终于将《儿童家庭生活权保障研究》这一学术专著呈现给读者。作为导师我非常愿意向所有读者推荐这本专著。这是一本经过反复打磨，在搜集大量一手资料的基础上，经过深入思考、追问、辩驳，最终形成的资料丰富、内容充实、重点突出、结构完整、逻辑严密、理论性强，具有原创性和创新性，能够进一步推动儿童人权法和家庭法理论与实务发展的学术专著。

2023 年 10 月于北京寓所

目录

引　言 …… 1
一、研究背景 …… 1
二、研究意义 …… 3
三、研究思路 …… 4
四、研究方法 …… 6
五、主要创新 …… 7

第一章　儿童家庭生活权的证成与提出 …… 10
第一节　家庭 …… 10
一、家庭的规范内涵 …… 10
二、家庭的倾向性特征 …… 18
三、家庭类型及其扩展 …… 21
第二节　家庭生活 …… 28
一、家庭生活的学理意蕴 …… 28
二、家庭生活的概念辨析 …… 30
第三节　儿童家庭生活权 …… 32
一、家庭生活权的核心要义 …… 32
二、家庭生活权的延伸表达 …… 33
三、儿童家庭生活权的复合权利属性 …… 36
第四节　儿童家庭生活权作为人权的证成 …… 42

一、人权的要义 …… 43
二、儿童家庭生活权作为人权的正当基础 …… 45
第五节 儿童家庭生活权作为人权的提出 …… 51
一、儿童家庭生活权的国际人权文本溯源 …… 51
二、“隐私权条款”与“家庭条款”辨析 …… 57
小 结 …… 59

第二章 儿童家庭生活权的保障观 …… 61
第一节 儿童之特殊性 …… 61
一、儿童 …… 62
二、儿童之“未成年特质” …… 64
第二节 儿童是家庭生活权的特殊权利主体 …… 69
一、儿童身为“人”乃人权主体 …… 69
二、儿童身为“未成年人”乃人权的特定群体 …… 71
三、儿童身为“未成年人”乃家庭生活权的特殊主体 …… 73
第三节 儿童家庭生活权保障的特别价值意蕴 …… 74
一、儿童家庭生活权保障的价值体系 …… 75
二、儿童最大利益 …… 78
三、儿童表达意见 …… 87
第四节 儿童家庭生活权的特别保障观 …… 93
一、特别保障观之学理意蕴 …… 93
二、特别保障观之文本解析 …… 95
三、特别保障观之正当理据 …… 96
四、特别保障观之作业内容 …… 98
小 结 …… 100

第三章 儿童家庭生活权保障的界限 …… 102
第一节 儿童家庭生活权保障中家庭与国家的义务边界 …… 102

一、保护儿童家庭生活权的家庭责任 …… 103
二、国家介入儿童家庭生活的正当性 …… 106
三、国家义务与家庭责任的边界 …… 109
第二节　儿童家庭生活权的限制与保障 …… 114
一、儿童家庭生活权限制的学理意蕴 …… 114
二、儿童家庭生活权限制的文本解析 …… 115
三、儿童家庭生活权的限制构成保障的界限 …… 118
第三节　儿童家庭生活权限制的正当性 …… 119
一、儿童家庭生活权具有界限性 …… 119
二、实现所有人人权的最大化 …… 120
第四节　儿童家庭生活权限制的条件 …… 122
一、一般情况下不得限制儿童家庭生活权 …… 122
二、例外情况下得依法限制儿童家庭生活权 …… 123
小　结 …… 131

第四章　儿童家庭生活权保障的国家义务 …… 133
第一节　儿童家庭生活权以国家履行义务为基本保障方式 …… 133
一、国家的意涵 …… 133
二、国家是儿童家庭生活权保障的核心义务主体 …… 134
三、国家履行义务是儿童家庭生活权保障的基本方式 …… 137
四、国家履行义务以宪法为成文法依据 …… 138
第二节　国家保障儿童家庭生活权的义务结构体系 …… 142
一、国家全面承担综合性义务 …… 143
二、基本权利的功能体系论 …… 144
三、国家义务的“三层次说” …… 146
四、国家义务的“二层次说” …… 149
第三节　儿童家庭生活权保障的国家尊重义务 …… 150
一、国家尊重义务是核心义务 …… 150

二、国家尊重义务的规范内容 …… 152
第四节　儿童家庭生活权保障的国家保护义务 …… 159
一、国家应“适足”履行保护义务 …… 159
二、国家保护义务的规范内容 …… 161
第五节　儿童家庭生活权保障的国家实现义务 …… 170
一、国家应积极履行实现义务 …… 170
二、国家实现义务的规范内容 …… 172
小　结 …… 182

第五章　儿童家庭生活权保障中国家义务的条约监督 …… 184
第一节　儿童家庭生活权保障的国家义务与条约监督 …… 184
一、儿童家庭生活权相关条约机构 …… 184
二、儿童家庭生活权相关条约机构对国家履行义务的监督 …… 187
第二节　儿童家庭生活权相关条约监督机制 …… 188
一、儿童家庭生活权相关条约监督机制的正当基础 …… 188
二、相关条约机构监督国家履行义务的缔约国报告程序 …… 192
三、相关条约机构监督国家履行义务的个人来文程序 …… 195
第三节　儿童家庭生活权相关条约机构的监督实践 …… 197
一、相关条约机构监督国家履行义务的判例概览 …… 198
二、对国家履行义务进行监督的前设——适用性评断 …… 200
三、对国家履行尊重义务的监督——合规性评断 …… 206
四、对国家履行保护义务的监督——合规性评断 …… 218
小　结 …… 225

第六章　中国保障儿童家庭生活权的国家义务体系建构 …… 227
第一节　中国相关立法实践 …… 227
一、宪法相关实践 …… 228
二、民法相关实践 …… 229

三、未成年人保护法相关实践 …… 231
第二节　中国法建构的三重动因 …… 232
一、实现国际人权标准的“中国化” …… 232
二、破解法秩序中的“权利赤字” …… 233
三、填补儿童面临的“家庭生活鸿沟” …… 234
第三节　中国法建构的路径选择 …… 235
一、权利基础：内含于隐私权抑或独立为家庭生活权 …… 235
二、权利保护路径：公法保护、私法保护抑或综合保护 …… 238
第四节　中国法建构的制度补阙 …… 241
一、国家履行尊重义务的制度补阙 …… 242
二、国家履行保护义务的制度补阙 …… 245
三、国家履行实现义务的制度补阙 …… 248

结　论 …… 251

参考文献 …… 254

附　录 …… 270

引　言

一、研究背景

家庭是人类古老而自然的生活共同体，家庭生活是人类基本而常态的生活方式，家庭生活权是个人维系与家庭成员安宁共同生活免受侵扰的权利。人类社会无论如何发展，无论历经多少转型，都是“人”的社会，均以保护人权、守护家庭生活安宁、安定社会秩序为核心治理目标。国家保障家庭生活权，既应人之自然本性，谋家之圆满秩序，又助社会行稳致远，利国家稳固安泰。对无法自足的儿童，家庭是最符合其天性的自然栖息之地，家庭生活是儿童获得身心才智全面支持的基本保障，家庭生活权是触及儿童最基本生存层面的肉体生命维系和精神生命涵养的人权。构架一个免受非法侵扰的家庭生活领域，是对儿童基本生存的保障和尊严的维护，是国家法秩序应维护的根本内容。

进入21世纪，社会加速发展，对于幅员辽阔、发展并不均衡的中国而言，同时面临农业社会、工业社会、信息社会不同形态叠加杂糅带来的多重挑战，儿童家庭生活同时经受传统社会既有问题和工业化、全球化进程中新问题的冲击。其中，既有传统社会固有的拐卖儿童、流浪儿童问题，也有工业化、城镇化推进中出现的留守儿童家庭生活实现困境等阶段性问题，还有持续攀升的离婚案件中屡禁不止的抢夺、藏匿孩子问题，这些问题严重侵害了儿童家庭生活权的实现；还有国际化全球化进程中出现的外国来华人员与未成年子女家庭团聚的新挑战。特别是工业化进程中面临的留守儿童的家庭生活权实现困境。部分农村劳动力离开未成年子女外出务工，为社会作出了积极贡献，为子女创造了一定物质条件。但部分儿童缺少亲情关爱，有的罹患心理健康疾患，有的遭受意外伤害，有的受到不法侵害，严重影响了儿童身心健康，成为儿童面临的“家庭生活鸿沟”。回应挑战，如何安定儿童家庭生活秩序，为儿童基本生存和尊严提供根本保障，应成为国家法秩序维护的重要内容，置于国家发展的战略框架。

家庭生活权已被《公民权利和政治权利国际公约》《欧洲人权公约》等普遍性、区域性人权公约所肯认，获得了国际社会广泛承认，《儿童权利公约》与儿童权利委员会第14号一般性意见等国际人权文书则专门聚焦儿童，明确了国家对儿童家庭生活权的全面义务。考察中国法律体系，国家高度重视儿童发展与权益保护，专门制定《未成年人保护法》等法律，先后实施三个周期的中国儿童发展纲要，初步形成了未成年人保护的法律体系，助推了儿童整体发展水平和权益保障状况。对留守儿童问题，国家逐步建立健全农村留守儿童关爱服务体系。2016年2月，国务院就农村留守儿童关爱保护工作专门印发《关于加强农村留守儿童关爱保护工作的意见》，对促进农村留守儿童健康成长起到了积极作用。但儿童家庭生活权仍付之阙如，国家承担何种义务不甚明确，儿童家庭生活权保障体系远未完备，理论研究几近空白，难以回应客观现实需求。为此，以国际人权文书为框架，全面系统阐释儿童家庭生活权保障的结构体系，进而建构和安定中国的儿童家庭生活权保障秩序极具现实意义。

本书以国际人权文书为主要法源依据展开研究，主要有如下两方面考量：第一，儿童家庭生活权等相关内容见于系列国际人权文书。既涉及《世界人权宣言》，也涉及《公民权利和政治权利国际公约》《儿童权利公约》等国际人权条约，还涉及人权事务委员会、儿童权利委员会等条约机构的一般性意见以及对个人来文决定等。这些相关国际人权文书涵盖了大量与儿童家庭生活权保障或直接或间接相关的内容，形成了国际上普遍遵行的最低限度的国际人权标准，为儿童家庭生活权保障提供了法源依据，也为本书的研究提供了丰富的解释资源。而国内对儿童家庭生活权保障国际人权标准的研究却几近空白，目前尚无相关内容的搜集整理以及全面解析工作。笔者为此查阅了条约、一般性意见、个人来文决定等大量国际人权文书，从众多文书中筛选出儿童家庭生活权相关规范以及判例实践，并以此为据开展研究。加上副标题旨在限定研究的法源依据，使研究的指向更明确、更聚焦，也更符合本书主要关注国际人权标准的初衷。第二，从法律效力看，上述相关国际人权文书包括具有法律约束力的条约，其对各缔约国履行条约义务所产生的规范效力自不待言；另外还包括联合国大会通过的决议或条约机构通过的一般性意见等软法规范。这些软法虽然没有法律约束力，但同样构成我国建构儿童家庭生活权保障体系的规范指引。为此，有必要加以全面梳理解析。另外，为了确保最大限度地适切理解本书涉及的《公民权利和政治权利国际公约》《儿童权利公约》等主要规范依据，本书主要以国外学者对《公民权利和政治权利国际公约》《儿童权利公约》的评注为准，解析条约的内容。

二、研究意义

（一）理论意义

体系化地全面界说了儿童家庭生活权体系，为相关研究提供了解释思路。儿童家庭生活权已被系列国际人权文书所载明，本书全面梳理解析了相关国际人权文书，并以此为规范基础，体系化地全面界说了意义关联、融贯统一的儿童家庭生活权体系。为研究儿童家庭生活权提供了一种具有普遍解释力的研究思路。

从法教义学角度阐释了儿童家庭生活权保障的国际人权标准，为国际人权公约的国内“转化”实施奠定了理论基础。系列相关国际人权文书为儿童家庭生活权保障提供了最低限度的标准，也提供了丰富的解释资源。但国内对此问题的关注和研究极少，成果寥寥。本书以国际人权文书为主要法源依据，采用文义解释、目的解释、体系解释等方法，从法教义学角度全面系统地阐释了儿童家庭生活权保障的规范结构内容，包括儿童家庭生活权的内容、保障的界限、国家义务、条约监督机制等，特别是重点探讨了国家义务的结构内容，形成了具有普遍适用性和广泛解释力的儿童家庭生活权保障框架体系。对开展儿童家庭生活权保障研究具有基础性理论意义，为相关国际人权公约在中国的“转化”实施奠定了扎实的理论基础。

（二）应用价值

完成了“国家义务”在中国法秩序中的制度建构，为国家立法、司法提供了理论支撑。在全面解析国际社会普遍接受的儿童家庭生活权保障最低标准的基础上，结合中国客观实际，围绕如何完备儿童家庭生活权保障的“国家义务”这一重心，体系化建构了国家尊重义务、保护义务和实现义务的相关制度，实现了相关国际人权标准的中国化，为中国儿童家庭生活权保障相关立法、司法工作提供了理论和制度支撑。

全面系统探究了儿童家庭生活权保障问题，有助于推动中国儿童家庭生活权的全面充分实现。开展儿童家庭生活权保障研究，安定儿童家庭生活秩序，回应儿童家庭生活面临的传统社会既有问题和工业化、全球化进程中新问题的冲击，既应儿童之自然本性，增儿童之安宁幸福，又谋家庭之圆满维持，襄社会之行稳致远，更利国家之稳定安泰。

三、研究思路

本书从人权保护视角出发，以国际人权文书为主要法源依据，分六章全面探究了儿童家庭生活权保障这一命题。从写作思路看，全部六章分为三个板块，第一板块是第一章，阐释了儿童家庭生活权的内涵、内容、权利属性以及何以、何时、何处被国际人权文书提出等问题。这些问题是儿童家庭生活权保障研究应首先处理的权利基础与逻辑前提。第二板块是第二章至第五章，分别为儿童家庭生活权的保障观、保障的界限、国家义务、条约监督机制。从学理角度审视，第二板块体系化地揭示了儿童家庭生活权保障的内在规范结构，这些内容内含于儿童家庭生活权保障的内在结构关系之中。从法律角度审视，第二板块旨在从法教义学方面依据国际人权文书解析儿童家庭生活权保障的国际人权标准。第二板块的重点是国家义务，探讨儿童家庭生活权保障问题，归根到底是回答国家如何履行义务的问题。第四章和第五章分别探究了国内层面国家如何履行义务、国际层面条约机构如何监督各缔约国履行义务。而国家履行儿童家庭生活权保障义务，须遵行保障的宗旨即第二章保障观，须明晰保障的边界即第三章保障的界限。第三板块即第六章，以上述国际社会普遍遵行的国际人权标准为规范指引，以中国国情为现实依据，以儿童家庭生活权实现为终极目标，完成国家义务的中国法建构。具体而言，全部六章内容按如下思路逻辑递进地展开论述。

第一章儿童家庭生活权的证成与提出。儿童家庭生活权保障以儿童家庭生活权为研究对象与逻辑起点，而儿童家庭生活权何以、何时、何处被国际人权文书提出，其内容指向为何，应首先阐明。该章首先从规范性角度解析了儿童家庭生活权的内涵、内容、权利属性，进而体系化建构了意义关联、逻辑贯通的儿童家庭生活权体系，包括人人享有的家庭生活权、家庭团聚权和交往权。在明了儿童家庭生活权规范内容的基础上，证成其何以正当成立，何时、何处被国际人权文书所提出。

第二章儿童家庭生活权的保障观。儿童家庭生活权保障必有欲求的目标，即保障宗旨或保障观。与成年人相比，儿童具有“未成年”之“特质”。相应地，儿童家庭生活权在权利主体、权利内容、价值理念等方面具有特殊性。儿童家庭生活权保障由此被赋予了特别意蕴，追寻特殊宗旨。这些特殊宗旨内在设定着所有儿童家庭生活权保障行动的价值目标，并体现为立法行动、制度配套、组织架构、程序安排等方面的特别措施。该章的讨论也在一定程度上回答了专门研究儿童家庭生活权保障问题的学术旨趣。

第三章儿童家庭生活权保障的界限。儿童家庭生活权应受国家尊重和保障，但国家保障儿童家庭生活权蕴含两方面“界限”应予明晰：一是两个义务主体——“家庭”与“国家”的作业边界。儿童家庭生活权兼具人权和身份权双重属性，儿童兼有家庭成员和公民双重身份，儿童家庭生活权的全面实现同时仰赖家庭和国家，两者的作业边界有必要明晰。二是对儿童家庭生活权施加权利限制与权利保障的界限。儿童家庭生活权可能与公共利益发生冲突，为了在制度层面兼容所有人的人权，须依法对儿童家庭生活权施加限制。这种对权利主体——儿童的权利限制正是对义务主体——国家的义务免除，权利限制的起点正是权利保障的终点，构成保障的界限，是儿童家庭生活权保障规范结构的题中之义。

第四章儿童家庭生活权保障的国家义务。探讨儿童家庭生活权保障问题，归根到底是回答国家如何履行义务的问题。人权创设国家义务。国家是保障儿童家庭生活权的核心义务主体，国家履行义务是最直接、最基本、最重要的保障方式，是儿童家庭生活权保障规范结构的核心内容。保障儿童家庭生活权的国家义务是全方位的、综合性的，其义务结构体系包括尊重义务、保护义务和实现义务。其中，避免任意和非法侵扰儿童家庭生活权的尊重义务是最原始、最核心的国家义务。本章重点围绕国家义务的规范结构内容加以阐述。

第五章儿童家庭生活权保障中国家义务的条约监督。保障儿童家庭生活权，需要各缔约国尽职履行条约义务，也需要国际人权条约机构加以有效监督，特别是在家庭的跨国性流动性特征日益凸显的当今世界，各国孤立行动殊难保障儿童家庭生活权在全球范围内的充分实现，条约机构强化对缔约国的外部监督成为儿童家庭生活权实现之必然选择。本章探讨了国际人权条约机构对缔约国履行义务的条约监督机制，并结合判例对条约机构监督缔约国履行义务形成的评断基准展开分析。

第六章中国保障儿童家庭生活权的国家义务体系建构。本章以儿童家庭生活权保障的国际人权标准为规范指引，结合中国现实国情，完成国家义务的中国法建构。具体以“儿童家庭生活权——国家义务”为基本框架，以国家为核心义务主体，以家庭生活权为权利基础，以国家承担尊重、保护、实现义务为主要内容，通过完善《宪法》及《未成年人保护法》等法律，采取相应的制度配套、组织设置、程序安排等措施，安定中国的儿童家庭生活权法律秩序。

四、研究方法

本书综合运用了规范分析方法、价值分析方法、案例分析方法等研究方法，对儿童家庭生活权保障问题加以研究。

（一）规范分析方法

规范分析方法是本书的主要研究方法。规范分析方法又称法解释学方法、法教义学方法，是以法律条文为研究对象，对法律规范本身进行分析的研究方法。考察国际人权文书，儿童家庭生活权保障规范结构所涉及问题部分能在国际人权文书中找到直接或相关规范依据，在相关人权实践中也能找到评断基准。故而本书主要在国际人权文书框架下展开探讨，运用规范分析方法，全面系统考察儿童家庭生活权保障相关国际人权文书，特别是以《公民权利和政治权利国际公约》《儿童权利公约》两个公约为主要规范依据，以相关条约机构通过的一般性意见（或一般性建议）、审议个人来文的意见等文书作为权威解释依据，以《公民权利和政治权利国际公约》《儿童权利公约》两个公约的评注为主要解释资源，重点采用文义解释、目的解释、体系解释等方法，对文本内容加以阐明，力求获得符合相关国际人权文书立法本意之适切理解。

（二）价值分析方法

价值分析方法是法律价值论在法学研究中的具体体现，是本书较为重要的研究方法。人权法是立基于人权价值之上的法律规范，从价值层面对人权法何以产生、当如何存在进行解析和评价，是人权法研究的重要方法。家庭生活权证成于自然本性、人格尊严等价值理念，儿童家庭生活权保障同样应遵循核心的价值设定，这些价值纳入人权法成为具体规范的价值基础。本书运用价值分析方法，从价值层面追问家庭生活权作为人权成立的价值正当性，探究概括儿童家庭生活权保障应遵循的价值理念体系。

五、主要创新

（一）观点创新

运用自然法范式和人的尊严范式证成家庭生活权的正当成立。儿童家庭生活权具备人权成立的自然法基础、价值元点以及伦理根基，既符合生物之性，又尊奉人之尊严，亦顺应人伦之情，具有应然性、正当性。本书为证成家庭生活权的正当性成立提供了具有普遍解释力的学术观点和研究思路，具有基础性理论意义。

全面界说了儿童家庭生活权体系。儿童家庭生活权研究在国内几近空白，本书以相关国际人权文书为法源依据，全面界说了儿童家庭生活权的内涵、内容、权利属性等，建构了由核心内容和延伸内容组成的内在意义关联、逻辑贯通、融贯统一的儿童家庭生活权体系框架，包括儿童与一般主体平等享有的家庭生活权、家庭团聚权、交往权，以及儿童基于“未成年特质”专门享有的监护权，为开展相关研究提供了理论支撑。

（二）方法创新

从法教义学角度系统阐释了儿童家庭生活权保障的国际人权标准。儿童家庭生活权及其保障的相关内容见于一些国际人权文书，包括《世界人权宣言》、《公民权利和政治权利国际公约》与《儿童权利公约》等国际人权条约、人权事务委员会与儿童权利委员会等条约机构的相关一般性意见以及对个人来文决定等。这些相关国际人权文书涵盖了大量与儿童家庭生活权保障直接或间接相关的内容，形成了国际上普遍遵行的国际人权标准，为儿童家庭生活权保障提供了法源依据，也为开展儿童家庭生活权保障研究提供了丰富的解释资源。笔者为此投入大量精力搜集、整理并全面归纳解析相关国际人权文书，特别是考察研究了大量一般性意见以及个人来文决定，并以此为主要法源依据和解释资源，运用法教义学研究方法，全面系统地阐释了儿童家庭生活权保障的规范结构内容，建构了以国家履行义务为核心的儿童家庭生活权保障的框架体系，呈现了国际社会普遍遵行的儿童家庭生活权保障的国际人权标准。

（三）制度创新

全面建构了以“国家义务”为核心内容的中国儿童家庭生活权保障机制。以国际人权标准为指引，结合中国现实国情，围绕如何完备儿童家庭生活权保障的“国家义务”这一重心，体系化建构了国家尊重义务、保护义务和实现义务的相关制度，为国家出台相关法律法规提供了有力的学理支持，有助于中国儿童家庭生活权的充分实现。

第一章　儿童家庭生活权的证成与提出

家庭是人类古老的自然生活共同体，家庭生活是人类基本生活方式，家庭生活权是个人与家庭成员安宁共同生活免受非法侵扰的权利，其成立既应生物之性，又顺人伦之情，亦奉人之尊严，具有应然性、正当性。

对无法自足的儿童而言，家庭是最符合其天性的栖息之地，家庭生活是身心才智全面成长的基本保障，家庭生活权是触及儿童基本生存层面的肉体生命维系和精神生命涵养的基本人权。保障儿童家庭生活权，架构一个免受非法侵扰的家庭生活领域，是对儿童基本生存的保障和人格尊严的维护，是国家法秩序应维护的根本内容。

探讨儿童家庭生活权保障问题，儿童家庭生活权是权利基础，是研究的逻辑起点。为此，应首先廓清儿童家庭生活权的范畴，证成其正当成立，溯源其文本规范。本章将以国际人权文书为主要法源依据，对上述内容加以系统解析。

第一节　家　　庭

“家庭生活权”的最简明释义就是家庭生活的权利，内在蕴含“家庭”及“家庭生活”之义。明晰“家庭生活权”的范畴，应首先逐次框定“家庭”“家庭生活”的规范内涵。

一、家庭的规范内涵

“家庭”成立与否决定了“家庭生活”有效存在与否。而“家庭”作为频频出现于社会生活和社会科学研究领域的概念，有着悠久的思想源流和丰富的思想意蕴，意涵非常丰富，常常被多义性使用。“正如家庭试图表达的现实一样，包括道德、情感、社会和法律等诸多方面。”[①] 为使各缔约国法律所规范的家庭具有相对确定性、同一性和连贯性，部分国际人权文书对家庭作出了限定，使之在国际人权文书框架下具有了规范内涵。

家庭是人类社会古老而重要的自然生活共同体，是人类繁衍存续的根基，是社会形成与发展的基石。第二次世界大战之后，《世界人权宣言》[②] 与《公民权利和政治权利国际公约》、《经济、社会及文化权利国际公约》、《儿童权利公约》[③] 等普遍性人权公约以及《欧洲保障人权和基本自由公约》（以下简称《欧洲人权公约》）、《美洲人权公约》《非洲人权和民族权宪章》[④] 等区域性人权公约纷纷将“家庭”纳入视野，人权事务委员会、消除对妇女歧视委

---

① Vasile Tudor, *Legal Aspects of the Right to Respect Private and Family Life*, 21 Nephron Clinical Practice2（2015）.

② 宣言这一用语用于各种国际文书。不过，宣言并不总是具有法律约束力。经常有意选用这一用语，以表明签署方无意建立具有约束力的义务，而仅仅是想要表明某些意愿。1992 年《里约宣言》便是一例。不过，宣言也可以是广义上的条约，意图在国际法上具有约束力。因此，对每一种具体情况都要确定签署方是否有意建立具有约束力的义务。确定签署方的意图往往很难。有些文书以“宣言”为题，最初无意具有约束力，但宣言条款可能反映了习惯国际法，或后来获得了约束力，成为习惯法。1948 年《世界人权宣言》就是这种情况。有意具有约束力的宣言可分为以下几种：（1）宣言可以是狭义上的条约。一个重要范例是 1984 年《中英关于香港问题的联合声明》。（2）解释性宣言，即附于条约的一种文书，其目的是解释或说明该条约的条款。（3）宣言也可是一种关于不太重要事项的非正式协定。（4）一系列单边宣言可以构成有约束力的协定。一个典型的例子是根据《国际法院规约任择条款》发表的在宣言者之间形成法律联系的宣言，尽管宣言并不是宣言者之间直接相互针对发出。另一个范例是 1957 年埃及发表的《苏伊士运河宣言》及运河营运的安排，这项宣言被认为是具有国际性的约定。载联合国官网“专业术语”，https：//www. un. org/zh/documents/treaty/glossary. shtml，2020 年 5 月 10 日访问。

③ 20 世纪，“公约”一词经常为双边协定所使用。但现在“公约”一般用于拥有众多缔约方的正式的多边条约。公约通常开放供整个国际社会或大批国家加入。正常情况下在某个国际组织主持下谈判达成的文书被称为公约。这也适用于某个国际组织的机构通过的文书。载联合国官网“专业术语”，https：//www. un. org/zh/documents/treaty/glossary. shtml，2020 年 5 月 10 日访问。

④ 宪章这一用语用于正式而庄严的文书，如一国际组织的组织条约。这一用语本身具有感情内涵，这可以追溯到 1215 年《大宪章》。近代著名的例子包括 1945 年《联合国宪章》和 1952 年《美洲国家组织宪章》。载联合国官网“专业术语”，https：//www. un. org/zh/documents/treaty/glossary. shtml，2020 年 5 月 10 日访问。

员会等条约机构[①]先后通过关于“家庭”的一般性意见[②]或一般性建议等，[③]使“家庭”受到了广泛的国际保护。上述国际人权文书成为各缔约国援引解释“家庭”定义的主要法源和指南，并成为国际社会普遍接受的最低标准。

在系列国际人权文书中，家庭是“天然的和基本的社会单元”的认识成为一种共识。《世界人权宣言》第16条第3款宣明：“家庭是天然的和基本的社会单元，并应受社会和国家的保护。”《公民权利和政治权利国际公约》第23条第1款采用《世界人权宣言》第16条第3款原文，该表述与《美洲人权公约》第17条第1款措辞完全相同，与《经济、社会及文化权利国际公约》第10条第1款[④]、《欧洲社会宪章》第16条、《非洲人权和民族权宪章》第18条第1款[⑤]仅略有不同。[⑥]

---

① “人权条约机构是监督核心国际人权条约执行情况的各独立专家委员会。每个公约缔约国都有义务采取措施确保国内所有人享有条约所列的权利。目前共有九个国际人权条约和一项任择议定书，由此设立了十个条约机构。这些条约机构由人权业务能力受到认可的独立专家组成，专家由缔约国提名和选拔，固定任期四年，可以延长。”载联合国人权事务高级专员办公室网，https：//www.ohchr.org/CH/HRBodies/Pages/TreatyBodies.aspx，2020年8月25日访问。

② 经济、社会、文化权利委员会在“导言：一般性意见的目的”中说明了通过一般性意见的主要目的：“在其1988年第二届会议上，委员会决定（E/1988/14，第366和367段）根据经济及社会理事会对它提出（第1987/5号决议）并由联合国大会批准（第42/102号决议）的一项请求，从其第三届会议开始根据《经济、社会及文化权利国际公约》的各条款和规定编写一般性意见，从而帮助缔约国履行它们的报告义务……委员会力图借其一般性意见使历来通过审查这些报告所获得的经验为各缔约国带来好处，从而帮助和促进它们进一步执行《公约》提请缔约国注意大量的报告中的不足之处；建议改善报告程序，促进缔约国、有关国际组织和专门机构在逐渐和有效地充分实现《公约》中所承认的权利方面的活动。在必要时，委员会可根据缔约国的经验和它从这些经验中得出的结论修改和更新其一般性意见。”

③ 人权事务委员会第19号一般性意见：第23条（家庭）。消除对妇女歧视委员会第21号一般性建议：婚姻和家庭关系中的平等。消除对妇女歧视委员会第29号一般性建议：婚姻、家庭关系及其解消的经济后果。

④ 《经济、社会及文化权利国际公约》第10条规定，“对作为社会的自然和基本的单元的家庭，特别是对于它的建立和当它负责照顾和教育未独立的儿童时，应给以尽可能广泛的保护和协助”。

⑤ 《非洲人权和民族权宪章》第18条第1款规定：“家庭是社会的自然单位和基础。它应当受到国家的保护，国家应当关心它的物质上和精神上的健康。”

⑥ 参见［奥］曼弗雷德·诺瓦克：《〈公民权利和政治权利国际公约〉评注》（修订第2版），孙世彦、毕小青译，生活·读书·新知三联书店2008年版，第537－538页。

（一）家庭是自然的生活单元

《世界人权宣言》第16条第3款、《公民权利和政治权利国际公约》第23条、《经济、社会及文化权利国际公约》第10条等系列国际人权规范均肯定家庭是基于人的自然本性形成的“自然”单位，是不可或缺的“生活共同体”，即自然的生活单元。对儿童而言，家庭扮演着儿童自然保护者的角色，是儿童须臾离不开的自然生活家园。“在（《经济、社会及文化权利国际公约》）整个起草过程中，各国经常强调家庭在经济、社会和文化生活中的重要作用以及‘作为幼儿的自然保护者’的重要作用。这一规定的基础是关于家庭在社会秩序中的‘自然’角色的各种社会、文化和道德设定。”①

1. 家庭是“自然”单元

家庭是人的本质型结合，这种结合具有自然性、必然性，这种必然性源自家庭中个体结合的本能性、天然性。人作为一种生物学意义的存在，“具有各种自然禀赋，大致有两类，即本能和理性”②，正是大自然赋予人类的本能内在驱动了家庭的产生。

传统意义上，家庭源自婚姻或血缘，涉及“和生命因素及生命循环有关的各种关系”。③ 而无论是婚姻关系还是血缘关系，均源自人的自然本性。婚姻关系以男女两性的生理差别和人类固有的性本能为生物学基础，是基于性本能结合的姻缘共同体。两性吸引“是人类的一个基本的生物需要”④，满足这一基本生理需求是人的正当本能。这种性本能欲望和两性生理差异是驱动两性结合为婚姻的动力本源。血缘关系是受遗传基因本能驱动的血统共同体。繁衍人种的自然本能驱动亲子家庭关系。父母希望遗传基因，实现基因的代际延续，使个体生命的有限性通过繁衍实现无限永恒，延续生命的欲望和能

---

① ［澳］本·索尔等：《〈经济社会文化权利国际公约〉评注、案例与资料》（下册），孙世彦译，法律出版社2019年版，第627页。

② 詹世友：《共同的好生活：康德政治伦理学的本旨》，载《道德与文明》2018年第5期。

③ ［美］J. 罗斯·埃什尔曼：《家庭导论》，潘允康等译，中国社会科学出版社1991年版，第83页。

④ 费孝通：《乡土中国·生育制度》，北京大学出版社1998年版，第100页。

力驱动他们生儿育女，从而使儿女进入家庭。

从此意义上说，家庭是一种“天然的”“不得不的”全人格的本质型结合。性本能、生命代际延续本能驱动夫妻关系、亲子关系产生，这种生物学意义上“人”之自然，内在生成为“家庭”之自然，使家庭产生及维系具有了自然性。家庭作为一种自然秩序，成为所有人际结合中最为密切、最为自然者。[①]“在所有社会中，最古老而唯一自然形成的，就是家庭”，[②] 家庭是一种“自然”单位。为此，《世界人权宣言》第16条及系列国际人权公约均规定，“家庭是天然的和基本的社会单元”，具有鲜明的“天然性”“自然性”。

2. 家庭是“生活”组织

与其他诸多人类共同体相比，家庭是以永久共同生活为目的的生活组织。“家之成立既不以契约为必要，系以共同生活为目的，亦非以经营共同事业为目的，其非合伙自为明显。”[③] 无论何种家庭关系，其客观出发点无外乎长久共同生活，以共同生活相互陪伴为关系的核心要义。共同生活的意愿及相应事实将家庭区别于其他亲属关系，虽然二者同属亲属团体，均为血缘单位，但亲属只是单纯的血缘单位，是血缘综合体，而家庭不仅是血缘单位，还是有永久共同生活意愿及相应事实的亲缘者之间的生活单元，正如瞿同祖先生所言，是“同居的营共同生活的亲属团体”[④]。亚里士多德则将其视为“第一个为满足人的日常生活需要自然形成的共同体，所以家庭成员被加隆达斯称作‘食厨伴侣’，而克里特人厄庇米尼德称它为‘食槽伴侣’”[⑤]。

所谓共同生活，涉及肉体、精神、性与经济多个面向，不仅涉及家庭成员肉体层面的共同居住生活，还涉及精神层面的相互涵养慰藉、维系亲密关系，也涉及经济层面的共同消费，拥有共同生活场所、共有财产。此外，对于夫妻以及亲密伴侣而言，还意味着性的结合。当然，以上共同生活内容是交错发生的，很难截然分开。显然，家庭是具有共同生活的目标、内容、场

---

① 参见史尚宽：《亲属法论》，中国政法大学出版社2000年版，第787页。

② ［法］卢梭：《社会契约论》，钟书峰译，法律出版社2012年版，第2页。

③ 史尚宽：《亲属法论》，中国政法大学出版社2000年版，第787页。

④ 瞿同祖：《中国法律与中国社会》，中华书局2003年版，第3页。

⑤ ［古希腊］亚里士多德：《政治学》，高书文译，九州出版社2007年版，第9页。

所、财产的“同居共财”的生活组织，[①] 其本质在于建立身份关系，“指涉一种身份，基于此身份，建立一个亲密关系的领域，并且无形地将个体与社会组织相分隔，使个人的私人生活与社会公共活动相分开”[②]。

3. 家庭是“共同体”

家庭是有婚姻和血缘关系的人以共同生活为目的组成的亲属“统一体”，是一种本质型社会结合关系。社会结合关系分为本质的和目的的社会结合关系。本质的社会结合关系是基于人类本性“不得不结合”的关系，是自然的、必然的、本质的、感情的结合关系，简单说是人伦关系。这种人伦关系奉行价值理性，追求奉献、利他、和谐等价值，有别于奉行经济理性追求利益、等价有偿价值的合同关系等财产关系，合同关系则是一种目的的社会结合关系。家庭为本质的社会结合，以夫妻或亲子的共同生活关系之设定为目的，是一种全人格的结合，夫妻基于本能的性爱而成立，“婚姻之本质为基于人格的性爱之结合，非如社团基于利害打算之结合”，[③] 亲子是父母基于本能的基因延续的生育行为而产生，均属社会中最密切不可替代的生活共同体，具有一体性、紧密性。家庭成员关系的特点是“合”而不是“分”。个体进入家庭，即不再是绝对自由状态下孑然孤立的个人，而是共同体中的“家庭成员”，家庭是一个共同体，家庭成员在情感以及生计上都有着紧密联系。[④] “家庭应当理解为父母和子女构成的各种共同体”，[⑤] 是“共同维持家计的生活共同体”。[⑥] 这一特性成为家庭与其他社会单位的重要区别。

---

① 参见［日］滋贺秀三：《中国家族法原理》，张建国、李力译，法律出版社 2003 年版，第 56 页。

② 曾培芳、王冀：《议“家庭”概念的重构——兼论家庭法学体系的完善》，载《南京社会科学》2008 年第 11 期。

③ 史尚宽：《亲属法论》，中国政法大学出版社 2000 年版，第 105 页。

④ 参见张剑源：《家庭本位抑或个体本位？——论当代中国家事法原则的法理重构》，载《法制与社会发展》2020 年第 2 期。

⑤ ［德］迪特尔·施瓦布：《德国家庭法》，王葆莳译，法律出版社 2010 年版，第 11 页。

⑥ 参见［日］滋贺秀三：《中国家族法原理》，张建国、李力译，法律出版社 2003 年版，第 42 页。

（二）家庭是基本的社会单元

古今中外，社会秩序的最基本支柱都是家庭，无论是政治生活、经济生活、社会生活还是文化生活等，其根基都是“家庭生活”。为此，《世界人权宣言》等系列国际人权文书都特别肯定了家庭在社会秩序中的角色，将家庭视为最基本的社会组成单元，并在公约中均采用了“基本的社会单元”的措辞。

1. 家庭是社会的“基本单元”

家庭是组成社会整体结构的一个基本的微观子结构。人既是生物学意义上的存在，也是社会学意义上与他人密切互动关联的存在，[①] 无论是肉体生命还是精神生命，都无法绝缘于他人、孤立于社会而索然独居成为精神孤岛，人的根本属性是社会性。人为了满足生存和发展，“基于不同范围、不同程度的需求参与到共同体生活中”，[②] 与他人结合而成多种不同类型的社会关系形态：或因“性”的需求、或因“种”的繁衍、或因“群”的依赖、或因经济利益，而结合为不同社会关系。[③] 在人的各种结合关系中，家庭是最为自然、最为基本的人际结合，家庭通过婚姻和血缘繁衍不断向外自然延伸，婚姻使家庭产生，有夫有妇，然后有家；血缘使家庭代际延续，纵向绵延不绝，横向无边无际。家庭有机组成并扩展为更广泛的社会关系，构成一切社会关系赖以形成的最基本元素。进而，一切社会关系由家庭推展而出，村落“是多个家庭为获得多于日常必需品的东西而结合形成的共同体。最自然形式的村落看似由一个家庭繁衍而来，所以有人称其成员为‘同乳所哺’或‘同根所生’”[④]。家庭聚合成村落，村落聚合成城邦，城邦聚合成国家。家庭次第构

---

① 参见［德］卡尔·施米特：《宪法学说》，刘锋译，上海人民出版社 2018 年版，第 222－223 页。

② 刘茂林、秦小建：《论宪法权利体系及其构成》，载《法制与社会发展》2013 年第 1 期。

③ 参见张作华：《认真对待民法中的身份——我国身份法研究之反思》，载《法律科学》2012 年第 4 期。

④ ［古希腊］亚里士多德：《政治学》，高书文译，九州出版社 2007 年版，第 9 页。

成了网络结构的家族、村落、城邦，乃至国家。“民族、国家是由家庭构成的”，[①] 家庭是社会的基石，家庭关系是社会关系的形成基础，家庭制度是社会制度的起点。[②] 家庭在人类社会的“基本性”地位无可置疑。由此，《世界人权宣言》等系列国际人权文书均强调家庭的基础性地位，并一致采用“基本的社会单元”的表述。

2. 家庭承载着“社会的基本功能”

结构功能理论[③]主张，所有组织，无论有生命或无生命，都是相互依赖的一种结构，都有“特殊的结构”和“典型的功能”，“结构”影响“功能”。[④] 家庭作为社会整体结构的子结构，在社会系统中承担着回应社会、被社会所期待的重要经济、教育和政治等诸多社会功能，对个人、国家承载着其他任何关系无可取代的功能，成为不同文明的人类社会和国家赖以形成和发展的基石。

首先，从个人角度审视家庭，家庭在性、生育、精神、消费、教育等方面承担着重要功能，满足了个人性爱、人口生产、精神涵养、启智引道、营生互助以及使子女得到教育与社会化等最基本生存和发展需求。家庭既是经济单位、情感单位，也是生物单位。作为经济单位，家庭是家庭成员组成的共同生活、共同消费的生活共同体；作为情感单位，家庭基于爱情或亲情凝聚在一起，并通过相互滋养发展自然禀赋，扩展心智，健全人格，从而逐渐从一个未臻成熟的伦理个体成长为能承担伦理责任的主体，实现生命之本真价值；[⑤] 作为生物单位，家庭是有生物血缘联系的亲属组成的群体，是实现人类生理需求、生存需求、繁衍需求等诸多基本需求的初级群体。

---

① 邓晓芒：《黑格尔的家庭观和中国家庭观之比较——读〈精神现象学〉札记（之一）》，载《华中科技大学学报（社会科学版）》2013 年第 3 期。

② 参见黎红雷：《儒家家庭观及其在现代企业中的转化》，载《学术论衡》2016 年第 3 期。

③ “在社会人类学中主要见之于布罗尼斯拉夫·马林诺夫斯基和 A. R. 拉德克利夫－布朗的著作。”载［美］J. 罗斯·埃什尔曼：《家庭导论》，潘允康等译，中国社会科学出版社 1991 年版，第 55 页。

④ 参见［美］J. 罗斯·埃什尔曼：《家庭导论》，潘允康等译，中国社会科学出版社 1991 年版，第 75 页。

⑤ 参见詹世友：《共同的好生活：康德政治伦理学的本旨》，载《道德与文明》2018 年第 5 期。

其次，从国家角度审视家庭，家庭作为承载诸多功能的最小社会单位，是实现国家治理的最基本的微观生育单元、教育单元、消费单元、纳税单元、福利单元等，是国家借以组织生育、教育、纳税等社会活动的基本承载主体，实现着国家初级治理整合的重要功能，甚至在相当长的历史时期乃至今天的部分家庭，还是国家的微观生产单元。“中国从夏禹以来的‘家天下’的国家观，是一个建立在自然繁殖基础上的血缘概念”，[①] 家庭也是一个社会的基本细胞，对于维护社会稳定、提高国家竞争力具有基础性作用。[②] 家庭还是社会规范的策源地，社会治理规范从家庭自治关系中不断生产出来，层层递推，节节相制，被整合进共同体中，实现“家国同构”。[③]

鉴于婚姻家庭对个人、对社会、对国家所承载的不可替代的重要职能，联合国系列国际人权文书将家庭是“天然的和基本的社会单元”的共识制度化、规范化，赋予强制力，以确保各缔约国婚姻家庭功能的正常发挥。

二、家庭的倾向性特征

家庭形态繁多，家庭观念多元，家庭习俗各异，家庭概念具有相当的灵活性、相对性。为了更清晰地描绘家庭的基本轮廓，有必要基于国际人权文书阐明家庭所具有的特征。这些特征并未穷尽家庭概念的所有中心意义，故而只能称作倾向性特征。

（一）多样性、灵活性

家庭并非一副面孔，人权事务委员会第16号、第19号等一般性意见一再申明，不同缔约国基于不同文化背景可以对家庭有不同理解，应对“家庭”这一术语给予广义解释，以涵盖各缔约国社会所理解的所有家庭成员。[④] 家庭

① 邓晓芒：《黑格尔的家庭观和中国家庭观之比较——读〈精神现象学〉札记（之一）》，载《华中科技大学学报（社会科学版）》2013年第3期。

② 参见孟宪范：《家庭：百年来的三次冲击及我们的选择》，载《清华大学学报（哲学社会科学版）》2008年第3期。

③ 参见刘云生：《民法典与“家”的言说》，载《深圳特区报》2020年3月24日，第B02版。

④ 参见人权事务委员会第16号一般性意见：第17条（隐私权）第5段。

具有多样性、相对性。家庭在不同国度甚至一国领土范围内的不同地域的含义不尽相同，难以给出一个标准定义。但是，如果一群人依据一国法律或惯例被视为一个家庭，就必须给予该家庭《公民权利和政治权利国际公约》第23条的保护。所以，缔约国应就家庭概念和范围的解释提出报告，如果存在关于“核心家庭”和“大家庭”的不同家庭概念，应指出这一点并说明对每一种家庭的保护程度。鉴于存在种种不同的家庭形式，如未婚夫妇及其子女或单身父母及其子女，缔约国还应明确此类家庭及其成员是否以及如何得到国内法与惯例的承认和保护。[①] 儿童权利委员会与人权事务委员会持同样态度，在儿童权利委员会第14号一般性意见中指出，须从广义上理解“家庭”，以列入自然血亲的家庭、收养家庭，包括远亲近属的大家庭，或按地方习俗承认的族群。[②] 为此，国际人权文书表明了对不同社会传统文化习俗的家庭结构予以包容、接纳的态度。

（二）社会性、文化性

不同国家的家庭差异主要源自其社会差异、文化差异。理解家庭应综合考量不同国家的法律和社会文化传统。“动物求偶，而人结婚。其意义不同是简单而明了的。求偶是生物性的，而婚姻是社会和文化的。”[③] 之所以如此，是因为婚姻家庭是一种人际结合，作为社会关系的婚姻家庭，依存于特定社会结构，具有特定社会内容，受社会诸要素特别是文化要素的内在制约，具有社会性。“在某些情况下，家庭组成和定义的差异是由文化因素决定的……必须对家庭单位作出广义的定义。”[④] “在霍普和贝瑟特诉法国案（Hopu and Bessert v. France）中，委员会指出：‘《公约》的目的要求对家庭一词作广义

---

① 参见人权事务委员会第19号一般性意见：第23条（家庭）第2段。

② 参见儿童权利委员会第14号一般性意见：儿童将他或她的最大利益列为一种首要考虑的权利（第3条第1款），第59段。

③ ［美］J. 罗斯·埃什尔曼：《家庭导论》，潘允康等译，中国社会科学出版社1991年版，第79页。

④ Frances Nicholson, *The Right to Family Life and Family Unity of Refugees and Others in Need of International Protection and the Family Definition Applied*, Legal and Protection Policy Research Series 35（2018）.

解释，以包括在特定社会中人们所理解的家庭的所有构成因素。’由此可以推断，在具体情况下对‘家庭’进行定义时应该考虑文化传统。”① “没有正式的缔婚关系，特别是在存在习惯法或普通法婚姻的地方习俗的情况中，不排除家庭的存在。因此，当地的文化考虑很重要。”② “无论如何，关于家庭的文化考虑对于土著民族和少数群体尤其重要，因为他们的家庭关系可能在国家法律所体现的多数人的偏好中，没有得到充分的反映。”③在确定《欧洲人权公约》第8条的适用范围时，需要考虑“‘私人生活’、‘家庭’、‘住宅’和‘通信’等概念的含义，这些概念在时间和空间上因国家而异”④。

当然，重视家庭概念的相对性，考虑社会文化因素，不意味着没有基本遵从，家庭生活具有最低限度的要求。⑤ 一人多偶制、强迫婚姻、童婚等家庭有害文化观念违反平等和不歧视等原则，显然不被考虑在内，正如消除对妇女歧视委员会所指出：“无论一国之内的法律制度、宗教、习俗或传统如何，妇女在法律上和在私人生活之中的待遇都必须符合对所有人平等和公正的原则。”⑥ 同时，无论文化习俗等差异多大，均不能背离成立家庭的最基本要素——法律要素、血缘要素、生活要素。“人权事务委员会在承认家庭形态多样的同时指出，‘然而，对于存在一个家庭，有一些最基本的要求是必需的，如共同生活、经济联系、经常的和密切的关系等’。”⑦

---

① ［奥］曼弗雷德·诺瓦克：《〈公民权利和政治权利国际公约〉评注》（修订第2版），孙世彦、毕小青译，生活·读书·新知三联书店2008年版，第540页。

② ［澳］本·索尔等：《〈经济社会文化权利国际公约〉评注、案例与资料》（下册），孙世彦译，法律出版社2019年版，第628页。

③ ［澳］本·索尔等：《〈经济社会文化权利国际公约〉评注、案例与资料》（下册），孙世彦译，法律出版社2019年版，第630页。

④ O. Ghita, *Marriage and Family Life in the Jurisprudence of the European Court of Human Rights*, 2014 Agora Int’l J. Jurid. Sci. 58 (2014).

⑤ 参见［澳］本·索尔等：《〈经济社会文化权利国际公约〉评注、案例与资料》（下册），孙世彦译，法律出版社2019年版，第628页。

⑥ 消除对妇女歧视委员会第21号一般性建议，第13段。

⑦ ［澳］本·索尔等：《〈经济社会文化权利国际公约〉评注、案例与资料》（下册），孙世彦译，法律出版社2019年版，第628页。

三、家庭类型及其扩展

家庭具有复杂性、多样性，古今中外不同时空下的婚姻家庭制度和习俗繁杂且多样，并随着社会变迁而不断变化。对于纷繁复杂的家庭，有必要将基本特征相同或相近的家庭进行类属划分，“进行类型化解释与体系化建构”①。此种思维是抽象理解和研究家庭应致力的基本思维方法。不同“家庭”类型，亲疏远近有别，从而影响着各自受保护的范围和程度。

家庭因血缘性、姻缘性等属性而具有严格的界限和特定范围。依不同标准，可分为不同类别，覆盖不同范围。以是否植根于传统文化为标准，分为传统标准模式的家庭和扩展的“类家庭”，两类家庭的成立要件及法律效力均存在差异。

（一）标准模式

传统社会，家庭以婚姻为基础，婚姻以异性结合为本质，此为家庭的最核心内容，也是植根于悠久历史传统的标准模式的家庭。此种模式的家庭又以合法性为标准，分为法律家庭和事实家庭。传统社会的立法与司法均谨慎捍卫这种标准模式的家庭。

1. 法律家庭

家庭纳入法秩序调整，必受法律之拘束。法律家庭是指基于自然人之间最基本的身份结合形态所形成的、符合法定条件和程序的家庭关系。家庭关系是一种身份法律关系，家庭成员拥有固定身份和称谓。各家庭成员身份不同、称谓不同、亲疏远近不同，亲属间权利义务也不同。法律通过规范家庭身份关系维护家庭人伦秩序。“人之身份关系的成立，有基于自然事实者，又有基于法律行为者。”② 从身份地位出发，可以分为配偶、亲子、亲属三类最

---

① 黎敏：《“宪法体系化”再思考——限权宪法原理下的限权原则体系与宪法价值秩序》，载《政法论坛》2017 年第 2 期。

② 杨立新：《家事法》，法律出版社 2013 年版，第 35 页。

基本的类型。[①] 根据引起身份关系变动的法律事实不同，可分为因民事法律行为而产生的配偶关系或拟制血亲亲子关系；因出生的自然事实而产生的自然血亲亲子关系；因事实行为如生父抚养教育非婚生子女而形成的亲子关系等。1990 年《保护移徙工人及其家庭成员权利国际公约》第 4 条规定："'家庭成员'一词指移徙工人的已婚配偶或依照适用法律与其保持具有婚姻同等效力关系的人，以及他们的受抚养子女和经适用法律或有关国家间适用的双边或多边协定所确认为家庭成员的其他受养人。"在各类家庭关系中，因配偶关系不涉及本书研究的儿童家庭生活权问题，故本书不展开探讨配偶关系。

（1）亲子关系。亲子关系即父母子女关系，既包括自然血亲的亲子关系，也包括拟制血亲的亲子关系。拟制血亲的亲子关系是指本无亲子间的血缘联系，但法律拟制视同产生自然血亲的亲子间的权利义务，包括养父母子女、形成抚养关系的继父母子女。亲子关系作为核心成员被纳入家庭是国际共识。亲子关系是最近的直系血亲关系，是家庭的核心成员和重要组成部分。"任何情况下，家庭都是由父母之间、父母和他们的自然未成年子女之间的关系组成，这是传统意义上所谓的'核心家庭。'"[②] "合法收养可以构成家庭生活，即使被收养的儿童与养父母之间没有同居或实际联系。"[③] "①家庭不应理解为多世代的大家庭，仅有父母及其子女即可；②子女即使已经成年，也不直接脱离家庭，因为家庭的任务不仅在于教养子女至成年，而更应在对其面对危难时心灵上的强化；③至于子女，应包含不同父母的子女、收养的子女，甚至非婚生子女。"[④]

（2）其他近亲属关系。社会学意义上的亲属范围相当广泛，法律既无必要也不可能调整所有社会学意义上的亲属，而仅调整亲缘关系上较为亲近的

---

① 张作华：《亲属身份行为基本理论研究》，法律出版社 2011 年版，第 63 页。

② 陆海娜、［奥］伊丽莎白·史泰纳主编：《欧洲人权法院经典判例节选与分析——家庭与隐私权》（第 2 卷），知识产权出版社 2016 年版，第 8 页。

③ European Court of Human Rights, *Guide on Article* 8 *of the European Convention on Human Rights*: *Right to Respect for Private and Family Life*, *Home and Correspondence*, https://www.echr.coe.int/Documents/Guide Art8ENG.pdf, 2020.10.3, visited.

④ 王锴：《婚姻、家庭的宪法保障——以我国宪法第 49 条为中心》，载《法学评论》2013 年第 2 期。

亲属，通常把这部分亲属称作近亲属。近亲属是亲缘关系较为紧密且为法律所调整的亲属关系。近亲属之外的亲属关系不受法律调整，通常由道德、习惯等调整。关于近亲属的范围，夫妻作为亲属关系形成的基础、亲子作为亲属关系延续的核心，当归入近亲属无疑。这两类关系之外，关于法律保护的亲缘者范围，各国通例多限定于祖父母与孙子女、兄弟姐妹。祖孙是父母子女之外最近直系血亲，兄弟姐妹是最近旁系血亲，这两类亲属血缘关系较近，生活和情感依赖性较强，通常归入近亲属范围。欧洲人权法院在适用《欧洲人权公约》第 8 条时指出："第 8 条意义上的家庭生活至少包括近亲属之间的联系，例如祖父母和孙子女之间的关系，因为这些亲属可能在家庭生活中发挥相当大的作用。"①

（3）近亲属之外的亲属关系。家庭存在多种形式，家庭包含各种广义的联系，诸如祖父母、伯叔姑姨，甚至更广泛的关系。② 但近亲属之外的其他亲属关系，如叔、姑、侄子、侄女等是否属于家庭成员，需考察是否存在共同生活关系，产生生活、情感或经济上的依赖。根据普遍性和区域性人权公约及其实践，共同生活在一起的其他亲属关系可被接纳为家庭成员。与叔姨姑舅、堂兄弟姐妹共同居住的大家庭有着悠久历史，理应受到宪法保护。尽管现代社会中大家庭数目日益减少，但大家庭所蕴含的观念与智慧并未因此消退。③ "'家庭'一词是指同一屋檐下以家庭为单位共同生活的人。"④ "家庭包括有血缘关系和在一个家庭共同生活的人。"⑤

---

① Stephanie Lagoutte, *Surrounding and Extending Family Life: The Notion of Family Life in the Case – law of the European Court of Human Rights*, 21 Mennesker OG Rettigheter 292 (2003).

② 参见儿童权利委员会第 14 号一般性意见：儿童将他或她的最大利益列为一种首要考虑的权利（第 3 条第 1 款），第 70 段。

③ 参见姚国建：《宪法是如何介入家庭的？——判例法视角下的美国宪法对家庭法的影响及其争拗》，载《比较法研究》2011 年第 6 期。

④ Frances Nicholson, *The Right to Family Life and Family Unity of Refugees and Others in Need of International Protection and the Family Definition Applied*, Legal and Protection Policy Research Series 35 (2018).

⑤ Frances Nicholson, *The Right to Family Life and Family Unity of Refugees and Others in Need of International Protection and the Family Definition Applied*, Legal and Protection Policy Research Series 35 (2018).

2. 事实家庭

相比于法律家庭，事实家庭是具备法律家庭的实质要件而欠缺形式要件的家庭。家庭本属自然生成并“先在”于法律关系的人伦关系，家庭关系的诸要素早已定型化于法律之前，原本并无“法律化”之必要。但因家庭关系不仅涉及人伦秩序、家庭成员间财产关系乃至家庭功能之实现，还有机组成并扩展为更广泛的社会关系，与社会的合理有序运行关系密切。为确保家庭人伦秩序的圆满维持，保持家庭秩序与社会整体秩序之一体化及妥适性，人类遂以法律形式对家庭强行干预，施加法定条件、法定程序等法律要素，将符合社会伦常观念的亲属关系规范化、定型化，产生法律上的确定效力，实现亲属关系的确定性与安定性。由此，会出现事实上符合人伦秩序已经成立的家庭却不符合法律秩序的背反现象。[①] 这种背反现象是家庭被“法律化”的必然后果。这些不符合形式要件的家庭即为“事实家庭”,[②] 主要包括事实收养、事实婚姻。《公民权利和政治权利国际公约》“第 23 条第 1 款具有更广的适用范围，不仅保护因婚姻而成立的家庭，还保护婚外和‘自然’家庭、大家庭、离婚后父子之间的关系等”[③]。虽然事实婚姻本身不涉及儿童家庭生活权问题，但生活于其中的亲子关系涉及家庭生活权问题，故而加以探讨。

（1）事实婚姻中的亲子关系。

事实婚姻是男女在未经登记的情况下，符合结婚实质条件，以夫妻相待并共同生活，社会也认为是夫妻关系的结合。对事实婚姻关系，应否承认其法律效力，各国大多取肯定态度，原因在于婚姻关系本质上是一种人伦关系、身份关系，其关系要素发生于法律之前，具有“事实先在性”，法律趋向于维持该身份关系。考察国际人权文书，同样遵从了家庭关系属于身份伦理关系的内在特质，遵从了身份伦理秩序的原理和规律，正如经济、社会、文化权

---

① 非婚生子女被生父认领之前，当事人之间虽存在生物学意义上的亲子关系但并不存在法律意义上的亲子关系，这也是一种人伦秩序与法律秩序的背反现象。但这种背反并不是法律通过形式要件强行干预的结果。

② 参见张作华：《亲属身份行为基本理论研究》，法律出版社 2011 年版，第 159－160 页。

③ ［奥］曼弗雷德·诺瓦克：《〈公民权利和政治权利国际公约〉评注》（修订第 2 版），孙世彦、毕小青译，生活·读书·新知三联书店 2008 年版，第 540 页。

利委员会对《经济、社会及文化权利国际公约》第23条的解释，“没有正式的缔婚关系，特别是在存在习惯法或普通法婚姻的地方习俗的情况中，不排除家庭的存在”,① “婚姻本身并不是家庭观念所必需的。一个国家的人伦秩序是长期的历史传承沉淀而成的，社会中的身份类型及其权利义务内容常常被约定俗成，而身份伦理秩序的维护应遵从人伦秩序的内在规范原理。为此，人权事务委员会承认，一个家庭可能因‘同居’而出现”②。对事实婚姻关系中出生的未成年子女，同样认可其为家庭成员，经济、社会、文化权利委员会对《经济、社会及文化权利国际公约》第23条的解释肯认了非婚生子女的法律地位，婚姻之外的儿童仍然是家庭的一部分，无论是与其亲生父母、继父母、养父母还是单身父母。

（2）事实收养。

事实收养指当事人之间事实上以父母子女相称且共同生活，但未履行法定程序的养亲关系。收养关系是法律拟制之“血亲”关系，收养之生效，除符合收养条件外，尚需履行法律规定之程序，始生法律拟制之效果。③ 现代收养制度本于儿童利益出发，愈益被各国法律所接纳和认可。④

未履行法定手续的事实收养，其关系要素发生于法律之前，该身份关系的类型、关系发生、权利义务内容等，均属于“法律前”的事实，在人类法律制度规定之前已在人伦生活秩序上有所安排，身份关系要素已“定型化”。为此，将其法律化时应遵行“事实先在性”理论，尊重这种身份事实“先在性”，将共同生活事实作为重要考虑因素，趋向维持已实质成就的身份。

事实收养意味着当事人并未履行法定收养程序，不得不寻找事实上的客观依据，即收养双方持续地、稳定地一起共同生活的客观事实。根据“事实

① ［澳］本·索尔等：《〈经济社会文化权利国际公约〉评注、案例与资料》（下册），孙世彦译，法律出版社2019年版，第628页。

② ［澳］本·索尔等：《〈经济社会文化权利国际公约〉评注、案例与资料》（下册），孙世彦译，法律出版社2019年版，第629页。

③ 参见张作华：《事实身份行为与事实身份关系的法律保护——以事实婚姻为中心》，载《四川大学学报（哲学社会科学版）》2009年第4期。

④ 参见张作华：《亲属身份行为的分类研究》，载《政法论坛》2009年第3期。

先在性”的理论，“事实身份行为中包含一个最重要的构成要素，即当事人之间已然存在‘身份的生活事实’，否则，仅具备当事人、标的、效果意思等实质要件而无身份之生活事实，不构成事实身份行为”①。显然，事实收养关系产生法律效力应首先具备身份的生活事实，即存在无血统关系者之亲子关系结合事实。

（二）类型新扩展

无论法律家庭还是事实家庭，均为传统意义上“标准模式”的家庭。随着社会的发展，社会习俗和传统观念的改变，传统家庭观受到挑战，异性婚模式受到冲击，家庭结构从传统固定类型的标准模式扩展到灵活多变类型没有模式的“非正式”“类家庭关系”，非婚同居、同性结合、人工生育子女、同性收养等“类家庭关系”不断涌现。这些关系应否纳入“家庭”范畴，其家庭关系成立、家庭生活有效存在的判断基准为何，有待探究。由于非婚同居和同性结合的伴侣关系与儿童家庭生活权没有密切关联，这里不予探讨。

1. 人工生育子女

人工生育子女是随着现代生殖科学技术的发展出现的子女类型，有别于传统性行为受孕后自然生育，人工生育是采用人工生殖科学技术方式生育子女。人工生殖技术的运用，使生育过程中出现了婚姻外的第三人，原有的两性结合、供精、供卵、受孕、妊娠、分娩的一体性被割裂，造成父母角色多元化，打破了人类自然生育确立的谁分娩谁为母、父亲身份根据与母亲的婚姻关系推定等亲子关系法则。

人工生育子女与自然生育中引起身份法律关系变动的法律事实并不相同，亲子关系的发生、确认规则等也均有所不同。对亲子关系的确认，各国规定不尽一致，主要有两种类型：第一种类型是按合同确定，即人工生育子女为委托方夫妇的子女。自然生育是基于与自由意志无关的出生这一自然事实而

---

① 张作华：《事实身份行为与事实身份关系的法律保护——以事实婚姻为中心》，载《四川大学学报（哲学社会科学版）》2009 年第 4 期。

发生，子女的婚生性建立在真实血统联络之上；人工生育子女是基于接受人工生育技术服务的父母的法律行为而产生的，是一方或双方无法自然生育的夫妻，基于双方意愿，通过签订人工生育协议同意接受人工生育技术服务，从而与本没有生物学联系或至少与一方没有生物学联系的子女成立亲子关系。因此，虽然人工生育子女的生物学父母是提供精子或卵子的一方，而真正意欲生育子女并愿意承担抚养子女法律责任的是接受人工授精手术的父母，双方通过法律行为建立亲子关系，子女的婚生性建立在法律行为之上，法律意义上的父母应是接受人工生殖技术服务的父母。至于精子或卵子的捐献者，其意愿是帮助他人生孩子，而非身为父母承担法律义务，人工生育子女与精子、卵子提供者并无法律关系。第二种类型是分娩者为母，由于世界上绝大多数国家禁止代理母亲，人工生育可以由夫妻之外第三人提供精子、卵子，但怀孕分娩不可由第三人代替，为此，谁分娩谁为母，分娩者当然是法律母亲，卵子来自何方则在所不问。孩子的父亲则为分娩母亲的丈夫。凡是人工授精生育的婴儿，生育婴儿的母亲及其丈夫是婴儿的父母。

2. 同性收养子女、同性人工生育子女

随着社会的发展，家庭结构更加灵活和多样化，同性伴侣收养子女、同性人工生育子女的情况增多，这类关系可否构成家庭生活？如果同性收养、人工生育合法化，同性家庭便能合法抚养自己的孩子，得以具备家庭的基本要素，从而满足同性伴侣对子女的渴求，使家庭不再局限于异性婚为基础的单一传统模式，结构更加开放多元。① 欧洲人权法院的判例表明，同性伴侣领养或生育子女并共同生活的情况可以构成家庭生活。两名同居的妇女和其中一人通过辅助生殖方式孕育并由她们抚养长大的孩子之间的关系，构成了《欧洲人权公约》第 8 条意义上的家庭生活。没有婚姻制度的结合，或没有血缘关系的结合，也可以作为一个家庭受到法律保护，只要他们之间有共同生

---

① 参见姚国建：《宪法是如何介入家庭的？——判例法视角下的美国宪法对家庭法的影响及其争拗》，载《比较法研究》2011 年第 6 期。

活、感情等紧密联系。[①]

认定儿童家庭的有效存在与否，愈益强调以儿童为中心、以儿童最大利益为主要考量因素。判断同性伴侣收养子女、人工生育子女等形成的家庭生活是否有效存在的基准均为一般性原则，主要考察是否具备“共同生活”等紧密联系的“生活要素”。但在具体个案中，应根据案件具体情况基于儿童最大利益作出评断。

第二节 家庭生活

一、家庭生活的学理意蕴

家庭生活指家庭成员间的共同生活，是人类的最基本生活方式。在人类社会的诸多共同体形态中，家庭是一种“生活”共同体，[②] 是家庭成员共同生活以维系肉体生命、涵养精神生命从而实现生命价值的自然生活环境。“对于存在一个家庭，有一些最基本的要求是必需的，如共同生活、经济联系、经常的和密切的关系等。”[③] 显然，家庭是具有共同生活目标、共同生活内容、共同生活场所、共同财产的生活组织，“以共同生活为目的”，[④] 以“同居共财”为本质，[⑤] 从而使家庭关系正常维系、家庭功能正常发挥、家庭秩序圆满维持。家庭生活也是社会和国家形成和发展的基础，立法保护家庭生活至关

---

① See Frances Nicholson, *The Right to Family Life and Family Unity of Refugees and Others in Need of International Protection and the Family Definition Applied*, Legal and Protection Policy Research Series 35 (2018).

② 参见［日］滋贺秀三：《中国家族法原理》，张建国、李力译，法律出版社 2003 年版，第 42 页。

③ ［澳］本·索尔等：《〈经济社会文化权利国际公约〉评注、案例与资料》（下册），孙世彦译，法律出版社 2019 年版，第 628 页。

④ 史尚宽：《亲属法论》，中国政法大学出版社 2000 年版，第 787 页。

⑤ 参见［日］滋贺秀三：《中国家族法原理》，张建国、李力译，法律出版社 2003 年版，第 56 页。

重要。[①]

对尚未成熟的儿童而言，难以自己生存和发展，必须依赖外部保护力量。而最自然、最利于儿童成长的栖息之地是有着自然血缘和情感联系的家庭。家庭是儿童最自然、最基本、最重要的保护者，是儿童维系肉体生命、涵养精神生命、实现生命价值的最自然生活环境，家庭生活为儿童身、心、才、智的全面成长提供了全方位保障。

从主体看，家庭生活发生于家庭成员之间，家庭成员是家庭生活的主体。认定某一家庭成员是否存在有效家庭生活，一定程度上就是判定其与他人是否成立法律上的家庭成员关系。家庭源自婚姻或血缘，是所有人际结合中最为密切、最为自然者。婚姻关系源自本能，是基于性本能不得不结合的姻缘共同体，是血缘关系的基础；血缘关系是遗传生命基因的本能驱动的血统共同体，亲子是最近的直系血亲关系，祖孙是亲子之外最近的直系血亲，兄弟姐妹是最近的旁系血亲。上述四类关系或姻缘相通或血缘较近，生活和情感依赖性较强，通常构成法律上的家庭关系。在我国，根据《民法典》第 1045 条的规定，家庭成员包括配偶、父母、子女、其他共同生活的祖孙和兄弟姐妹等近亲属。

从内容看，家庭生活以共同生活为最根本目标、最核心要义，涉及家庭成员身、心、性以及经济等多个层面的共同生活，以肉体共处、精神互通、性的结合（限于伴侣关系）、经济共享为基本内容。“婚姻生活一般为精神的生活共同（互相亲爱、精神的结合）、性的生活共同（肉的结合）及经济的生活共同（家计共有）。”[②] 其一，肉体层面的共同生活。家庭生活首先体现在肉体层面的同居生活，与家庭成员共同居住生活在一起，涉及餐饮、营生、互助等方面，同屋居、同桌餐是家庭最基本、最正常的行为。其二，精神层面的共同生活。人不仅要维系肉体生命，还要维系亲密关系，相互慰藉、涵养精神。维系家庭成员之间精神层面的亲密关系，是家庭生活方式有别于其

---

① 参见李秋高：《在伦理与法理之间：一种古老权利的重新构造——家庭权法律问题初步研究》，载《北京理工大学学报（社会科学版）》2011 年第 1 期。

② 史尚宽：《亲属法论》，中国政法大学出版社 2000 年版，第 98 页。

他生活方式的重要内容。其三，性方面的共同生活。体现为性的结合，同床寝，但主体限于夫妻与亲密伴侣之间。其四，经济层面的共同生活，主要体现为拥有共同生活场所、共有财产，共同消费，甚至部分家庭存在共同生产。（1）住所是家庭维系的物质基础，家庭生活通常拥有共同生活场所——家庭住所。至于住所是家庭成员所有还是租住，则在所不问。（2）拥有共同财产，家庭成员同居共财，共同营生互助、维持家计。（3）共同消费，家庭成员把劳动所得或其他所得转化成衣食住行的生活消费品，维系共同生活。当然，以上共同生活内容是交错发生的，很难截然分开。

从性质上看，家庭生活具有隐秘性、私人性、专属性、排他性。家庭生活原则上发生于家庭场域而非公共场所，地点私密，具有私密性、隐蔽性的特点。当然，广义的家庭生活也可发生于公共场域，家庭成员之间的消费、休闲生活等也可能进入公共领域，只是发生于公共领域的家庭生活毕竟不是家庭生活之主导。同时，家庭生活的主体限于家庭成员之间，家庭生活权专属于家庭成员享有，具有排他性、专属性和私人性。

二、家庭生活的概念辨析

（一）家庭生活与个人生活、社会生活

根据个人在生活中互动对象的范围及场域来区分，可以将人的生活方式区分为个人生活、家庭生活与社会生活。个人生活是一种个人独立生活的生活方式，是一种个体性的独立活动；而家庭生活是个人与家庭成员间的共同生活方式，是一种群体性活动。个人生活和家庭生活的主体范围不同，但两者均主要发生于私密场域，而非公开场所。社会生活则属于个人与家庭成员以外的主体在社会公共场域的活动，是一种群体性活动。家庭生活与社会生活均属于群体性生活，具有群体属性，只是主体范围不同、内容不同而已。家庭生活属于“私”领域的群体生活，限于家庭成员之间，具有相对隐蔽性、专属性和私人性等“私”的特点，其核心内容是身、心、性等方面的共同生活。而社会生活中的群体活动属于“公”领域的生活，具有公开性、普遍性和公众性等“公”的特点，内容也比家庭生活更为广泛。当然，广

义的社会生活也可以涵盖家庭生活，毕竟家庭也是社会的组成单元。

（二）家庭生活与隐私生活、公共生活

根据个人的生活私密性与否来区分，可以将人的生活方式区分为隐私生活和公共生活，二者共同构成了人的完整意义上的社会生活。首先，隐私生活是一种隐秘性生活，或言之，私生活、私人生活，是公共生活的对称，是个人不属于公共生活的全部生活内容。[①]“关于私生活者，谓之私秘密，例如封缄之书函或文书。”[②]私生活是私人生活，是个人获得人性尊严、人性自由与健康成长的基础，是个人根据情趣爱好自由成长发展、享受生活所需的私密生活。否则，若个人隐私被无情展示于公众面前，处于无隐私的暴露生活之中，何谈个人尊严！对私人生活领域，个人有权排除外在干扰自主选择。私生活的范围，包括个人生活、家庭生活，内容指向上覆盖感情生活、健康状况、生育情况、通信、住宅等。[③]家庭生活是家庭成员间具有私密性的生活，本质上属于私人性的隐私生活而非公共生活的范畴。个人借由家庭成员身份，“建立一个亲密关系的领域，并且无形地将个体与社会组织相分隔，使个人的私人生活与社会公共活动相分开”[④]。其次，与隐私生活相对的公共生活是一种与外界存在联系的具有公共属性的公开生活。“隐私是界分私人领域与公共领域的重要媒介。”[⑤]私生活可以隐秘而秘不示人，但公共生活乃于公众可接近的公共场所发生。[⑥]人具有自然属性和社会属性，人的全方位整体性生活，全面覆盖家庭以及政治、经济、社会、文化等诸多不同范围。在这些

---

① 参见朱国斌：《法国关于私生活受尊重权利的法律与司法实践》，载《法学评论》1999 年第 3 期。

② 王泽鉴：《人格权的具体化及其保护范围・隐私权篇》（下），载《比较法研究》2009 年第 2 期。

③ 参见朱国斌：《法国关于私生活受尊重权利的法律与司法实践》，载《法学评论》1999 年第 3 期。

④ 曾培芳、王冀：《议“家庭”概念的重构——兼论家庭法学体系的完善》，载《南京社会科学》2008 年第 11 期。

⑤ 李忠夏：《数字时代隐私权的宪法建构》，载《华东政法大学学报》2021 年第 3 期。

⑥ 参见［法］菲利浦・格雷茨亚诺：《欧洲对于私生活的法律保护：法国与德国的比较》，石佳友译，载《法学家》2006 年第 3 期。

多维生活方式中，家庭生活相比其他政治生活、社会生活等生活方式，事关人的尊严和价值，事关人的生存和发展，与人本身融为一体，更为基本、不可或缺。

第三节 儿童家庭生活权

家庭生活权的核心是共同生活的权利，并延伸出分离后的家庭团聚权和家庭交往权。从此意义上说，家庭生活权是人享有的与家庭成员共同生活以及分离后团聚交往的权利。上述内容共同构成一个目的同一、意义关联、相互依存的有机整体，融贯统一于具有稳定性和高度整合性的权利结构体系之中，[①] 共同实现维系个人肉体生命和涵养精神生命、维护家庭人伦秩序的整体价值目标。

一、家庭生活权的核心要义

家庭生活权又被称作尊重家庭生活的权利、隐私性生活的权利、家庭隐私权、家庭生活安宁权。家庭生活权是人享有的与家庭成员有尊严地安宁共同生活、彼此陪伴、免予任意非法侵扰的权利。易言之，是人生而固有的以日常家庭共同生活方式生存的权利，其核心内容是共同生活的权利，具体涉及肉体、精神、性与经济等层面的共同生活。

家庭是人的生活共同体，是具有共同生活目标及内容，拥有共同生活场所及财产的生活组织，共同生活是家庭的基本目标和表征。“人类作为一种社会性动物，天生就要过群体性社会生活。”[②] “‘在一起’是促进成长、创造生

---

① 参见刘茂林、秦小建：《论宪法权利体系及其构成》，载《法制与社会发展》2013 年第 1 期。

② 高鸿钧：《走向交往理性的政治哲学和法学理论（上）——哈贝马斯的民主法治思想及对中国的借鉴意义》，载《政法论坛》2008 年第 5 期。

命意义的存在结构。”① 每个人生而享有与家庭成员一起共同生活的权利,② 即同居的权利。“尊重家庭生活权的基本内容是家庭成员共同生活的权利。”③ “家庭生活权利保障的核心在于对普通生活的保护，即保障居住在一起的权利。”④ 同时，家庭生活权也是维系家庭和谐稳定与实现其他抚养、教育等权利的重要前提条件。

与家庭成员共同生活的家庭生活权，概括了人类生存所不可或缺的与生命融为一体的基本权利内容，是触及人的最基本生命层面、具有根本生命意义的重要权利，是维系基本生存和创造生命价值的基本保障，是人之为人基于自然本性天然享有的最为基本、最应具备、最为紧要的基本权利，属人之必备的第一需要，生而享有，死而消灭，不可放弃、不可让与、不可剥夺，从而实现人之为人的法效目标。

家庭生活权对儿童尤为必要，儿童无法自足，其基本生存离不开家庭生活，需要通过家庭生活满足衣食住行等基本生存需求，也需要通过家庭生活满足精神发育、智识成长、人格尊严守护。可以说，家庭生活权是触及儿童最基本生命层面、具有根本生命意义的重要人权，是维系儿童基本生存和创造生命价值的基本保障，是国家法秩序应维护的根本内容。

二、家庭生活权的延伸表达

家庭生活权的核心要义是共同生活的权利，同时延伸为与家庭成员分离后恢复家庭生活的“家庭团聚权”，以及与家庭成员保持联系的“交往权”。上述内容是一个意义关联、逻辑贯通、相互依存的有机整体，共同实现着满足个人肉体生命维系和精神生命涵养、维护家庭人伦秩序和功能的整体价值

---

① 詹世友：《共同的好生活：康德政治伦理学的本旨》，载《道德与文明》2018 年第 5 期。

② 参见［奥］曼弗雷德·诺瓦克：《〈公民权利和政治权利国际公约〉评注》（修订第 2 版），孙世彦、毕小青译，生活·读书·新知三联书店 2008 年版，第 542 页。

③ Maribel González Pascual & Aida Torres Pérez, *The Right to Family Life in the European Union*, Routledge Taylor & Francis Group（2017）.

④ 陆海娜、［奥］伊丽莎白·史泰纳主编：《欧洲人权法院经典判例节选与分析——家庭与隐私权》（第 2 卷），知识产权出版社 2016 年版，第 9 页。

目标，融贯统一于具有稳定性和高度整合性的权利结构体系之中。[①] 保障儿童家庭生活权，应全面保障儿童家庭生活领域的所有权利。

（一）家庭团聚权

家庭团聚权是人享有的与家庭成员分离后重新共同生活在一起的权利。家庭具有“生活共同体”属性，共同生活是家庭成员维系家庭关系的基本表征，家庭成员一旦分离，有权重新团聚生活在一起。家庭团聚权可谓家庭生活权的必然逻辑延伸。“家庭团聚权是承认家庭为‘共同体’的固有权利：如果家庭成员没有共同生活在一起的权利，就不会有一个需要尊重或保护的‘家庭共同体’。”[②] 1990 年《保护所有移徙工人及其家庭成员权利国际公约》第 44 条、第 50 条专门针对移徙工人的特殊情况特别强调缔约国和就业国保障移徙工人家庭团聚的义务，应采取妥当并符合权限范围的措施，便利移徙工人与配偶或依法与移徙工人的关系具有婚姻效力的个人以及与他们抚养的未成年未婚子女团聚。移徙工人死亡或解除婚姻关系的，就业国应考虑准许以家庭团聚为由在该国居住的该移徙工人的家庭成员留在该国，应考虑他们已在该国居住时间的长短。联合国人权委员会于 1998 年通过《国内流离失所问题指导原则》[③]，其中的原则 17 对流离失所者的家庭团聚权作出明确指导：“1. 任何人的家庭生活有权利得到尊重。2. 为了使国内流离失所者确实享受到这项权利，应允许愿意团聚的家庭不被拆散。3. 在迁移过程中分散的家庭应能早日团聚。应采取一切适当步骤便利家庭团聚，特别是有孩子的家

---

① 参见刘茂林、秦小建：《论宪法权利体系及其构成》，载《法制与社会发展》2013 年第 1 期。

② Frances Nicholson, *The Right to Family Life and Family Unity of Refugees and Others in Need of International Protection and the Family Definition Applied*, Legal and Protection Policy Research Series 35 (2018).

③ 联合国人权委员会于 1998 年 2 月 11 日通过的《国内流离失所问题指导原则》以国际人权法以及国际人道主义法为依据，回应了世界范围内流离失所者的需要，确认了应保护的权利，重申了分散规定于现有文书中适用于国内流离失所者处于各种不同流离失所阶段的所有原则，填补了一些空白，澄清了一些灰色领域，说明了如何提供保护和援助，在返回原籍地、另地定居以及重新融合过程中如何得到保障。“10.《指导原则》的目的是要提供一套准则，帮助秘书长的代表执行其任务，帮助国家应付国内流离失所的现象，帮助所有其他的当局、集体和个人同国内流离失所者保持关系，并帮助政府间和非政府组织应付国内流离失所的问题。”

庭……”联合国大会于2018年通过的《安全、有序和正常移民全球契约》[①]第21条（i）规定，采取适当的措施确保享有家庭生活的权利及儿童最高利益，为移民办理家庭团聚手续提供便利。第29条（h）规定，不论移民身份如何，确保可以采取一系列可行的非监禁替代拘留办法，尊重家庭生活和家庭团聚的权利，并努力结束国际移民背景下的拘留儿童做法。第37条一再重申保护移民的家庭生活权、家庭团聚权。

家庭团聚权以儿童为主要适用主体，维护家庭团聚是1989年《儿童权利公约》第9条、第10条等条文的要义。儿童权利委员会第14号一般性意见指出：“防止家庭分离和维护家庭团聚是基于第9条第1款保护儿童权利的重要组成部分，该条款要求‘不违背儿童父母的意愿使儿童与父母分离，除非这样的分离符合儿童的最大利益’。”“对于儿童或其父母要求进入或离开一缔约国以便与家人团聚的申请，缔约国应以积极的人道主义态度迅速予以办理、缔约国还应确保申请人及其家庭成员不致因提出这类请求而承受不利后果。”

（二）交往权

家庭交往权是人享有的与家庭成员分离后保持正常联系和直接会面交往的权利，也称作联系交往的权利，是家庭生活权的必然延伸。家庭的“生活共同体”属性决定了家庭生活不因分离而终止，人在与家庭成员分离后有权通过通信、通话等多种途径保持正常联系或者直接进行会面交往。

交往权主要适用于儿童。维系儿童正常家庭关系，需要保护儿童享有与父母分离后接触交往的权利，“家庭生活的基本要素是父母应该和孩子在一起。在父母分居的情况下，孩子与每一位分居的父母保持交往关系是原则问题”[②]。以促进儿童身心人格健全发展，除非证明父母存在不宜与儿童联系交

---

① 《安全、有序和正常移民全球契约》是一个不具有法律约束力的全球合作框架，见本契约第7条：“本全球契约提出了一个以会员国在《关于难民和移民的纽约宣言》中商定的承诺为基础的不具法律约束力的合作框架。本契约促进所有移民问题相关行为体之间的国际合作，同时承认没有哪一个国家能够单独解决移民问题，本契约维护国家主权，并遵守国际法为各国规定的义务。”

② Vasile Tudor, *Legal Aspects of the Right to Respect Private and Family Life*, 21 Nephron Clinical Practice 2（2015）.

往、损害儿童最大利益的情况。人权事务委员会基于《公民权利和政治权利国际公约》第 17 条的隐私权条款中导出该权利——未担任监护人的家长与其子女保持私人关系、直接接触和交流沟通的权利。[①]《儿童权利公约》第 10 条也申明，如果父母在不同国家居住，儿童享有与父母保持关系和直接联系的权利。缔约国应尊重和保障儿童及其父母离开本国和进入本国以便家庭团聚的权利。

三、儿童家庭生活权的复合权利属性

人作为社会化的动物，其生存和发展、终极价值的全面实现，必然涉及整体性社会关系，也必然涉及与私主体、与国家公权力机关之间的多维关系，而非单维关系。[②] 儿童家庭生活权也呈现出两种权利面向，对外与国家之间产生作为人权的家庭生活权，对内与家庭成员之间产生作为身份权的家庭生活权。儿童家庭生活权兼具公法上人权与私法上身份权的双重权利属性。公法上的人权体现在儿童与国家的关系之中，是儿童得以人权主体身份向国家主张的权利，国家应承担对儿童家庭生活权的尊重和保障义务；私法上的身份体现于儿童与家庭成员的关系之中，是儿童得以家庭成员身份享有的与家庭成员共同生活的权利，国家仅在作为身份权的儿童家庭生活权遭受私主体侵害时承担保护义务。

（一）作为人权的儿童家庭生活权

儿童家庭生活权是儿童生而固有的一项基本人权，国家承担综合性的全方位义务，尊重和保障儿童享有安宁家庭生活的权利，不得任意非法侵扰儿童家庭生活。

1. 国际人权公约中作为隐私权的儿童家庭生活权

家庭生活权基于人权代际划分原理，被《公民权利和政治权利国际公约》

① 参见［奥］曼弗雷德·诺瓦克：《〈公民权利和政治权利国际公约〉评注》（修订第 2 版），孙世彦、毕小青译，生活·读书·新知三联书店 2008 年版，第 416 页。

② 参见刘茂林、秦小建：《论宪法权利体系及其构成》，载《法制与社会发展》2013 年第 1 期。

等部分相关人权文书归类在既有的人权体系框架内，与私人生活、住宅和通信隐私共同归类为“隐私权”，属于第一代公民权利中的隐私权。

家庭生活权自提出起就与隐私权密切关联，国际人权文书大多将其作为隐私权的主要组成部分。《公民权利和政治权利国际公约》第 17 条、《儿童权利公约》第 16 条等普遍性国际人权公约将家庭生活权纳入现有的人权类型——隐私权之中，与私生活隐私、住宅隐私、通信隐私等并列，类型化为以自治隐私权、空间隐私权和信息隐私权为核心内容的大隐私权范畴。人权事务委员会第 16 号一般性意见的主题就是“第十七条（隐私权）”，将《公民权利和政治权利国际公约》第 17 条明确释义为隐私权。

所谓隐私权，“隐”是指不显露，是私人事务不愿对外界公开。“私”是指个人的与社会公共利益及他人利益完全无关的私人生活、私人信息或私人空间。[①] 隐私权是指个人享有的私生活和家庭生活安宁与信息秘密不被非法侵扰的权利。家庭生活属于私生活范畴，是一种“隐私性生活”，属于隐私的重要面向，是有别于可以开放给公众的公共生活的个体的、隐秘的、不触及他人自由的隐私。

隐私权概念的提出是典型的现代社会的产物，最早始于美国。1890 年，美国著名学者布兰代斯（Brandeis）和沃伦（Warren）于《哈佛法律评论》中发表题为《论隐私权》的论文，主张隐私权是独处及保持自身个性的权利。随着人们对人的本质从身体层面到精神层面的逐步深化，法律对人的保护也从免受身体伤害扩展到保护精神安宁、生活安宁。[②] “现代隐私权指的是他人享有在不受政府限制的情况下实施特定行为的权利，而传统隐私权指的是他人享有保持其特定私人事实远离公共视线的权利。”[③] 传统隐私权着眼于个人“独处”，现代隐私权着眼于个人的选择不受国家公权力干涉，在私人生活层

---

① 参见王利明：《生活安宁权：一种特殊的隐私权》，载《中州学刊》2019 年第 7 期。

② 参见［美］阿丽塔·L. 艾伦、［美］理查德·C. 托克音顿：《美国隐私法：学说、判例与立法》，冯建妹等编译，中国民主法制出版社 2004 年版，第 14－15 页。

③ M. Sandel, *Democracy's Discontent: America in Search of a Public Philosophy*, The Belknap Press, 1996, p. 93.

面体现为安宁生活的权利，个人私人生活和家庭生活应受到尊重。[①] 尽管人类是一种群居动物，具有社会属性，但每个人都需要私密生活空间，根据情趣爱好愉悦享受生活，而无法忍受完全暴露的生活。因此，要保障个人家庭生活安宁不受非法侵扰，家庭生活隐私不被非法披露。个人在社会化群居生活中“有权利使自己与其他人隔离开来，从公共生活中退回他自己的私人区域中”[②]。保护私密家庭生活不受任意、非法干涉。

2. 一国宪法中作为隐私权的儿童家庭生活权

宪法隐私权是隐私权发展的产物。在隐私权提出之初，只是普通法上的权利。20 世纪 60 年代之后，随着国际人权公约对隐私权的确认，部分国家逐步将隐私权视为基本权利予以宪法保护，隐私权也逐渐从被传统民法所保护的权利演变为被宪法保护的权利。宪法隐私权旨在确认和捍卫一个可以对抗国家公权力的个人私人领域，彰显对人独立性、主体性和尊严的尊重。每个人不仅以肉体、精神等形式存在，其家庭生活也是体现个人独立和尊严的重要存在形式，有权免受国家侵扰。否则，一个人的家庭生活被肆意侵扰，其个人独立和尊严也必然不完整。

宪法隐私权主要包含自治隐私权、空间隐私权、信息隐私权，分别指个人的私人生活、家庭生活、私人空间、私人信息不受非法侵扰。隐私权保护主要指私人生活和家庭生活隐私、住宅隐私和通信隐私保护，与私生活区分于公共生活密切相关。私生活意味着个人可以在自己的私密空间和私领域内，不受不当限制、监督，充分地发展个性；而公共生活则代表着个人发展的可能性受到更为严格的法律或道德约束。[③] 特别是现代化进程中，形成了受私法调整的属于私人领域的独立空间，个人拥有不受国家干预的自由；与此相对

---

① 参见［法］菲利浦·格雷茨亚诺：《欧洲对于私生活的法律保护：法国与德国的比较》，石佳友译，载《法学家》2006 年第 3 期。

② ［奥］曼弗雷德·诺瓦克：《〈公民权利和政治权利国际公约〉评注》（修订第 2 版），孙世彦、毕小青译，生活·读书·新知三联书店 2008 年版，第 395 – 396 页。

③ 参见［奥］曼弗雷德·诺瓦克：《〈公民权利和政治权利国际公约〉评注》（修订第 2 版），孙世彦、毕小青译，生活·读书·新知三联书店 2008 年版，第 396 页。

的是受公法调整的国家公共权力。私法、公法划分对应了这两个领域。[①] “隐私概念在19世纪的资产阶级社会中发展的过程中，在个人的单独领域意义上的隐私在特别的制度性结构中得到了显现：对于住宅、家庭和通信秘密的保护。在20世纪，又加上了对电讯秘密以及对个人数据资料和人类遗传密码的一般保护。”[②]

儿童家庭生活权是宪法隐私权的重要内容，虽然人们对隐私权的内容有不同认识，现代社会中隐私权内涵也在日益扩张，但家庭生活安宁和家庭生活隐私从来都属于并日益成为隐私权的重要内容。家庭生活隐私权在宪法隐私权中属于自治隐私权的内容，个人有权保护家庭生活隐私不受侵犯。

（二）民法中作为身份权的儿童家庭生活权

家庭生活权不仅是个体对抗国家或主张国家承担义务的人权，也体现为个人针对家庭成员基于双方身份关系得以主张身份利益的身份权。

身份权是特定亲属因身份关系产生的权利，是“自然人基于特定的身份关系产生并由其专属享有，以其体现的身份利益为客体，为维护该种关系所必需的权利”[③]。身份权的主体范围为近亲属，涉及配偶权、亲权（亲责）、亲属权三类最基本亲属关系的身份权，[④] 即为夫、为妻的权利义务，为父母、为子女的权利义务，以及为兄弟姐妹、祖孙等亲属之间的权利义务。[⑤] 家庭是生活共同体，家庭成员以共同生活为出发点，以日常共同生活为核心身份关系内容，相互之间互享身份权利，互负身份义务，支配共同生活的身份利益。

作为身份权的家庭生活权与所有亲属身份权一样，具有权利义务的高度统一性，属于特殊权利类型，既是每个家庭成员的权利，也是义务，以义务

---

① 参见高鸿钧：《走向交往理性的政治哲学和法学理论（上）——哈贝马斯的民主法治思想及对中国的借鉴意义》，载《政法论坛》2008年第5期。

② ［奥］曼弗雷德·诺瓦克：《〈公民权利和政治权利国际公约〉评注》（修订第2版），孙世彦、毕小青译，生活·读书·新知三联书店2008年版，第396页。

③ 杨立新：《家事法》，法律出版社2013年版，第49页。

④ 参见史尚宽：《亲属法论》，中国政法大学出版社2000年版，第36－37页。

⑤ 参见钟国才、张继承：《身份权类型的理论认识与评价——基于类型化思维的思考》，载《南昌大学学报（人文社会科学版）》2010年第5期。

为中心。[①] 家庭生活中，为夫、为妻、为父母、为子女或者作为其他近亲属，均基于身份享有与家庭成员共同生活的请求权，同时，均应履行与家庭成员共同生活的义务。但是对家庭中的未成年人而言，在以未成年人为一方的家庭生活关系中，从未成年人的面向上看，应以保护未成年人的家庭生活权，实现未成年人最大利益为中心；从父母的面向上看，则以父母履行监护义务为中心。未成年人并非只享有权利而不尽义务，只是未成年人的特殊性使然，无力也不应像成年人一样履行法律义务，其义务是一种朝向未来的预期义务。

通过比较法考察，家庭生活权作为身份权被诸多国家的民法典所确认。如《德国民法典》第1353条规定："配偶双方互相有义务进行婚姻上的同居；配偶双方互相为对方负担责任。"[②] 第1684条规定了亲子、祖孙、兄弟姐妹之间交往权利的内容。子女有交往的权利，父母有义务并有权与子女交往，不得侵害子女与父母另一方的关系或使教育变得困难。祖父母和兄弟姐妹均有与孙子女、兄弟姐妹交往的权利，但应符合子女最佳利益。[③] 《瑞士民法典》第159条规定："（1）结婚使配偶双方结合以共度婚姻共同生活。（2）配偶双方互负维护婚姻共同生活之幸福及共同照顾子女之义务。（3）配偶双方互负诚实及扶助的义务。"[④]《法国民法典》第215条第1款规定："夫妻双方相互负有在一起共同生活的义务。"[⑤]《智利民法典》第133条规定："夫妻双方有生活于共同场所的权利和义务，一方有重大理由不生活于共同场所者除外。"[⑥]

（三）作为人权与作为身份权的家庭生活权辨析

1. 法律功能不同

作为人权的家庭生活权是人的基本权利，是人的第一需要，生而享有，

① 参见王利明主编：《人格权法新论》，吉林人民出版社1994年版，第209页。
② 《德国民法典》，陈卫佐译注，法律出版社2015年版，第438页。
③ 参见《德国民法典》，陈卫佐译注，法律出版社2015年版，第514页。
④ 《瑞士民法典》，殷生根、王燕译，中国政法大学出版社1999年版，第44页。
⑤ 《法国民法典》，罗结珍译，中国法制出版社1999年版，第73页。
⑥ 《智利共和国民法典》，徐涤宇译，北京大学出版社2014年版，第21页。

死而消灭，属于人之必备，不可放弃。其基本功能旨在实现人之为人的法律效果，是在区分私人领域与公共领域的基础上，防止国家公权力对个人家庭生活的任意侵扰，以保护个人自主、有尊严地维护家庭生活安宁，满足基本生存和发展。

作为身份权的家庭生活权以人权存在为前提，家庭成员之间的家庭生活权并非必备，可以丧失、消灭。保障作为身份权的家庭生活权，其基本功能是固定家庭成员之间的身份关系，确定个人与其支配的身份利益的关系，维护个人在亲属团体中的特定地位以及对特定亲属身份利益的支配关系，实现家庭关系的安定性以及家庭人伦秩序的维系。

2. 拘束的对象与性质不同

作为人权的家庭生活权，法律关系的主体双方是个人与国家，权利主体是个人，是所有人、每个人；作为人权的家庭生活权构成对国家公权力的约束，国家是人权意义上家庭生活权的核心义务主体，家庭生活权先于国家而存在，创设了国家尊重和保障家庭生活权的全方位义务，约束和限制国家立法、执法、司法机关的公权力行为，防止国家公权力的侵害。作为人权的家庭生活权是一项公法上的权利。原则上不得对其加以限制，仅必要时才可施加限制，但限制必须符合法定条件和程序，须符合比例原则。

作为身份权的家庭生活权的法律关系主体双方是家庭成员，是特定的亲属，即夫妻、父母子女、兄弟姐妹、祖孙。其约束的对象是私人，私人是作为身份权的家庭生活权的义务主体，权利主体与义务承担主体处于平等地位，双方当事人之间基于身份享有的家庭生活权是一项私法上的权利。

3. 权利产生根据不同

作为人权的家庭生活权是指个人生而固有的以日常家庭生活方式生存的权利，是人之为人基于自然本性而天然享有的、不可剥夺的权利，因其基本性、根本性、不可或缺性而成为人之为人的最为基本、最应具备、最为紧要的权利，生而享有，死而消灭，不可放弃、不可让与。

作为身份权的家庭生活权是基于夫妻、亲子等特定亲属身份地位的取得而产生的，基于亲属身份地位的丧失而消灭，并非固有，也非必备，可以丧失、消灭。夫妻、亲子之间的家庭生活权基于缔婚的法律行为或自然人出生的自然事实而产生，夫妻之间、养父母子女之间的家庭生活权可因离婚、解除收养等原因而终止。需要阐明，尽管表面上儿童与其父母等家庭成员的家庭生活权因儿童出生而取得，但这里的因“出生”取得，是因出生与父母之间形成的“亲子身份”而取得，本质上是因双方身份关系而取得，绝非基于出生而固有取得。因此，就性质而言，家庭生活权是儿童因亲属身份取得的身份权。

4. 权利内容不同

作为人权的家庭生活权，对应的是国家义务。这种国家义务是多层次、多方面的，是全面的综合性义务，既包括消极意义的尊重义务，国家不得非法任意侵扰个人家庭生活；也包括积极意义的保护和实现义务。

作为身份权的家庭生活权，主体双方的权利义务是平等的，双方互为权利人和义务人，以共同生活等义务为中心，具有权利义务的一致性，即使是对身份利益的支配，也不是绝对支配，主要是履行身份利益上的义务。至于亲子之间的家庭生活权，主要体现为未成年子女基于身份而享有被父母照料保护、教育等身份利益。

第四节　儿童家庭生活权作为人权的证成

现代文明秩序中，每个人都是自由独立的个体，受自由意志支配。而作为独立自由的个体何以融入家庭共同体，将家庭生活作为基本生活方式？家庭生活权何以成为人的固有权利？其成立的正当性或基础何在？有待证成。

人权的证成主要包括自然法范式、人的尊严范式、功利主义范式和关系范式，[①] 这里主要运用人权证成的自然法范式、人的尊严范式，论证家庭生活权作为人权成立的自然法基础、价值基础和伦理基础。

---

① 参见管华：《人权证成范式批判》，载《人权》2016 年第 1 期。

一、人权的要义

（一）“人权”用语

人权是个意涵丰富的概念，在联合国的国际人权文书中采用人权（human rights）的表述，具有统一性。但人权的用语表达在各国颇为不同，林来梵等学者基于比较法考察，梳理了不同国家学者关于“人权”的不同表达：一般情况下，英美学者多称作“人权”；德国学者习惯称为“基本权”或者“基本权利”；日本学者则多称作“基本人权”；我国宪法学者多依据宪法用语，称为“公民的基本权利”。[①] 用宪法性文件直接宣明人权，乃自由主义理论所导引的近现代宪法运动之功绩。其大体路径是，人生而享有人权，并基于理性以宪法形式订立契约成立国家，将最为根本、最为核心的人的权利单独列举，形成实在法的人权谱系。“这一路径直接影响了各国宪法有关‘基本权利’‘宪法权利’等相关概念的认知。一般认为，‘基本权利’或‘宪法权利’是宪法确认和保障的权利，它是与‘人权’概念相对应的一个宪法学范畴。而之所以为‘基本’，无非要表示这些权利，是各国制宪者所认为的个人必不可缺少的权利。”[②]

从以上学者的研究来看，就表达“人权”这一意涵的用语，在各国国内作为法秩序价值基石和规范基础的宪法表达中不尽相同，不同国家有不同的用语习惯，存在诸如“基本权利”“基本权”“基本人权”“宪法权利”等颇为不同的表达。但就内容实质而言，均表达权利谱系中人之为人所固有的最核心、最基本的权利。我国宪法采用“基本权利”的措辞表达“人权”的意涵，故而，本书也视具体语境而常常出现“基本权利”的措辞，其意涵则与“人权”相同。

（二）人权本质：人的最基本、最核心权利

人权思想于16、17世纪欧洲资产阶级革命时期发端，于18世纪末通过

---

① 林来梵：《从宪法规范到规范宪法》，商务印书馆2017年版，第83页。

② 刘茂林、秦小建：《论宪法权利体系及其构成》，载《法制与社会发展》2013年第1期。

美国《独立宣言》和法国《人权与公民权利宣言》等法律文件加以确立，于第二次世界大战之后由部分国家的国内扩展到国际保护层面。虽然不同国家宪法中的“人权”用语有所不同，不同人权用语语义涵摄下的人权意涵也各有侧重，但毋庸置疑，无论各国宪法采用何种“人权”用语，其本质都将人权指向个人所享有的最为重要、最为基本、最为核心的权利。易言之，人权相比人的其他权利，乃人的权利中最基本、最核心、最不可或缺、最“硬核”的部分，是“人”生而固有的权利，具有天然性、普遍性、至上性。这种至上性体现在：人权具有不可缺乏性，与人的生命密不可分，天然融为一体；人权具有不可放弃性、不可转让性，让渡人权无异于将人类归于兽类；人权具有不可取代性，每项人权都代表了人所参与社会关系的一个不可替代的面向，缺一便不完整。为此，古今中外的人权学者多数从人的固有权利说、应然权利说等角度认识人权内涵。日本学者阿部照哉・池田政章等主张，人权是人性或人格性所必要的、不可或缺的利益的总称。“人权，与其说是实定法上的权利，不如说是作为独特存在的人，为存在所基本必要的条件”，“若将对于人而言的基本必要性，当作人权的基础，则人权的范围即至为广泛”，人的基本必要性“是指对于人性或人格性必要不可或缺的利益”，该利益的整体总称为人权。① 英国的法哲学家米尔恩主张，人权是时间永恒、空间普适的，属于全人类的权利。② 夏勇先生认为，人权是“人之作为人享有或应当享有的权利”③。人权是人依其自然属性和社会本质所享有和应当享有的权利。④ 人权是有关人的本质的整体性需求，是关于人的生活状态的一种整体性观念。⑤

---

① 参见［日］阿部照哉编著：《宪法（下）——基本人权篇》，周宗宪译，中国政法大学出版社2006年版，第33－34页。

② 参见［英］A. J. M. 米尔恩：《人的权利与人的多样性——人权哲学》，夏勇、张志铭译，中国大百科全书出版社1995年版，第1－12页。

③ 夏勇：《人权概念起源——权利的历史哲学》，中国政法大学出版社2001年版，第166页。

④ 参见刘海年、王家福主编：《中国人权百科全书》，中国大百科全书出版社1998年版，第481页。

⑤ 参见刘茂林、秦小建：《论宪法权利体系及其构成》，载《法制与社会发展》2013年第1期。

二、儿童家庭生活权作为人权的正当基础

从人权理论来看，儿童家庭生活权具备人权成立的自然法基础、价值基础和道德基础。既符合生物之性、又尊奉人之尊严，亦顺应人伦之情，具有普遍低限的基础性，其成立具有应然性、正当性。

（一）儿童家庭生活权作为人权的自然法基础——自然本性

"从自然法出发便是人权证成的第一个也是生命力最旺盛的一个范式。"① 根据斯多葛派的自然法思想，宇宙万物受必然性规律支配，自然法则"以某种方式从宇宙的法则或人性中衍生而来"②。孟德斯鸠主张，自然法渊源于生命本质。认识自然法应考察社会建立前的人类，自然法是人类在自然状态下的规律。③ 自然法是基于自然或理性而生成的法，是人类自然本性或理性的法则。④ 人的自然本性也正是驱动家庭生活权生成的生物学基础："人"之自然，生成"家庭"之自然，生成"家庭生活方式"之自然，生成"家庭生活权"之自然。人的自然本性是家庭生活权正当成立的自然法基础，家庭生活权无非人的自然本性的法律表达，其产生具有天然性、必然性。

1. 人的自然本性驱动家庭生活权

古今中外，家庭跨越时空普遍存在，其必然性源于家庭中个体结合的天然性、本能性。人首先是生物学意义的存在，"人具有各种自然禀赋，大致有两类，即本能和理性",⑤，正是大自然赋予人类的本能内在驱动了家庭的产生。

首先，性本能内在驱动夫妻家庭生活。夫妻结合基于性的本能，两性相

---

① 管华：《人权证成范式批判》，载《人权》2016 年第 1 期。

② ［美］艾伦·德肖维茨：《你的权利从哪里来?》，黄煜文译，北京大学出版社 2014 年版，第 23 页。

③ 参见［法］孟德斯鸠：《论法的精神》（上册），张雁深译，商务印书馆 2004 年版，第 4 页。

④ 参见上官丕亮：《生命权宪法保障的理论基础研究》，载《环球法律评论》2007 年第 6 期。

⑤ 詹世友：《共同的好生活：康德政治伦理学的本旨》，载《道德与文明》2018 年第 5 期。

互吸引"是人类的一个基本的生物需要",[①] 满足这一基本生理需求是人类的正当本能。这种性的本能欲望和两性客观生理差异是驱动两性结合及人种繁衍的动力本源。而从更根本的价值层面审视"性",则不仅满足了人的生理需求,更是人类内在本质的表征。两性结合构成家庭的最初团体,成为家庭产生和延续的基础。

其次,繁衍人种的自然本能驱动亲子家庭生活。父母希望遗传基因,实现基因的代际延续,使个体生命的有限性通过繁衍实现无限永恒,延续生命的欲望和能力驱动他们生儿育女,从而使儿女进入家庭生活。从子女角度看,生存需求驱动了亲子家庭生活,儿童拥有与成人平等的人权主体地位和生存机会,但身心未甄成熟使其在成长过程中只能是一个依赖者,[②] 难以自足,须依赖外部力量。儿童由此获得与父母共同生活以维持基本生存的天然正当资格。

性本能、生命代际延续本能驱动夫妻关系、亲子关系产生,这种生物学意义上"人"之自然,内在生成为"家庭"之自然,使家庭产生及家庭生活维系具有了必然性。从此意义上说,家庭是一种自然秩序,家庭生活是一种自然生活方式,家庭生活权是守护人的自然本性、满足人的基本生存和发展的自然权利,其产生既非仰赖权威,也非源自法定,更不是主观臆造,而是人的天然本能给定和驱动的必然结果,是符合人性规律的自然长成。

2. 家庭生活权具有普遍、低限的基础性

家庭生活权是可普遍化的、具有最低限度基础性的权利。所有人皆可超越文化差异和社会发展水平,同等地源于其自然本性生而享有家庭生活权。

人的自然本性中内含许多自然需求,并非所有自然需求均可当然生成为人权。[③] 得以生成为人权的人性需求,当可普遍化,即人性需求可以最大限度

---

① 费孝通:《乡土中国·生育制度》,北京大学出版社 1998 年版,第 100 页。

② 参见郑净方:《国家亲权的理论基础及立法体现》,载《预防青少年犯罪研究》2014 年第 3 期。

③ 参见侯健:《人权何以成为人权:证明方式、内在逻辑及理据》,载《政法论丛》2018 年第 4 期。

地为每个人所能主张乃至实现。[1] 易言之，该需求具有最低限度的基础性。“人权是建基于普遍人性之上的普遍性权利。”[2] 正如英国的法哲学家米尔恩所指出：“经得起理性辩驳的人权概念不是一种理想概念，而是一种最低限度标准的概念……无论它采取何种特定形式，我都将认定低限标准在事实上能够适用于一切文化和文明，而不管它们之间有何种差异。”[3]

家庭生活权的生成源于人拥有的性本能和遗传自身基因的自然本性。这种对性和代际生命延续的自然欲求具有本源性、天然性，也具有普遍性，是全人类可普遍化的、共同存在的自然本性，超越文化和经济发展水平等差异而具有普遍低限的基础性。因为家庭一经产生，必须由家庭共同生活加以维系，家庭成员也必须由家庭生活维系其基本生存和成长。守护和维系家庭共同生活，是人的普遍性、正当性的人性需求，时间上永恒、空间上普适，不因时空而变化，不同时空下的所有人皆可同等地源于其自然本性享有家庭生活。“家庭由婚姻、父权以及亲属组成。所有这些关系的素材都是自然关系，这种自然关系甚至超越了生物人性质的界限（自然法）。这样，根据其普遍的存在，这些关系就具有一种独立于实在法的必然性，尽管它们获得承认的特别形态根据不同民族的实在法而非常不同。”[4] 显然，家庭生活是最基本生存层面和精神层面的需求，可普遍化为每个人的人性需求，触及人类生存和发展的最基本需求，是一种客观普遍存在。

（二）儿童家庭生活权作为人权的价值元点——人的尊严

人的尊严是家庭生活权的价值元点，具有绝对性、至上性、最高性的人权价值。家庭生活权体现了人的尊严，每个人都是人格独立的尊严性主体，

---

① 参见侯健：《人权何以成为人权：证明方式、内在逻辑及理据》，载《政法论丛》2018 年第 4 期。

② 侯健：《人权何以成为人权：证明方式、内在逻辑及理据》，载《政法论丛》2018 年第 4 期。

③ ［英］A. J. M. 米尔恩：《人的权利与人的多样性——人权哲学》，夏勇、张志铭译，中国大百科全书出版社 1997 年版，第 7 页。

④ ［德］萨维尼：《当代罗马法体系（第一卷）：法律渊源 · 制定法解释 · 法律关系》，朱虎译，中国法制出版社 2010 年版，第 268 页。

都有权守护作为价值元点的人的尊严，并在日常家庭生活中有尊严地选择和维系家庭生活方式，有尊严地过隐私性生活。

所谓人的尊严，就是做人的资格，是人之为人的最基本、最核心要素，是人的本质的重要组成。[①] 在价值序列中，尊严乃第一性的价值，是价值元点，其他价值均从尊严中引申而来。目的王国中，或有价值，或有尊严。有价值的东西如果能被其他东西替代，便是等价；而如果无以替代，没有等价之物，超越了一切价值，便是尊严。[②]

人的尊严是家庭生活权成立的价值基础，是家庭生活权欲求价值中的最高价值。人的尊严是人获得人权主体地位的基础，是一切人权的共同目的，具有最高性的人权价值。人权根据主要在于人格，"旨在保护我们作为人的资格"[③]。人之为人，灵魂疆界不容逾越玷污，有权守护尊严，有尊严地遵从内心选择和实现家庭生活方式。而唯有家庭生活得到尊重，家庭生活权得到维护，才是真正意义上有尊严的个体。家庭生活权是以尊严为基础的权利，是一个有尊严的独立个体追求幸福所必然欲求的权利。家庭生活在本质上是个人的一种实现方式，不仅是人类尊严的后果，根本上是人类尊严的关键组成部分，与人的尊严有机联系在一起。[④]

家庭生活权维护人的尊严。家庭是捍卫个人日常生活的神圣堡垒，将他人以及国家阻拦于外，为家庭成员创造了私密的个人空间，得以在家庭中守护个人自由、隐私和尊严。维护家庭生活权，就是守护人格尊严和生存方式；保障家庭生活权，就是保障个人尊严。如果个人自主选择家庭生活方式的权利得不到保障，个人尊严将无从谈起。

---

① 参见《人的尊严宣言》第3条。

② 参见［德］康德：《道德形而上学原理》，苗力田译，上海世纪出版集团2005年版，第55页。

③ 侯健：《人权何以成为人权：证明方式、内在逻辑及理据》，载《政法论丛》2018年第4期。

④ See Vasile Tudor, *Legal Aspects of the Right to Respect Private and Family Life*, 21 Nephron Clinical Practice 2 (2015).

（三）儿童家庭生活权作为人权的伦理根基——亲密人伦关系

家庭是以人为目的充满价值理性的伦理实体。家庭通过共同生活将家庭成员联结在一起，个人一经出生即拥有了家庭成员身份，从而获得了家庭中的人伦角色，确定了其在家庭中的地位。家庭由此成为固定和维系亲密人伦关系的最原初、最天然、最普遍的人伦团体。人伦团体内的“伦”不同，“分”便不同，权利义务也不同。传统社会通过“伦”确立“分”，形成“理”。统治阶级通过这种身份维持等级森严的“身份社会”。现代社会，亲属身份关系的封建意义、政治意义已不复存在，但伦理性依旧存在，只不过男尊女卑已转变为现代社会的男女平等。[①] 家庭伦理身份固定了家庭内在结构，建构了家庭伦理规范和行为规范，获得了相应的法律地位，承担了相应的权利义务，实现了相应的利益区分与利益领得。而这种家庭人伦秩序的正常运行，高度依赖家庭生活。如果没有家庭共同生活作为基本前提，家庭成员间的伦理和行为规范将失去意义，家庭共同体的存续和运行也将难以为继，家庭生活具有维持和延续家庭人伦关系的重要功能。

家庭生活滋养着亲密人伦关系。家庭关系的重要特质是成员间的亲密关系，家庭成员需要通过家庭生活亲密接触、关爱陪伴，发展自然禀赋，满足心理和精神需求等生命成长的基本需求。人的精神世界不是孤岛，性格的养成、心灵的滋养、精神的发育、人格的塑造，都离不开亲情的温暖、亲密关系的呵护。人的自然禀赋在与人共处中得到刺激，人的精神在与人共处中得到滋养。

对儿童而言，通过家庭共同体中的相互滋养发展自然禀赋，扩展心智，健全人格，并不断参与这种创造人生价值的过程，从而逐渐从一个未臻成熟的伦理个体成长为能承担伦理责任的主体，实现生命之本真价值。[②] 夫与妻、

---

① 参见张作华：《认真对待民法中的身份——我国身份法研究之反思》，载《法律科学》2012 年第 4 期。

② 参见詹世友：《共同的好生活：康德政治伦理学的本旨》，载《道德与文明》2018 年第 5 期。

亲与子等不同家庭成员的德行也必然关系到家庭整体乃至社会整体的德行，[①]家庭伦理生活成为社会整体伦理生活的根基。

（四）家庭生活权是法律对自然本性、人的尊严、人伦关系的确认和守护

家庭生活权是守护人的自然本性、维护人的尊严的基本保障。首先，自然本性使家庭生活权的生成具有正当性。“大自然不做无用功”，自然赋予人类的神圣永恒的自然官能，自有其价值和目的，也理应得到实现。保有自然本性、守护绝对价值乃人类社会的崇高自然法则。两性结合或血缘结合而营共同生活，即追寻家庭生活方式，是对自然本性的守护，属于人的天然正当的自然权利范畴，是人之为人，为确保自身生存和发展而固有的基本人权。自然本性使家庭生活权生成进而被法律表达获得了正当性。自然状态下的“家庭生活权”在“法律”之前业已存在，业已支配人类家庭生活，是人类在自然状态下与生俱来的、固有的自然权利。法律只是对这种“法律前”的“家庭生活事实”予以承认、尊重并保障而已。“这种受欲望和需求驱动的对利益的追求是权利生成的基础，所以人的欲望与需求是权利形成的动力之源和动力之基。”[②] 将家庭生活权确认为人权，只是对“自然权利”予以外在规范化表达。家庭生活权属于“自然形成”，法律对家庭生活权是一种“确认”，而非“创设”。家庭生活权无非人类自然本性的法律表达，“对于许多实际存在的具体法律制度而言，其出发点自然在于保障上述生物人对于自身的自然权力不受他人干涉”[③]。其次，对人类尊严的守护使家庭生活权的生成具有道德正当性。家庭是捍卫个人日常家庭生活的神圣堡垒，将他人以及国家阻拦于外，为家庭成员创造了守护个人自由、隐私和尊严的私密个人空间，构成人类尊严的核心和基础。维护家庭生活权，就是守护有尊严的生活。保障家

① 参见［古希腊］亚里士多德：《政治学》，高书文译，九州出版社 2007 年版，第 87 页。

② 李拥军：《论权利的生成》，载《学术研究》2005 年第 8 期。

③ ［德］萨维尼：《当代罗马法体系（第一卷）：法律渊源·制定法解释·法律关系》，朱虎译，中国法制出版社 2010 年版，第 261 页。

庭生活权，就是保障个人尊严。如果个人自主选择家庭生活方式的权利得不到保障，个人尊严将无从谈起。

家庭生活权是对人作为生物人实现自然本性、作为理性人实现根本价值的一种法律表达，既非造物主或君主赋予，也非法律授予，是人之为人所内在固有且为法律所确认的人权，其内在固有性与外在法律规定性相统一。① 家庭生活权概括了人类生存所不可或缺与生命融为一体的日常生活方面的基本权利内容，是对人的基本生存发展和根本生命意义的法律保障，也理应成为国家法秩序维护的最根本内容，国家应尊重和保障个人选择家庭生活方式以及以日常家庭生活方式安宁生活的权利。②

第五节　儿童家庭生活权作为人权的提出

一、儿童家庭生活权的国际人权文本溯源

家庭生活权已被《公民权利和政治权利国际公约》《欧洲人权公约》等普遍性、区域性人权公约所肯认，获得了国际社会广泛承认。

（一）内含家庭生活权的“隐私权”的提出

考察国际人权文书，家庭生活权保护的理念与内容最早蕴含于1948年《世界人权宣言》第12条“隐私权条款”之中：“任何人的私生活、家庭、住宅和通信不得任意干涉，他的荣誉和名誉不得加以攻击。人人有权享受法律保护，以免受这种干涉或攻击。”该条被称作“隐私权条款”，旨在架构一个隐私生活领域，保障个人私生活、家庭生活、住宅和通信隐私不受侵犯。

---

① 参见林来梵：《从宪法规范到规范宪法》，商务印书馆2017年版，第88－89页。

② 参见［法］菲利浦·格雷茨亚诺：《欧洲对于私生活的法律保护：法国与德国的比较》，石佳友译，载《法学家》2006年第3期。

"《世界人权宣言》第12条，旨在保障古典意义之隐私不受国家任意干涉。"[①]隐私权"意谓个人以'家户'这个社会最小单位为保护伞，对生活内容拥有自主裁量权"[②]。隐私权条款以保护私生活为要旨，而披露他人家庭生活，构成对隐私权的侵害。[③]《世界人权宣言》首次将家庭隐私保护纳入国际人权法视野，表征着家庭隐私保护获得了合法地位，纳入了国际人权法体系。《世界人权宣言》虽然没有法律约束力，但它是世界上第一个综合性、普遍性国际人权文书，是国际人权体系的基础性文献。[④] 家庭隐私保护的理念纳入《世界人权宣言》，确立了家庭隐私保护的最早范本，成为国际社会普遍接受的最低标准，[⑤] 亦为保护家庭生活权的国际人权行动提供了法律遵从。

《世界人权宣言》之后，联合国大会陆续通过的1966年《公民权利和政治权利国际公约》第17条[⑥]、1989年《儿童权利公约》第16条、1990年《保护所有移徙工人及其家庭成员权利国际公约》第14条、2006年《残疾人权利公约》第22条均规定了"隐私权条款"，以具有法律约束力的条约形式重申了《世界人权宣言》第12条的内容，将家庭生活纳入隐私权之中，与私生活隐私、住宅隐私、通信隐私等并列，类型化为以自治隐私权、空间隐私权和信息隐私权为核心内容的大隐私权范畴，共同作为一个整体以"隐私权"之名受到保护，并成为保障隐私权的重要法源依据。人权事务委员会第16号一般性意见的主题就是"第十七条（隐私权）"，将《公民权利和政治权利国际公约》第17条明确释义为隐私权，涵摄私生活、家庭生活、住宅与通信隐私受保护的权利。"'隐私'在第十七条下指的是个人生活范畴，在此范畴内

---

① 颜厥安、林钰雄主编：《人权之跨国性司法实践——欧洲人权裁判研究（四）》，台北，元照出版有限公司2012年版，第202页。

② 颜厥安、林钰雄主编：《人权之跨国性司法实践——欧洲人权裁判研究（四）》，台北，元照出版有限公司2012年版，第202页。

③ 参见王泽鉴：《人格权的具体化及其保护范围·隐私权篇》（下），载《比较法研究》2009年第2期。

④ 参见柳华文：《联合国与人权的国际保护》，载《世界经济与政治》2015年第4期。

⑤ 参见［奥］曼弗雷德·诺瓦克：《〈公民权利和政治权利国际公约〉评注》（修订第2版），孙世彦、毕小青译，生活·读书·新知三联书店2008年版，第2页。

⑥ 《公民权利和政治权利国际公约》第17条只是在《世界人权宣言》第12条规定不得"任意"干涉基础上，规定了不得非法干涉的表述。

他或她可以自由表达其身份，不管是通过与他人形成一定关系还是自己单独表达这一身份。”[①] 特别是1966年《公民权利和政治权利国际公约》作为具有法律约束力的国际人权公约，“更为精确地表达了《世界人权宣言》中包含的权利，以条约的形式确立了这些权利并且规定了实施措施”，[②] 其中，该公约第17条[③]采用几乎相同的表述重申了《世界人权宣言》第12条的内容，并因其核心人权公约地位从而在家庭生活权的国际人权文本体系中居于核心地位，“代表了当今国际人权法中最具权威性的普遍的最低标准”[④]。此外，基于移徙工人和残疾人所面临的脆弱和不利处境，联合国特别在有关移徙工人与残疾人的核心人权公约中重申了“隐私权条款”。1990年《保护所有移徙工人及其家庭成员权利国际公约》第14条、2006年《残疾人权利公约》第22条规定移徙工人和残疾人的家庭隐私应受法律保护，不受任意非法干涉，以因应移徙工人和残疾人面临的更为严峻的家庭生活困境，为其家庭生活权国际保护确立了基本遵从。虽然上述“隐私权条款”均采用“家庭”而非“家庭生活”的措辞，但体系化释义相关国际人权文书，“家庭”措辞蕴含“家庭生活”的意涵无疑，且在发展过程中日益强化了“家庭生活”指向。“与隐私权有关的权利已经超出了最初的关注范畴，即私人空间，尤其是家庭，而涵盖了个人安全、自我实现和身份，包括家庭生活和亲密关系的安排，性习俗以及商业活动。”[⑤]

---

① 例如，第2172/2012号来文，G诉澳大利亚，2017年3月17日通过的《人权事务委员会根据〈任择议定书〉第五条4款通过的关于第21T2/2012号来文的意见》第7.2段；第453/1991号来文，A. R. 和M. A. R. Coeriel诉荷兰，1994年10月31日人权事务委员会通过的意见第10.2段。“隐私”在第17条下“指的是个人生活范畴，在此范畴内他或她可以自由表达其身份，不管是通过与他人形成一定关系还是自己单独表达这一身份”。

② ［奥］曼弗雷德·诺瓦克：《〈公民权利和政治权利国际公约〉评注》（修订第2版），孙世彦、毕小青译，生活·读书·新知三联书店2008年版，第2页。

③ 《公民权利和政治权利国际公约》第17条只是在《世界人权宣言》第12条规定不得“任意”干涉基础上，规定了不得非法干涉的表述。

④ ［奥］曼弗雷德·诺瓦克：《〈公民权利和政治权利国际公约〉评注》（修订第2版），孙世彦、毕小青译，生活·读书·新知三联书店2008年版，第2页。

⑤ John Tobin，*The UN Convention on the Rights of the Child：A Commentary*，Oxford University Press，2019，p. 552.

家庭生活与住宅、通信、私生活共同作为一个整体的隐私权保护经历了早期偏重住宅和通信保护，到逐渐重视私生活和家庭生活保护的历程。早期，隐私权旨在保护个体性隐私，重点是“住宅隐私”和“通信秘密”作为人权的不可侵犯性，“家庭生活”隐私并未受到足够重视。在之后的发展过程中，同样是家庭生活与住宅、通信、私生活共同作为整体受隐私权保护，但家庭生活保护日益受到重视。著名人权专家诺瓦克先生在《〈公民权利和政治权利国际公约〉评注》一书中，通过对奥地利相关法律演变历程的考察描述了隐私保护的发展过程，即从住宅隐私保护到通信秘密保护再到家庭生活隐私保护的历程。“隐私概念在19世纪的资产阶级社会中发展的过程中，在个人的单独领域意义上的隐私在特别的制度性结构中得到了显现：对于住宅、家庭和通信秘密的保护。在20世纪，又加上了对电讯秘密以及对个人数据资料和人类遗传密码的一般保护。这些制度经常被当作理所当然的，这种理所当然的程度已经发展到作为隐私基础的、个人隐私之不可侵犯性的一般观点已经被迫引退到了幕后。例如，奥地利权利法案自1862年以来就承认住宅的不可侵犯性，1867年以来承认通信秘密。但在另一方面，对于私生活和家庭生活的一般保护，直到将《欧洲人权公约》第8条和第12条纳入奥地利宪法时，才首次被承认为是基本权利。”①

（二）“家庭生活权”的提出

考察普遍性和区域性人权文书，如果说1948年《世界人权宣言》第12条以及前述四项核心国际人权公约的有关规定尚未直接采用家庭生活权的表述，而《残疾人权利公约》第23条②以及儿童权利委员会第14号一般性意见

---

① ［奥］曼弗雷德·诺瓦克：《〈公民权利和政治权利国际公约〉评注》（修订第2版），孙世彦、毕小青译，生活·读书·新知三联书店2008年版，第396页。

② 《残疾人权利公约》第23条第3款规定：“缔约国应当确保残疾儿童在家庭生活方面享有平等权利。为了实现这些权利，并为了防止隐藏、遗弃、忽视和隔离残疾儿童，缔约国应当承诺及早向残疾儿童及其家属提供全面的信息、服务和支助。”

第59段[①]等系列国际人权规范则直接规定了家庭生活权的内容，特别申明儿童享有家庭生活的权利应受保护。

1950年《欧洲人权公约》是在区域层面上施行的国际人权文书，体系化地确立了个人享有的基本人权，其中第8条[②]和《世界人权宣言》第12条的内容相近，规定“人人有权享有使自己的私人和家庭生活、住宅和通信得到尊重的权利”，确立了个人享有的私生活和家庭生活权，但措辞上直接采用“家庭生活”取代了“家庭”，表达更为显明。《欧洲人权公约》第8条被解为“尊重家庭生活权”或“家庭生活权”或者与私人生活合并称作“尊重私人生活和家庭生活权”。

（三）“儿童隐私权”/“儿童家庭生活权”的提出

专门因应儿童特殊性，“儿童隐私权”/“儿童家庭生活权”于《儿童权利公约》《残疾人权利公约》以及部分条约机构的一般性意见中被提出。这些相关国际人权文书以儿童为主体，全面保护儿童享有的权利，包括儿童隐私权/儿童家庭生活权。以示强调法律的天平向儿童倾斜，给予儿童家庭生活权以特别重视和特别保护。

1989年，联合国大会通过了第一个专门保护儿童的具有普遍法律约束力的《儿童权利公约》，全面阐述了儿童权利保护的基本原则，全面汇集了儿童享有的生存权、发展权、受保护权和参与权，为儿童保护提供了指导性原则。[③] 迄今为止，世界上大多数国家批准了《儿童权利公约》，儿童人权得到

---

① 儿童权利委员会第14号一般性意见：“儿童将他或她的最大利益列为一种首要考虑的权利（第3条第1款）”第59段：“家庭是社会的基本单位，系为家庭成员，特别是儿童成长和福祉的自然环境（《公约》序言）。儿童享有家庭生活的权利受《公约》保护（第16条）……”

② 《欧洲人权公约》第8条规定：“1. 人人有权享有使自己的私人和家庭生活、住宅和通信得到尊重的权利。2. 公共机构不得干预上述权利的行使，但是依照法律规定的干预以及基于在民主社会中为了国家安全、公共安全或者国家的经济福利的利益考虑，为了防止动乱或者犯罪，为了保护健康或者道德，为了保护他人的权利与自由而有必要进行干预的，不受此限。”

③ 参见《〈儿童权利公约〉——“导言”》，载联合国儿童基金会，https://www.unicef.org/chinese/crc/，2020年6月23日访问。

了普遍承认。《儿童权利公约》第 16 条[①]以《世界人权宣言》第 12 条为范本，重申了儿童隐私权不受干涉的权利。虽然条文依然采用了“家庭”而非“家庭生活”的表述，但儿童权利委员会第 14 号一般性意见将第 16 条明确释义为“儿童享有家庭生活的权利”，“家庭是社会的基本单位，系为家庭成员，特别是儿童成长和福祉的自然环境（《公约》序言）。儿童享有家庭生活的权利受《公约》保护（第 16 条）。”[②] 同时，《儿童权利公约》在第 9 条第 3 款、第 10 条第 2 款明确规定了儿童与父母分离后联系交往的权利，在第 10 条第 1 款、第 22 条第 2 款规定了国家保护儿童家庭团聚的义务。交往权和家庭团聚权均属家庭生活权的必然延伸。《儿童权利公约》作为具有法律约束力的国际儿童保护立法的核心，其第 16 条的规定成为儿童保护的普遍国际标准。

基于残疾儿童面临的脆弱和不利处境，联合国特别在《残疾人权利公约》中第 22 条重申了“隐私权条款”，第 23 条第 3 款则特别规定残疾儿童家庭生活权受平等保护，“缔约国应当确保残疾儿童在家庭生活方面享有平等权利”，为保障残疾儿童家庭生活权提供了基本规范。

另有部分国际人权文书鲜明地指出儿童家庭生活权受保护之意旨。保护所有移徙工人及其家庭成员权利委员会和儿童权利委员会通过了《关于原籍国、过境国、目的地国和返回国在具国际移民背景儿童的人权方面的国家义务的保护所有移民工人及其家庭成员权利委员会第 4 号和儿童权利委员会第 23 号联合一般性意见（2017 年）》。其中，第 27 条至第 38 条的内容主要围绕“家庭生活”主题。第 27 条明确：“家庭生活受保护的权利得到了包括《儿童权利公约》和《保护所有移徙工人及其家庭成员权利国际公约》在内的国际和区域人权文书的承认。因此，应不加任何歧视地充分尊重、保护和落实每名儿童的这项权利，不论其居留身份或国籍如何。”联合国大会于 2018 年 12

① 《儿童权利公约》第 16 条规定：“1. 儿童的隐私、家庭、住宅或通信不受任意或非法干涉，其荣誉和名誉不受非法攻击。2. 儿童有权享受法律保护，以免受这类干涉或攻击。”

② 儿童权利委员会第 14 号一般性意见：儿童将他或她的最大利益列为一种首要考虑的权利（第 3 条第 1 款），第 59 段。

月 19 日通过的《安全、有序和正常移民全球契约》[①]，在第 21 条、第 29 条、第 37 条等条文中一再重申尊重和保障移民儿童的家庭生活权、家庭团聚权，确保采取一切适当措施实现家庭生活权和家庭团聚权，实现儿童最大利益。

总之，儿童家庭生活权载入系列国际人权文书，不同国际人权文书从不同主题、不同面向上宣明儿童家庭生活权，共同构建了较为完备的儿童家庭生活权保护的文本体系。这些保障家庭生活权的国际人权文书起着引导各国家庭生活权相关政策制定和监督实施的积极作用。[②] 儿童家庭生活权从应然层面的“自然权利”转换为实在法层面的人权，不仅仅是人权法律化、国际化的过程，从哲学层面上讲，还意味着人类不断追寻妥适生活方式、实现自我价值的过程，表明人类社会认识到家庭生活于儿童之根本价值，彰显了对儿童最基本生存层面、具有根本生命意义的家庭自然生活方式的追求和维护，并希望借助国际人权法实现此种神圣追求和美好愿望。

二、“隐私权条款”与“家庭条款”辨析

《世界人权宣言》与上述四大核心国际人权公约除了在“隐私权条款”中出现“家庭”的表述，还无一例外地在“家庭条款”或序言中同样出现“家庭”的表述，分别是《世界人权宣言》第 16 条[③]、《公民权利和政治权利国际公约》第 23 条[④]、《儿童权利公约》序言[⑤]、《保护所有移徙工人及其家

---

① 《安全、有序和正常移民全球契约》是一个不具有法律约束力的全球合作框架，见本契约第 7 条：“本全球契约提出了一个以会员国在《关于难民和移民的纽约宣言》中商定的承诺为基础的不具法律约束力的合作框架。本契约促进所有移民问题相关行为体之间的国际合作，同时承认没有哪一个国家能够单独解决移民问题，本契约维护国家主权，并遵守国际法为各国规定的义务。”

② 参见单纯：《论艾滋病关联者人权保障的法理特征》，载《法治研究》2013 年第 12 期。

③ 1948 年《世界人权宣言》第 16 条：“……（三）家庭是天然的和基本的社会单元，并应受社会和国家的保护。”

④ 1966 年《公民权利和政治权利国际公约》第 23 条：“一、家庭是天然的和基本的社会单元，并应受社会和国家的保护……”

⑤ 1989 年《儿童权利公约》序言，“深信家庭作为社会的基本单元，作为家庭所有成员，特别是儿童的成长和幸福的自然环境，应获得必要的保护和协助，以充分负起它在社会上的责任”。

庭成员权利国际公约》第44条[①]、《残疾人权利公约》序言[②]。上述宣言或公约均规定“家庭是自然和基本的社会单元，有权获得社会和国家的保护”或类似内容。适切理解“隐私权条款”中的“家庭”，有必要与“家庭条款”中“家庭”进行辨析。

前文论及，相关国际人权文书中“隐私权条款”的“家庭”指向“家庭生活”。而“家庭条款”中的“家庭”，则多被专家理解为“家庭制度”。此见解在著名人权专家诺瓦克先生的《〈公民权利和政治权利国际公约〉评注》一书得到阐明，亦为欧洲著名公法学家卡尔·施米特先生在其著述《宪法学说》中所主张。诺瓦克对《公民权利和政治权利国际公约》第17条“隐私权条款”和第23条“家庭条款”的区别专门加以阐释：“第23条第1款中对家庭的保护指的是什么？是否仅从此条中就能得出一些具体的权利？正如一开始所指出的，第23条第1款的意义在于其对‘家庭’制度的保护，而家庭生活不受干涉的权利主要是由第17条来保障的。”[③] 显然，同样涉及保护家庭的内容，第17条“隐私权条款”指向保护家庭生活权，第23条“家庭条款”指向保护家庭制度。施米特对“国家保护家庭”的性质作出专门阐释，国家保护家庭是一种“制度性保障”的学说也正出自施米特1928年出版的《宪法学说》，国家内不可能存在自然团体的基本权利，家庭本身没有严格意义上的基本权利，所谓基本权利其实是一种制度保障，家庭只能作为一种制度受到宪法律保护。[④] 国家保护家庭，是对“家庭制度”的保护，即“制度性保障”。家庭是一种在宪法出现前已经既存的古老制度安排，对个人和国家均承

---

① 1990年《保护所有移徙工人及其家庭成员权利国际公约》第44条规定：“1. 缔约国确认家庭是社会的自然基本单元并有权受到社会和国家的保护，应采取适当措施，确使保护移徙工人的家庭完整。2. 缔约国应采取其认为妥当并符合其权限范围的措施，便利移徙工人同他们的配偶或依照适用法律与移徙工人的关系具有相当于婚姻效力的个人以及同受他们抚养的未成年未婚子女团聚……”

② 2006年《残疾人权利公约》序言（二十四）：“深信家庭是自然和基本的社会组合单元，有权获得社会和国家的保护，残疾人及其家庭成员应获得必要的保护和援助，使家庭能够为残疾人充分和平等地享有其权利作出贡献。”

③ ［奥］曼弗雷德·诺瓦克：《〈公民权利和政治权利国际公约〉评注》（修订第2版），孙世彦、毕小青译，生活·读书·新知三联书店2008年版，第540－541页。

④ 参见［德］卡尔·施米特：《宪法学说》，刘锋译，上海人民出版社2018年版，第232页。

载着重要功能。国家应保障家庭制度的最根本、最核心内容，确保家庭制度的内核免受侵害，不可立法废止。立法仅可改变其非核心的内容。至于家庭制度的核心内容，当指植根于一国长期历史传统的最基本、最本质的部分，即婚姻以异性结合为本，家庭以婚姻为基，社会以家庭为基。法律对家庭提供制度性保障就是保障这些最核心的制度内容。“家庭受国家和社会保护”的理念和内容在《世界人权宣言》和“人权两公约”[①] 中一再被重申、被强化，其核心要旨在于，强调家庭作为最自然和最基本的社会单元，是社会秩序的基石。为了社会良性、有机、有序运行，国家应最大限度地采取一切立法、行政或司法等措施，保障家庭秩序圆满维持，保护作为整个社会秩序基础的家庭免遭瓦解。

对《公民权利和政治权利国际公约》第 17 条“隐私权条款”与第 23 条“家庭条款”的区别，人权事务委员会在审议个人来文的部分判例中释义，家庭生活权主要蕴含于第 17 条“隐私权条款”之中，而非第 23 条“家庭条款”之中。当然，不得不承认，在现实生活中，很难将两者截然分开。[②]

小　　结

在人类社会的诸多共同体形态中，家庭是以家庭成员共同生活为核心目的的生活共同体。家庭共同生活是人类的基本生活方式，是家庭的最根本目标、最核心要义，主要体现为身体共处、精神共存、性的结合、经济依赖等。对儿童而言，更是借由家庭生活获得了满足基本生存和发展的物质、精神和智识保障。

儿童家庭生活权是儿童享有的与家庭成员共同生活免受任意侵扰的权利，主要体现为共同生活权以及延伸出的家庭团聚权、交往权。这些权利意义关

---

① 即《公民权利和政治权利国际公约》和《经济、社会及文化权利国际公约》。

② CCPR/C/111/D/2009/2010.

联、逻辑贯通，融贯统一于维系家庭生活以及分离后恢复家庭生活的有机权利体系之中，共同实现满足儿童肉体生命维系和精神生命涵养、维护家庭人伦秩序、实现家庭功能的整体价值目标。儿童家庭生活权兼具公法上人权和私法上身份权的复合权利属性，既是一项《公民权利和政治权利国际公约》《儿童权利公约》《欧洲人权公约》等普遍性、区域性国际人权公约所确认的基本人权；也是部分国家民法确立的基于身份享有的与家庭成员共同生活的身份权。

家庭生活权是所有人包括儿童的固有人权，其成立既应生物之性，又奉人之尊严，亦顺人伦之情。以人的自然本性为生物基础，具有自然法上的必然性；以人的尊严和自由意志为内在价值基石，具有价值上的正当性；以人的亲密关系维系为伦理支柱，具有道德上的"应当性"。作为人权的家庭生活权最早蕴含于1948年《世界人权宣言》第12条的"隐私权条款"之中，之后载入部分国际人权文书，经历了从隐私权保护到家庭生活权保护，再到儿童隐私权/儿童家庭生活权保护的历程。其中，《儿童权利公约》旨在因应儿童特殊性，为儿童家庭生活权的实现提供特别保护。家庭生活权载入国际人权文书，不仅是家庭生活权法律化、国际化的过程，也是人类不断追寻妥适生活方式、实现自我价值的过程，表明人类认识到家庭生活于个人之根本价值，并希望借助国际人权法实现此种神圣追求和美好愿望。

第二章　儿童家庭生活权的保障观

儿童家庭生活权如果得不到保障，就不能为儿童所真切拥有，便失去了将该权利法律化表达之意义。而保障儿童的家庭生活权，内在蕴含着区别于一般主体家庭生活权保障之特殊宗旨。与成年人相比，儿童具有“未成年”之“特质”。相应地，儿童家庭生活权之权利主体、权利内容、价值理念等方面均具有特殊性。受制于此，儿童家庭生活权保障蕴含着儿童特质所内在决定的特别保障观，实现着儿童特质所欲求的特殊宗旨。这些特殊宗旨内在设定着所有儿童家庭生活权保障行动的价值目标。

儿童的“特质”何在？儿童家庭生活权保障的独特宗旨及其正当性理据何在？儿童家庭生活权保障体现为哪些作业内容？将在本章系统阐述，本章的讨论也在一定程度上回答了专门研究儿童家庭生活权保障问题的学术旨趣。

第一节　儿童之特殊性

与成年人相比，儿童是“同质性”与“异质性”并存的存在。在人的尊严和价值面向上，儿童与成年人具有“同质性”；在人的生理、心理和智识等面向上，儿童与成年人具有“异质性”。儿童因“未成年”而具有区别于成年人的“特质”。相应地，儿童家庭生活权及其保障被儿童“特质”赋予了“特殊性”，从而使儿童的家庭生活权保障相比一般主体的家庭生活权保障具有特别意蕴。探究儿童家庭生活权保障的特别意蕴，当首先阐明儿童之意涵和特殊性。

一、儿童

不同视角下，儿童的含义有所不同。从心理学维度看，儿童是心智发育未臻成熟的人；从社会学维度看，儿童是幼小的人，根据《现代汉语词典》，儿童指“较幼小的未成年人”；[①] 从法学维度看，儿童是法律上不具有完全行为能力的权利主体。《牛津法律大辞典》将儿童界定为“不够成年年龄的人”[②]。

考察国际人权文书，年龄是确定儿童身份的主要标准。较早通过的1959年《儿童权利宣言》尚未界定儿童定义，1966年《公民权利和政治权利国际公约》“第6条第5款中规定了特定的年龄界限”，[③]“对十八岁以下的人所犯的罪，不得判处死刑”。人权事务委员会第17号一般性意见阐明：“《公约》没有说明儿童在什么年龄成为成年人。这必须由每一缔约国根据有关的社会和文化条件加以确定。在这方面，缔约国应在报告中说明儿童在民事方面成为成年人并负起民事责任的年龄。缔约国也应说明儿童在法律上有权工作的年龄以及根据劳工法被视为成年人的年龄。缔约国应进一步说明为第10条第2款和第3款的目的被视为成年人的年龄。”[④] 直至1989年，《儿童权利公约》明确了儿童的“年龄标准”，第1条将儿童定义为“18岁以下的任何人，除非对其适用之法律规定成年年龄低于18岁”，确定了18岁的推定成年年龄界限。以年龄为标准，概因“吾人之智识经验，通常与年俱进”[⑤]。理论上，对于儿童的成年年龄，很难机械地以一个统一年龄为标准，本应就儿童是否有充分判断识别能力作个别审查才切合实际。但如此行事未免费时费力，有碍便捷行事。法律遂以整齐划一的年龄作为成年与否的标准。以年龄为成年与

① 中国社会科学院语言研究所词典编辑室编：《现代汉语词典》，商务印书馆2009年版，第359页。

② ［英］沃克：《牛津法律大辞典》，李双元等译，法律出版社2003年版，第194页。

③ ［奥］曼弗雷德·诺瓦克：《〈公民权利和政治权利国际公约〉评注》（修订第2版），孙世彦、毕小青译，生活·读书·新知三联书店2008年版，第573页。

④ 参见人权事务委员会第17号一般性意见：第24条（儿童权利），第4段。

⑤ 胡长清：《中国民法总论》，中国政法大学出版社1997年版，第76页。

否的标准，其法律效果在于，儿童成年即具有完全行为能力，可以独立实施法律行为，承担法律责任。当然，年龄标准不纯粹属于生理、心理问题，还受到社会、经济、习俗、文化等诸多因素的影响，受制于人类对自身的认识与评价，故而《儿童权利公约》的规定具有一定灵活性，在明确 18 岁推定成年年龄的同时，允许各缔约国根据自身的社会、经济、政治、文化制度等加以确定，尽管允许各国规定更低的成年年龄，但不能低得不合理。人权事务委员会特别强调，儿童的成年年龄不应过低，低得不合理。而且，缔约国不应免除自己对 18 岁以下的儿童的义务，即使这些人依据其国内法已达成年年龄。①

儿童是否包括未出生的胎儿？胎儿是否受到国际人权公约的保护？根据《〈公民权利和政治权利国际公约〉评注》中对第 24 条“儿童权利”条款的释义：“根据该条的目的和宗旨，答案是否定的，尤其是因为：（1）第 2 款、第 3 款只针对出生后的儿童；（2）当认为继承法并不构成未成年地位所必需的一种保护措施时，第 1 款难以适用于胎儿；（3）难以将未出生的儿童归在‘未成年’之下。”②

在表达“儿童”的意涵时，常常出现“未成年人”的表述方式。通常意义上，“儿童”即指“未成年人”，多数国家的“未成年人”与“儿童”内涵、外延相同，指 18 岁以下的人。例如，《德国民法典》第 2 条规定，“满 18 岁即为达到成年年龄”，③“根据德国民法典第 2 条连同第 187 条第 2 款第 2 句，自然人在 18 岁生日前一天的 24 时整成年”④。《南非宪法》第 28 条规定：“本条中的‘儿童’意指 18 周岁以下的人。”⑤ 但严格意义上，“儿童”与“未成年人”两个用语的侧重点和使用习惯有所不同，“未成年人”是成年人

---

① 参见人权事务委员会第 17 号一般性意见：第 24 条（儿童权利），第 4 段。

② ［奥］曼弗雷德·诺瓦克：《〈公民权利和政治权利国际公约〉评注》（修订第 2 版），孙世彦、毕小青译，生活·读书·新知三联书店 2008 年版，第 574 页。

③ 《德国民法典》，陈卫佐译注，法律出版社 2015 年版，第 5 页。

④ 《德国民法典》，陈卫佐译注，法律出版社 2015 年版，第 5 页脚注。

⑤ 孙谦、韩大元主编：《公民权利与义务——世界各国宪法的规定》，中国检察出版社 2013 年版，第 245 页。

的对称，各国通常以年龄作为划分成年与未成年的唯一标准。至于成年的年龄界限，不同国家的宪法规定不尽相同，个别国家规定的“未成年人”的外延大于“儿童”的外延，如有的国家规定成年人为年满 19 岁的人，“在韩国，法律规定未成年人是指年龄不满 19 岁的人”[①]。可见，各国立法对未成年人的定义并无统一规定。比较《公民权利和政治权利国际公约》“儿童权利”条款与《儿童权利公约》中的“儿童”意涵，“委员会（指人权事务委员会）和《儿童权利公约》一样，在‘未成年人’意义上对‘儿童’这一术语采取了一种广义的理解”[②]。“第 24 条中的‘儿童’这一术语与《儿童权利公约》第 1 条规定的广泛界定是一致的。第 24 条的保护因而适用于 18 岁以下的任何人，除非根据可适用的国内法，达到成年的年龄更早。”[③]

本书中所涉及的儿童，以《儿童权利公约》规定的未满 18 岁的人为准。《儿童权利公约》几乎被世界上所有国家所批准，该公约对儿童的界定已被缔约国的国内法所认可，也成为本文遵从的儿童的标准。在我国，《民法典》将 18 周岁以下的儿童区分为无民事行为能力人和限制民事行为能力人，两类儿童均无法完全独立实施民事法律行为，也无法同成人一样自足适应社会，其人身、财产等均需被父母或其他监护人监护。

二、儿童之“未成年特质”

儿童作为自然人，具有人的自然属性，其成长发展也首先表征为“自然”的生长过程，是一种生命内在自然力量的成长。从自然属性角度审视，儿童是具备生理、心理、人格和智识等自然要素的存在。与成年人相比，儿童既具有“自然人”的同质性，又殊为不同，具有异于成年人的独特“异质”，有日本学者将这种“未成年人特质”概括为三个方面：“①不熟悉自己的最佳

① 吴鹏飞：《嗷嗷待哺：儿童权利的一般理论与中国实践》，苏州大学 2013 年博士学位论文，第 8 页。

② ［奥］曼弗雷德·诺瓦克：《〈公民权利和政治权利国际公约〉评注》（修订第 2 版），孙世彦、毕小青译，生活·读书·新知三联书店 2008 年版，第 573 页。

③ ［奥］曼弗雷德·诺瓦克：《〈公民权利和政治权利国际公约〉评注》（修订第 2 版），孙世彦、毕小青译，生活·读书·新知三联书店 2008 年版，第 573 页。

利益，身心未发达，欠缺完全的判断能力；②性格（人格）富可塑性，易受外界影响；③依赖他人（特别是保护人）而生存。”[①] 本文将“未成年人特质”概括为生理上具有未成熟和不断成长性、心理上具有脆弱性和独立性、智识上具有有限性和可塑性等三个方面。

儿童不仅具有自然属性，也具有人的社会属性。其成长也不仅仅是“自然”的生理成长过程，还表征为一个“人为”的社会化成长过程。生理的、心理的，社会的、文化的，诸多自然、人为因素交互作用。[②] 因此，儿童的“自然的”“未成年特质”，需要“人为”因素的参与，需要照料和保护、关爱和陪伴、启蒙和教育，以满足其生理、心理和智识成长需求。

（一）儿童具有生理未成熟性和成长性，依赖照料和保护

与成年人相比，儿童生理发育尚未成熟，生存能力欠缺，无法自足，难以独立，具有依赖性、有限性，处于生命成长的重要阶段。

儿童生存能力的脆弱性、有限性使其在生活、经济等方面对父母等成年人具有强依赖性。而家庭是儿童的自然保护者，在社会秩序中扮演着保护儿童的自然角色。儿童成长得以依赖的最合适组织是家庭，家庭是最合乎儿童天性的自然成长环境，家庭生活是最适合照料和保护儿童的自然生活方式，无可替代。父母或其他监护人应保护儿童生命的健康成长，悉心照料庇护，为儿童提供一个温馨安全的生存成长环境。“儿童的生存状况只能依赖与之共同生活的监护人。”[③] 美国学者法恩曼“将依赖性理解为是普遍的和不可避免的——在孩提时代，我们每个人都具有依赖性，随着年龄的增长，依赖性也会接踵而来”[④]。卢梭在《爱弥儿》中阐释了儿童的依赖性：“他应当依赖成

---

① ［日］阿部照哉等编著：《宪法（下）——基本人权篇》，周宗宪译，中国政法大学出版社2006年版，第44－45页。

② 参见王本余：《儿童权利的基本价值：一种教育哲学的视角》，载《南京社会科学》2008年第12期。

③ 周刚志等：《弱势群体宪法权利研究》，中国政法大学出版社2017年版，第117页。

④ ［美］玛萨·艾伯森·法曼：《自治的神话：依赖理论》，李霞译，中国政法大学出版社2014年版，第9页。

年人，但不能服从成年人的摆布；他可以提出要求，但不能发布命令。”①

由此，为弥补儿童的有限性、依赖性，应建立必要的儿童照料机制。一方面，父母等监护人应为儿童“构筑四面墙壁”，②营造安全、温暖、避免过度曝光打扰的空间成长环境，提供安全庇护，以防私人领域过度暴露在公共生活中对儿童带来的伤害。儿童不应过于早熟和成人化，否则将难以成为具有见识和开朗理智的成年人。另一方面，正在成长的儿童属于无民事行为能力人或限制民事行为能力人，不具有完全民事法律行为能力。无法同成人一样自足成长、自足适应社会，其人身、财产等均依赖他人保护，③父母或其他监护人应提供人身与财产上的照顾。

儿童生理虽然尚未成熟，但却不断成长发展，是“正在不断成长”的人。儿童的生理及生存能力具有渐进发展性，始终处于一种不断发展、越来越趋近完全独立、不断具备法律上完全行为能力的状态。儿童在不同生长发展阶段的有限性、依赖性不完全相同，整个成长过程也是依赖性不断丧失、独立性不断提升的发展过程。婴幼年时期的儿童全面地、彻底地依赖他人；少年期的儿童逐渐地摆脱依赖；接近成年的儿童则趋近于完全摆脱依赖、自主独立。为此，法律制度安排应平衡好儿童有限性、依赖性与发展性之间的关系。

（二）儿童具有心理脆弱性和独立性，渴求被关爱陪伴

与成年人相比，儿童心理未臻成熟，需要稳定的心理上的关爱陪伴。而心灵的滋养、精神的涵养、人格的健全，都离不开亲情的陪伴、亲密关系的呵护。儿童不是精神的孤岛，不能在荒漠中自行其是。父母不应疏离儿童，其有责任引领儿童顺利融入全新的世界。只有儿童与父母有充分的共同生活时间，亲子间充分的心理联结才能建立和维系。儿童处在人格不断养成、人生观世界观逐步形成的阶段，容易受到外部环境的影响。正如英国哲学家罗素所言：“他的想象力为他展现出孩子可能发生的变化：孩子或是变善，或是

① ［法］卢梭：《爱弥儿》，李平沤译，商务印书馆 1978 年版，第 81 页。

② 李仲宇：《阿伦特保守主义儿童观及其现实意义》，载《曲靖师范学院学报》2019 年第 6 期。

③ 参见周刚志等：《弱势群体宪法权利研究》，中国政法大学出版社 2017 年版，第 117 页。

变恶。”[①] 家庭的血源性使家庭成员心理更依赖、情感更醇厚、关系更密切、群体意识更强。家庭是最典型的初级社会群体，是儿童人格养成的主要场域。父母的精神涵养、科学得当的家庭教育对儿童成长至关重要。保护家庭生活权是促进儿童身、心、才、智全面成长的基本保障。

儿童具有心理依赖性，但又是独立主体，有独特个性与需求。应尊重儿童的独立性、自主性，倾听并尊重儿童意见，正如《儿童权利公约》第5条所规定：“以符合儿童不同阶段接受能力的方式适当指导和指引儿童行使本公约所确认的权利”，以实现儿童最大利益。但也不宜片面夸大儿童独立性，过分强调儿童独特性与自主性而忽视其有限性，这将使儿童成为孤岛。对此，汉娜·阿伦特指出：“过分、片面地夸大儿童的自足性，忽视了儿童需要成人帮助与指引的事实，只会造成成人对儿童的疏离。”[②]

（三）儿童具有智识有限性和可塑性，需要启蒙教育

与成年人相比，儿童认知水平、行为能力欠缺，且需经过漫长复杂的渐进成长过程。从自然本性看，儿童有自我成长、自我实现之价值追求，有充满好奇和求知欲之自然本能，对提升认知水平有强烈的追求。从认知规律看，人的认知水平、行为能力与年龄存在正相关，儿童的认知水平有限。“青少年因其身心未成熟与发育程度不均衡，故其精神尚未十分安定”，[③] 缺乏对事物的判断能力、对危险的预见能力等。而儿童身心不成熟，无法自主学习，渴求获得适当启蒙和教育。“因为儿童仍有着无法自动发展其自我控制的本质，需要相当漫长的学习时间以及适当的教育、指导等外在因素的介入。”[④] 儿童应获得智识成长所必需的启蒙和教育，教育使儿童成为“人”，教育使儿童

---

① 梁克隆编：《西方哲人论儿童教育》，中国社会科学出版社2007年版，第3页。

② ［美］汉娜·阿伦特：《过去与未来之间》，王寅丽、张丽丽译，译林出版社2011年版，第176页。

③ ［日］阿部照哉等编著：《宪法（下）——基本人权篇》，周宗宪译，中国政法大学出版社2006年版，第44页。

④ 张杨：《西方儿童权利保护论与解放论争议之探讨——基于年龄—能力—权利模式的争论》，载《沈阳工业大学学报（社会科学版）》2017年第3期。

"从任其自然发展的客体，转变成创造自己历史的主体"[①]。

儿童的智识发育是个渐进过程，不成熟只是暂时的，儿童极富可塑性、学习性、革命性和无限可能性，其智识一直处于不断成长的过程中，"是正在成长的人"。正如汉娜·阿伦特所言，父母应该教育引导儿童，应"引入"而不是"带入"，不能不加引导任由儿童按喜好、天性行事。简单直接地"带入"，将无法为世界带来有思想、有个性的"创造者""更新者"。[②] 为此，《德国民法典》第1626条第2款特别规定，抚养教育子女，父母应充分考虑"子女不断增长的能力和子女对独立地、有责任感地实施行为之不断增长的需要"[③]。

概言之，儿童在生理、心理和智识上具有"特殊性"，这些特殊性是儿童天然具有的内在特性，使儿童难以自足生存、成长，欲求相应的特殊保护。而儿童成长期又是人生必经历程，童年生命历程不可重来，这一人生发展阶段具有独特价值。

尽管儿童可以获得不同渠道的保护，但天然持久的血缘亲情使儿童与父母等家庭成员建立了紧密心理和生活依赖，儿童寻求爱和生命支撑的首要对象是家庭。日常家庭生活是儿童身、心、才、智全面健康成长与实现生命价值的首要支撑，是维系儿童肉体生命和涵养精神生命的基本生活方式。家庭是儿童初始的、覆盖全程的、最为重要的血缘、情感和经济联结纽带，是儿童实现社会化的基本单位，具有基础性、终身性。父母是第一性责任人，是儿童的全面照料者、保护者、关爱陪伴者以及启蒙教育者。

儿童生理、心理和智识上的特殊性赋予其作为家庭生活权的权利主体以及家庭生活权保障价值理念等方面的特殊性，这里有必要对这两方面加以探究。

---

① 李洁：《学习权研究的现状、趋势与展望》，载《湖北社会科学》2011年第3期。

② 李仲宇：《阿伦特保守主义儿童观及其现实意义》，载《曲靖师范学院学报》2019年第6期。

③ 《德国民法典》，陈卫佐译注，法律出版社2015年版，第502页。

第二节　儿童是家庭生活权的特殊权利主体

“特殊性”使然，儿童成为有别于成年人的家庭生活权特殊权利主体，并应获得相应的特别保障。正如儿童权利委员会第 12 号一般性意见第 1 段所申明：“一方面，儿童不具备成人所享有的充分自主权；另一方面，儿童是这些权利的主体。”

一、儿童身为“人”乃人权主体

儿童曾经在漫长的人类历史上既无独立人格尊严，亦无法律上的权利。在家庭中严重依附于家长，受家长权支配，处于不独立状态。[①] 欧洲文艺复兴、启蒙运动过程中，人权思想被提出，人发现了“人”，人成了“人”，成为平等自足的主体，获得了“人”的完整意义。之后经过欧美部分国家的人权实践而被法律化。但人权诞生之初，古典人权理论主张的人权主体是有限的，认为只有拥有道德主体地位的理性人才能自主独立地作出判断，而儿童缺乏理性，人格不独立，[②] 并非人权主体，没有法律上的主体地位。北美把洛克的契约思想推至政治领域后，产生了《独立宣言》表达的“政治契约”思想，该思想设计的契约中的“人人”，仅指参与订立契约的人，即资产阶级和大农场主的代表，而奴隶、黑人、印第安人、妇女、无产者等均被排除在“人人”之外。[③] 在有限主体观的人权文献中，儿童也不在人权主体之列，不具有人权主体资格，无法请求国家的人权保障。家庭成为儿童与国家之间的屏障，抚养和教育儿童是纯粹家庭自治事务，父亲享有对儿童及家庭成员的支配权，国家不予干预。

---

① 参见夏勇：《人权概念的起源——权利的历史哲学》，中国政法大学出版社 2001 年版，第 68 页。

② 参见［美］林·亨特：《人权的发明——一部历史》，沈占春译，商务印书馆 2011 年版，第 13 页。

③ 参见徐显明、曲相霏：《人权主体界说》，载《中国法学》2001 年第 2 期。

"二战"后普遍人权主体观的确立使儿童获得人权主体地位。19 世纪初，资产阶级工业革命引发了童工权益保护、儿童接受教育等诸多儿童问题，激起社会对儿童权利保护的关注。1924 年，国际联盟通过《儿童权利日内瓦宣言》，在国际法层面首次关注儿童权利。[①] 而人类真正认识到人权是全人类和平共存的基石以及儿童人权保护的迫切性始于"二战"，为避免两次世界大战造成的人间惨剧重演，国际社会集体行动保护人权包括儿童人权。1948 年通过的联合国最早的人权文件《世界人权宣言》明确宣示"承认人类社会所有成员之固有尊严及平等且不可让渡之权利"，每个人都平等无差别地享有人权。[②] 这标志着普遍性人权主体观得以确立，并成为所有国家的共同价值基准。人权主体从排除儿童等特定群体的有限主体扩展为包括儿童在内所有人的普遍主体。儿童与成人一样，生而固有人权。人权内生于儿童的独立人格与内在价值，而非对儿童的恩赐和馈赠。1959 年联合国大会通过的《儿童权利宣言》从国际法层面确认了全世界所有儿童固有的权利。1966 年通过的"人权两公约"确立了人权的两大体系，均肯认人权的普遍主体观。其旨在以制度化、法律化手段保护所有人权免受国家公权力干预，并促进美好生活之建立与多维人性之发展。[③] 1989 年通过的《儿童权利公约》是儿童人权保护方面最为全面丰富且为国际社会所广泛认可的一项公约，儿童的人权主体地位被再次宣示。

儿童成为普遍性人权主体，获得主体地位，意味着儿童获得"人"的地位和附着于"人"之上的国家公民资格，并摧毁了千百年来横亘在儿童与国家之间的家庭屏障。[④] 儿童作为国家的公民不再受困于血缘关系，不再被亲权宰制依附于家长权，而是建立了与国家的直接联结，拥有了以"公民"身份

---

① 参见吴鹏飞：《嗷嗷待哺：儿童权利的一般理论与中国实践》，苏州大学 2013 年博士学位论文，第 56 页。

② 《世界人权宣言》第 2 条规定："人人有资格享受本宣言所载的一切权利和自由，不分种族、肤色、性别、语言、宗教、政治或其他见解、国籍或社会出身、财产、出生或其他身份等任何区别。并且不得因一人所属的国家或领土的政治的、行政的或者国际的地位之不同而有所区别，无论该领土是独立领土、托管领土、非自治领土或者处于其他任何主权受限制的情况之下。"

③ 参见孙世彦：《论国际人权法下国家的义务》，载《法学评论》2001 年第 2 期。

④ 参见张翔：《论家庭身份的私法人格底蕴及其历史演变》，载《法律科学》2011 年第 2 期。

直面国家的法律地位，全面享有各项人权，并得以人权主体地位请求国家提供人权保障。国家也不再缺席儿童的世界，成为儿童人权保障的义务主体。人权的享有为儿童的生存发展设定了底线，提供了最为确定可靠的法律保障。

儿童作为抽象意义上的人，与成年人一样独立平等的“人”，与成年人一样成为人权主体。在人权和人的尊严面前，儿童与成年人是平等的，儿童平等享有作为人权的家庭生活权，成为家庭生活权的一般权利主体，有权与家庭成员在家庭环境中共同生活与成长。

二、儿童身为“未成年人”乃人权的特定群体

人权为所有人包括儿童所固有。而儿童与妇女、老年人、残障人具有共同的“类特征”，被统称为“特定群体”。对特定群体，有学者理解为：“特定群体指的是享有某种或某些具有特定的基本权利的主体。”[①] 我国宪法规定，“婚姻、家庭、母亲和儿童受国家的保护”，“根据这些法律规定，在我国宪法下，妇女（含母亲）、老人（含妇女）和儿童均可视为宪法权利的特定群体”[②]。另有学者理解为，“因为权利实现方面的困境和特别需求而应受到国家法律特别保障的群体”；[③] 2016年至今通过的《国家人权行动计划》均以特定群体这种统合式表达取代过去对妇女、儿童、老年人、残障人的列举式表达。儿童身为“未成年”的“人”，具有未成年特质，体现为生理、心理和智识等方面的未成熟性、脆弱性、有限性，在儿童人权实现过程中体现在法律上不具有完全行为能力与责任能力，权利的“易受侵害性”、权利实现的“依赖性”等特征。儿童成为最易被忽视、被边缘化，也因此成为最需要被社会发声、被反映的群体。[④] 正因如此，将儿童与成年人作出区分，儿童被视为人权的特定群体。

儿童作为“特定群体”的表达有别于“弱势群体”的表达，尽管两者

---

① 林来梵：《从宪法规范到规范宪法》，商务印书馆2017年版，第96页。

② 林来梵：《从宪法规范到规范宪法》，商务印书馆2017年版，第96页。

③ 张万洪、刘远：《晚近十年中国特定群体权利保障事业的发展——基于〈中国人权事业发展报告〉的分析》，载《人权》2020年第6期。

④ 参见段立章：《儿童宪法权利研究》，山东大学2016年博士学位论文，第18页。

指代的对象高度趋同，但理念有所不同，“弱势群体”强调对象的弱者属性，其分群标准是因生理等自然条件方面的客观原因，主要包括儿童和老人等年龄弱势群体，妇女和生理间性人等性别弱势群体，身体障碍者、精神障碍者等生理弱势群体，等等。从而具有“脆弱”“非主流”“易受侵害”等“类”特征，处于不利境地的弱势群体，不利于对尊严的尊重。而“特定群体”的表达则将所谓的弱势视为独特性、多样性，在法律上依然是平等的，他们的困境是独特性和社会障碍共同造成的结果，应受法律特别保障理念，不突出弱势，无评价，更具客观性、平等性、开放性。

儿童作为人权特定群体享有的“特定群体的人权”有别于“集体人权”。“特定群体的人权”与“集体人权”各自与每个个体人权的关系不同。“特定群体的人权”所覆盖的每个个体与群体的人权是同一关系，可直接体现为每个个体的人权。个体与群体享有的权利相同，既没有被放大，也不存在缩小或转化的问题。权利依然由每个人享有和行使。“集体”则是一个“共同体”，集体人权与个人人权非多数与少数的关系，而是共同体与个体的关系。“集体人权”是“共同体”本身单独享有的人权，有别于集体中每个个体的人权。“集体人权”并非直接等同于集体中每个个体的人权，两者是一种派生关系，个体人权派生出集体人权。[①] 就这一点，人权事务委员会在第23号一般性意见就作为集体人权的自决权与少数群体权利的区别专门作了阐述，[②] 其见解同样适用于儿童权利。

儿童作为特定群体享有的权利有别于特权。前者是一种为了实现平等而受特别保护的权利，不意味着权利的不平等，而是标志着人权保障的充分性、全面性和平等性，标志着对包括儿童在内所有人人权的尊重和保护，追求的恰恰是人的实质平等。而特权是通常意义上的社会强者享有的权利，是居于

① 参见徐显明：《人权主体之争引出的几个理论问题》，载《中国法学》1992年第5期。

② 人权事务委员会第23号一般性意见：第27条（少数群体的权利），第3.1段：“《公约》区分了自决权利和第二十七条之下保护的权利。前者被表述为属于民族的权利，在《公约》的另一部分（第一部分）中作出规定。自决并不是可依任择议定书予以确认的权利。另一方面，第二十七条则涉及赋予个人的这类权利，并且同涉及给予个人的其他个人权利一样，载于《公约》的第三部分，并且能够在《公约》中予以确认。”

社会优势地位的人享有的优于别人的权利，追求的是高高在上的不平等。[①]

三、儿童身为“未成年人”乃家庭生活权的特殊主体

儿童的特殊性，使其成为人权主体中有别于成年人的特殊权利主体。同理，与家庭生活权主体中的成年人相比，儿童是特殊权利主体，在生理、心理、智识等方面有特殊需求，在家庭生活维系和家庭生活权实现过程中表现出特殊性。

其一，儿童是家庭生活权的主体，但不具有充分自主权。儿童虽然是家庭生活权的享有者，是权利主体，但儿童的特殊性使其不具有成年人享有的充分自主权，维系家庭生活处于被动消极而非自主状态，无法摆脱对父母或其他法定监护人的依赖，肉体生命需要依赖父母照料供养，精神生命需要父母关爱涵养，智识需要父母启蒙塑造。即便儿童不能完全自主地行使家庭生活权，其权利主体地位也不应受到丝毫质疑和动摇。正如儿童权利委员会第12号一般性意见第1段所言：“一方面，儿童不具备成人所享有的充分自主权；另一方面，儿童又是这些权利的主体。”

其二，儿童家庭生活权具有易受损性。儿童弱小，身心尚未成熟，在家庭生活中更为脆弱、易损，容易遭受外部意外事件和不法行为的侵害。正因如此，现实世界，儿童家庭生活权面临诸多困境。国际上，战乱冲突导致大量难民儿童流离失所；非法移民儿童被强制遣返引发亲子分离；国际诱拐儿童屡禁不止；等等。在我国，儿童家庭生活同时经受传统社会既有问题和工业化、全球化进程中新问题的冲击。其中，既有传统社会固有的拐卖儿童、流浪儿童问题，也有工业化、城镇化推进中出现的留守儿童家庭生活实现困境等阶段性问题，还有持续攀升的离婚案件中屡禁不止的抢夺、藏匿孩子问题等，这些问题影响了儿童家庭生活权的充分实现。

其三，儿童家庭生活权实现具有强依赖性。儿童作为无民事或者限制民事行为能力人，自我保护能力不足，难以自主解决问题。由此，儿童的家庭

---

① 参见徐显明：《人权主体之争引出的几个理论问题》，载《中国法学》1992年第5期。

生活权遭受侵害后，难以亲自行使诉讼权利自行寻求法律保护，只能依赖父母或其他法定代理人的帮助，[①] 或者完全委诸父母或其他法定监护人代理，由代理人作出决定；或者征得父母或其他法定代理人的同意方可为之。[②] 例如，在我国，不满 8 周岁的未成年人为无民事行为能力人，由其法定代理人代理实施民事法律行为。8 周岁以上的未成年人为限制民事行为能力人，实施民事法律行为由其法定代理人代理或者经其法定代理人同意、追认，除非独立实施纯获利益的民事法律行为或者与其年龄、智力相适应的民事法律行为。

其四，儿童在法律上的行为能力具有不断发展性。儿童不具有完全民事行为能力，但儿童处在持续不断的成长发育过程中，其行为能力不断发展，处于越来越趋近完全行为能力的状态。为此，应以符合儿童不同阶段接受能力的方式适当指导和指引儿童行使家庭生活权。《儿童权利公约》第 5 条规定了儿童能力不断发展的理念，强调缔约国应“以符合儿童不同阶段接受能力的方式适当指导和指引儿童行使本公约所确认的权利”。在承认父母有权利也有义务为子女提供指导的同时，强调尊重儿童不断发展的特性，应以适应儿童不断成长发展之能力的方式提供指引，从幼儿时期父母可以作出多数决定直到青春期儿童可以自己作出越来越多的决定，随着儿童的成长发展而逐渐将主动权转移给儿童。

第三节 儿童家庭生活权保障的特别价值意蕴

儿童家庭生活权保障，应服从和遵循核心的价值设定，以核心价值为具体规范的设定依据。就儿童而言，其家庭生活权保障，涉及相交织的多方关系、相碰撞的多重利益、相并存的多元价值。对多重利益进行衡平，儿童利益才是优先利益；对多元价值进行位阶定序，儿童最大利益、尊重儿童表达

① 参见段立章：《儿童宪法权利研究》，山东大学 2016 年博士学位论文，第 70 页。

② 参见吴鹏飞：《嗷嗷待哺：儿童权利的一般理论与中国实践》，苏州大学 2013 年博士学位论文，第 32 页。

意见才是首要价值，是儿童家庭生活权保障的“灵魂”。探究儿童家庭生活权保障，离不开对其根本价值遵从的适切理解与适用。

一、儿童家庭生活权保障的价值体系

（一）核心价值的内容体系

儿童家庭生活权保障的核心价值是国家保障儿童家庭生活权须遵循的基础性、本源性、根本性的概括性原则，高度概括、浓缩或者说是抽象、整合、承载了儿童家庭生活权保障的核心精神要义，是作为具体规则基础的综合性准则。[①] 为具体法律规范提供了基本价值基准，具有高度概括性和普遍解释力。

对儿童权利保护的价值体系，学界看法不尽相同，有四原则说（儿童最大利益、无歧视、尊重儿童和多重保护），[②] 八原则说（儿童优先、照顾儿童身心发展特点、公平和平等对待、成年人义务、全面保护及一般保护与特别保护相结合、从实际国情和儿童实际需要出发确定法律保护、国内法与国际法相衔接）[③] 等不同学说。

考察国际人权文书，不仅“人权两公约”、《儿童权利公约》等公约涉及儿童人权保护的原则，人权事务委员会、儿童权利委员会等条约机构也通过了关于儿童人权保护价值理念的一般性意见。其中，儿童权利委员会通过的阐释不同主题的第 6 号、第 12 号等一般性意见中明确了要旨相近的原则。儿童权利委员会第 6 号一般性意见确立了三项原则：“根据非歧视、儿童最大利益和儿童自由表达其意见的权利的原则为无人陪伴和无父母陪伴儿童的保护、照料和适当待遇提供指导。”[④] 儿童权利委员会第 12 号一般性意见第 2 段确立了四项原则：“所有儿童表达意见并得到认真对待的权利是《公约》的基本价

---

① 参见张文显：《二十世纪西方法哲学思潮研究》，法律出版社 1996 年版，第 391 页。

② 参见王雪梅：《儿童权利论：一个初步的比较研究》，社会科学文献出版社 2005 年版，第 62 页。

③ 参见郝卫江：《尊重儿童的权利》，天津教育出版社 1999 年版，第 38－40 页。

④ 儿童权利委员会第 6 号一般性意见：远离原籍国无人陪伴和无父母陪伴的儿童待遇，第一部分“一般性意见的目的”。

值观之一……其他三项原则分别是不受歧视的权利、生命权和发展权，以及首先考虑儿童的最大利益……”此外，为准确理解儿童表达意见和儿童最大利益两项原则，儿童权利委员会专门通过了关于“儿童表达意见的权利”的第12号一般性意见、关于“儿童将他或她的最大利益列为一种首要考虑的权利（第3条第1款）”的第14号一般性意见。

依凭上述国际人权文书，同时结合人权事务委员会审议相关个人来文的诸多判例，儿童家庭生活权保障的基本原则主要体现为儿童最大利益、儿童表达意见两项原则或者说价值遵从。其中，儿童最大利益原则是首要考虑因素。

（二）核心价值的意义脉络

儿童家庭生活权保障的核心价值并非零散孤立、毫无关联地分布于相关人权文本之中，儿童最大利益、儿童表达意见原则具有同一性意义，是一个内在意义关联的脉络体系，形成一个逻辑贯通的有机整体。

儿童最大利益原则强调处理儿童的所有事务均应以儿童最大利益为首要考虑，体现了儿童为本、儿童是“目的”、其权利和利益应被重视和保障的理念。旨在实现儿童身为“人”之主体性价值，“确保儿童全面和有效享有《公约》所列的每一项权利及其整体发展”①。“儿童的最大利益”不仅与其他利益相等，而且原则上优先于这些利益。②

儿童发表意见，旨在强调儿童是权利主体，而非仅仅是受保护的客体。儿童是儿童事务的专家，是儿童问题的主人，而非儿童问题的局外人。征询和尊重儿童意见，是对儿童人权主体地位的尊重，也是儿童独立人格的体现。儿童借由独立发表意见、表达诉求，影响事关自身的决策，使自身意愿和境况被社会关注、被决策反映。只有倾听和尊重儿童意见，才能更好地确定儿

---

① 儿童权利委员会第14号一般性意见：儿童将他或她的最大利益列为一种首要考虑的权利（第3条第1款），第4段。

② 儿童权利委员会第14号一般性意见：儿童将他或她的最大利益列为一种首要考虑的权利（第3条第1款），第68段。

童最大利益之所在，才能更好地实现儿童最大利益，避免儿童未获其利先受其害，彰显了儿童的人权主体地位，成为儿童权利中的重要基础性价值。

两项原则表达了意欲保护儿童人权包括家庭生活权的核心价值理念。两者都将儿童视为具有独立人格的完整的人，都将儿童作为应该被反映意愿的社会参与者，体现了儿童为“人”的主体性和人权主体地位，彰显了“人”的主体价值。两者相互依赖、相辅相成、不可或缺，共同作为一个完整有机整体，承载着儿童作为独立、和平等主体的神圣个体价值，共同构成了儿童家庭生活权保障价值中最稳固、最核心的“硬核”部分，表达了儿童家庭生活权保障必须遵从的根本主张和最高指导原则，共同实现着保障儿童家庭生活权的终极目标，实现着儿童的全面整体发展。抽离了这两个“硬核”，儿童家庭生活权保障便失去根基和灵魂。从此意义上说，这两项原则构成儿童家庭生活权保障价值体系中的基础性价值。其中，儿童最大利益是首要考虑，儿童发表意见则是为了更好地确定和实现儿童最大利益原则。

（三）核心价值的多重功能

其一，整合规范体系。在蕴含着儿童家庭生活权保障内容的法律规范体系中，核心价值居于中心地位，统领着法律的体系结构，对具体法律规范起着整合和支撑作用，“指导和协调着全部社会关系或某一领域的社会关系的法律调整机制”，[①]使全部法律规范成为一个相互协调统一的有机体系，是儿童家庭生活权保障体系的“魂”。对价值准则在法律体系乃至法学体系中的整合作用，伯尔曼在其名著《法律与革命——西方法律传统的形成》中作出了深刻阐释。伯尔曼在阐释法学为何被称为“科学”的方法论标准时指出，“科学”一定有个完整的知识体，该知识体是一个意义关联、逻辑贯通、融贯统一的有机整体；这个知识体的内容能被系统地解释；这种系统解释的依据则是原则/真理/定律，原则使知识体中貌似割裂、碎片化的内容具有了同一性、

① 黎敏：《“宪法体系化”再思考——限权宪法原理下的限权原则体系与宪法价值秩序》，载《政法论坛》2017 年第 2 期。

关联性。[①] 伯尔曼还科学地解释了“原则”之于法学知识体系的意义，原则是有机联结法学知识体系的“魂”，确保了一部法律的有机统一，使法学体系“形”散而“神”不散。

其二，拘束立法活动。儿童家庭生活权保障的核心价值理念为相关立法活动提供指导性准则，拘束着具体法律规则的制定、修改以及废止。如果儿童家庭生活权的某项基本原则被废止、被修改、被取代，则必将引发相关法律规则的废、改、立。儿童家庭生活权保障立法活动应当以其为价值基准，据其制定具有内在价值和意义同一性的法律规范体系，有效实现保障儿童家庭生活权的立法目的和宗旨。

其三，节制执法司法。儿童家庭生活权保障核心价值也为相关执法、司法活动提供基本遵循，指导相关法律规范在执法、司法活动中的具体适用，解释相关法律、补充填补相关法律漏洞。立法者自身的局限性、法律规范的有限性，在面对社会关系的多元复杂性、生活的无限可能性时，必然会使有限的儿童家庭生活权保障法律规范难以应对无限的复杂生活，难免出现没有法律援引适用之情况，基本原则将起到弥补法律漏洞的作用。执法机关、司法机关面对法律的空白、滞后时，可根据基本原则所蕴含的法律原理和价值取向进行适当的法律解释，使司法者得自立于立法者之地位，补充法律及习惯法之不备，寻求对案件的解决。当然，执法机关适用法律的基本原则，应符合“法无授权不可为”之要求。

二、儿童最大利益

儿童最大利益是处理儿童事务的最具支配性的标准，为联合国 1959 年《儿童权利宣言》、1989 年《儿童权利公约》等诸多国际人权文书所确立。关于儿童最大利益的核心条款是《儿童权利公约》第 3 条，目前已成为国际社会公认的儿童权利保护的首要基本原则，也是保障儿童家庭生活权须遵循的

---

① 参见［美］哈罗德·J. 伯尔曼：《法律与革命——西方法律传统的形成》（第 1 卷），贺卫方等译，法律出版社 2008 年版，第 147 页。

最高行为准则。

（一）儿童最大利益之文本体系

儿童最大利益原则首次出现在1959年《儿童权利宣言》中，被原则二、原则七所先后申明："制定法律时，应以儿童之最大利益为首要考虑。""负儿童教育与辅导责任者应以儿童之最大利益为其指导原则。"之后，该原则被《消除对妇女一切形式歧视公约》[①]《残疾人权利公约》[②] 等一再重申。儿童权利委员会第14号一般性意见专门汇总了儿童最大利益的法源依据："'儿童的最大利益'并非新颖。在《公约》之前确实业已存在，并早已列入了1959年《儿童权利宣言》（第2段）；《消除对妇女一切形式歧视公约》［第五条（b）款和第十六条第1款（d）项］；以及各区域文书和许多国家和国际法。"[③] 当然，儿童最大利益在《儿童权利公约》中得以最为集中体现，直接或间接体现于《儿童权利公约》第3条[④]以及部分实质性条款之中，除了第3条专门规定了儿童最大利益原则，明确提及儿童最大利益的还有其他各条款：第9条[⑤]

---

① 《消除对妇女一切形式歧视公约》第5条规定："缔约各国应采取一切适当措施：……（b）保证家庭教育应包括正确了解母性的社会功能和确认教养子女是父母的共同责任，但了解到在任何情况下应首先考虑子女的利益。"第16条："1. 缔约各国应采取一切适当措施，消除在有关婚姻和家庭关系的一切事务上对妇女的歧视，并特别应保证妇女在男女平等的基础上：……（d）不论婚姻状况如何，在有关子女的事务上，作为父母亲有相同的权利和义务。但在任何情形下，均应以子女的利益为重……"

② 《残疾人权利公约》第7条残疾儿童："……二、在一切关于残疾儿童的行动中，应当以儿童的最佳利益为一项首要考虑……"

③ 儿童权利委员会第14号一般性意见：儿童将他或她的最大利益列为一种首要考虑的权利（第3条第1款），第2段。

④ 《儿童权利公约》第3条规定，"（1）关于儿童的一切行动，不论是由公私社会福利机构、法院、行政当局或立法机构执行，均应以儿童的最大利益为一种首要考虑"。

⑤ 《儿童权利公约》第9条规定："（1）缔约国应确保不违背儿童父母的意愿使儿童与父母分离，除非主管当局按照适用的法律和程序，经法院审查，判定这样的分离符合儿童的最大利益而确有必要……（3）缔约国应尊重与父母一方或双方分离的儿童同父母经常保持个人关系及直接联系的权利，但违反儿童最大利益者除外……"

与家长的分离，第 10 条[①]家庭团聚，第 18 条[②]家长责任，第 20 条[③]丧失家庭环境和替代照料，第 21 条[④]收养等条款。儿童权利委员会还专门通过了关于"儿童将他或她的最大利益列为一种首要考虑的权利（第 3 条第 1 款）"的第 14 号一般性意见，对儿童最大利益之意涵以及何以规定作出阐明。

综上，聚焦儿童最大利益，国际人权文书形成了以《儿童权利公约》第 3 条为核心，以国际人权文书的相关规定为主体，相互依存、相互涵摄的一个总体框架体系，为理解和把握儿童最大利益提供了必要指引。本书对这一总体框架进行体系性解释。

（二）儿童最大利益的规范分析

儿童最大利益原则意涵非常丰富，通常指在涉及儿童事务的所有行动中，将儿童的最大利益作为首要考虑因素，倾听和尊重儿童意见。以确保儿童全面切实享有人权公约所承认的各项权利，确保儿童的整体发展。[⑤] 在人权意义上探讨儿童最大利益，旨在强调国家应将儿童最大利益作为公权力运行的最根本和首要考量依据。"儿童最大利益应当列为采取一切执行措施的一项首要考虑。'应当'一词赋予了各国强有力的义务，并意味着各国不得在所采取的任何行动中自酌决定。"[⑥] 因为儿童具有依赖性、有限性、无发言权、难以被反映、比成年人更难以维护自身权益，参与作出儿童决策的人必须充分认识

---

① 《儿童权利公约》第 10 条规定："1. 按照第 9 条第 1 款所规定的缔约国的义务，对于儿童或其父母要求进入或离开一缔约国以便与家人团聚的申请，缔约国应以积极的人道主义态度迅速予以办理。缔约国还应确保申请人及其家庭成员不致因提出这类请求而承受不利后果。"

② 《儿童权利公约》第 18 条规定："（1）缔约国应尽其最大努力，确保父母双方对儿童的养育和发展负有共同责任的原则得到确认。父母或视具体情况而定的法定监护人对儿童的养育和发展负有首要责任。儿童的最大利益将是他们主要关心的事……"

③ 《儿童权利公约》第 20 条规定："（1）暂时或永久脱离家庭环境的儿童，或为其最大利益不得在这种环境中继续生活的儿童，应有权得到国家的特别保护和协助……"

④ 《儿童权利公约》第 21 条规定，"凡承认和（或）许可收养制度的国家应确保以儿童的最大利益为首要考虑"。

⑤ 参见儿童权利委员会第 14 号一般性意见：儿童将他或她的最大利益列为一种首要考虑的权利（第 3 条第 1 款），第 51 段。

⑥ 儿童权利委员会第 14 号一般性意见：儿童将他或她的最大利益列为一种首要考虑的权利（第 3 条第 1 款），第 36 段。

到儿童关切、儿童利益，避免儿童利益被忽视。[①]

理解儿童最大利益，既应尊重公约的普遍性，还应考虑各国文化的差异性以及所处发展阶段的不同。《儿童权利公约》定义了跨越文化、宗教的权利，[②] 其适用也应考虑各国实际情况、资源、发展水平和文化差异等不容忽视的因素，采取相对灵活的方法和战略。[③]

1. “儿童”包括个体和群体

关于儿童最大利益中的“儿童”，是指各个缔约国管辖范围内的所有不满18岁的未成年人。其范围包括作为个体的儿童以及作为群体的儿童。儿童权利委员会第14号一般性意见第23段指明，“‘儿童’一词即意味着应给予儿童最大利益应有考虑的权利，不仅适用作为个体的儿童，也适用于一般儿童和儿童群体”。儿童最大利益既属于个体权利，也属于群体权利，应考虑将此权利与群体文化权利挂钩。“既适用于个体儿童的情形，又适用于群体儿童的情形，这使它更具政治意义。”[④]

2. 儿童最大利益为“首要考虑”

儿童最大利益原则意味着在处理和儿童有关的各项事务中，均将儿童的最大利益作为一种“首要考虑”。所谓“首要考虑”，并非将儿童利益作为诸多影响因素中唯一需要权衡的要素。但也并非具有同等分量、处于同等级别，而是将其列为最重大的、最优先的考虑因素，赋予儿童利益优先地位。[⑤] 儿童最大利益原则总体宗旨是“形成对儿童作为权利持有人的全面尊重”[⑥]。

---

① 参见儿童权利委员会第14号一般性意见：儿童将他或她的最大利益列为一种首要考虑的权利（第3条第1款），第37段。

② See Thomas Hammarberg, *The Principle of the Best Interests of the Child: What It Means and What It Demands from Adults*, Warsaw (2008).

③ See Thomas Hammarberg, *The Principle of the Best Interests of the Child: What It Means and What It Demands from Adults*, Warsaw (2008).

④ Thomas Hammarberg, *The Principle of the Best Interests of the Child: What It Means and What It Demands from Adults*, Warsaw (2008).

⑤ 参见儿童权利委员会第14号一般性意见：儿童将他或她的最大利益列为一种首要考虑的权利（第3条第1款），第37段、第40段。

⑥ 儿童权利委员会第14号一般性意见：儿童将他或她的最大利益列为一种首要考虑的权利（第3条第1款），第12段。

当儿童与其他儿童利益、成年人利益、社会利益发生冲突时，应逐案考虑，要力求在利害攸关的利益各方之间达成公平的平衡，但儿童的最大利益必须是首要考虑。当某个或某类儿童与其他儿童发生利益冲突时，须综合考虑，不应歧视任何一方，但应特别关注和保护困境儿童。① 其一，儿童与其他群体之间冲突的，宜逐案解决，审慎平衡利益促使达成协议。若达不成协议，应将儿童最大利益列为优先考虑，儿童权利拥有高度优先权，应赋予儿童最大利益更大比重。② 其二，当儿童利益与父母一方或双方或监护人的利益发生冲突时，法律通常假定父母会天然本能地维护儿童利益，但此种情况并非恒有，如果儿童遭受监护人虐待或忽视等情况，应优先考虑儿童利益，必要时可以分开。③ 其三，对于儿童利益与社会利益冲突的衡平问题，这种矛盾往往与资源有关，有时维护儿童最大利益的成本可能会很高，特别是在欠发达国家。即使如此，儿童最大利益仍然是首要考虑因素。

总之，儿童最大利益必须是对儿童的福祉和其权利的实现有重大影响的所有决策中的一个优先考虑因素。现实世界还常出现对“儿童最大利益”的滥用，如有人认为体罚从长远看对孩子有益；土著儿童被迫离开家庭被送到寄宿学校，是为了让他们接触所谓“文明”等。这些行动不是对儿童利益的真正关心，在《儿童权利公约》中未得到支持。④

儿童最大利益作为儿童人权保障的核心价值，当然成为保障儿童家庭生活权的最高行为准则。国家保障儿童家庭生活权，应在所有行动所有面向上以儿童最大利益为首要考虑。

---

① See Thomas Hammarberg, *The Principle of the Best Interests of the Child: What It Means and What It Demands from Adults*, Warsaw (2008).

② 参见儿童权利委员会第 14 号一般性意见：儿童将他或她的最大利益列为一种首要考虑的权利（第 3 条第 1 款），第 39 段。

③ See Thomas Hammarberg, *The Principle of the Best Interests of the Child: What It Means and What It Demands from Adults*, Warsaw (2008).

④ Thomas Hammarberg, *The Principle of the Best Interests of the Child: What It Means and What It Demands from Adults*, Warsaw (2008).

（三）儿童最大利益的评判基准

1. 个案之最大利益评定——个别性评估

国家保障儿童家庭生活权，应在涉及儿童的所有行动中以儿童最大利益为首要考虑。在具体个案中，为确定儿童最大利益，应进行儿童最大利益的个别性评定；在对整体情况进行把握时，应对儿童最大利益进行总体性评估。

（1）评定模式：逐案评定。

儿童最大利益是复杂且灵活的概念，评定儿童最大利益并非易事，须逐案确定。[①] 在特定案件中，无论是儿童个体还是群体，应斟酌儿童家庭生活权个案所涉儿童个体或群体的需求、处境等具体情况，具体情事具体衡量具体处理，逐案评断，即逐案进行个别性评估。儿童权利委员会第 14 号一般性意见指出："应参照每个儿童和一般儿童的具体情况，按逐个案情进行。"[②]

（2）评定步骤：评判和确定。

评断儿童最大利益，需要法律程序保障，因循法定程序和步骤。为此，儿童权利委员会将"评判"和"确定"明确为作出决策须遵循的两个具体实施步骤：[③] "第一，查明哪些是最大利益评判所涉的相关要素……划定每项要素的比重；第二，要遵循一项程序以确保法律保障和恰当适用此权利。"[④] 为力求评判更为规范公正，须在儿童参与下，由跨学科专业团队实施，且不能脱离对《儿童权利公约》及相关国际人权文书所列权利的全面尊重。儿童权利委员会敦请各国评判和确定儿童最大利益时应特别保障儿童表达意见的权利，与儿童沟通，使儿童切实有意义地参与。沟通包括向儿童宣传该程序，了解儿童情况和可选择的恰当解决办法与服务，并征求儿童意见，以辨明儿

---

① 参见儿童权利委员会第 14 号一般性意见：儿童将他或她的最大利益列为一种首要考虑的权利（第 3 条第 1 款），第 32 段。

② 儿童权利委员会第 14 号一般性意见：儿童将他或她的最大利益列为一种首要考虑的权利（第 3 条第 1 款），第 48 段。

③ 参见儿童权利委员会第 14 号一般性意见：儿童将他或她的最大利益列为一种首要考虑的权利（第 3 条第 1 款），第 47 段。

④ 儿童权利委员会第 14 号一般性意见：儿童将他或她的最大利益列为一种首要考虑的权利（第 3 条第 1 款），第 46 段。

童最大利益。[①]

面对儿童群体，评判和确定其最大利益的程序还有区别于儿童个体的特别要求。“评判和确定儿童群体最大利益的程序，在某种程度上不同于评判个体儿童利益的程序。当危及众多数量儿童的利益时，政府机构就必须寻找出征集儿童代表范例意见的途径，在规划或作出会直接或间接涉及这些儿童群体的措施和法律决策时，给予这些观点应有的考虑，以确保可涵盖各类不同的儿童。至于如何去做，有许多范例，包括举行儿童听证会、儿童议会、儿童为主导的组织、儿童联盟或其他代表性机构、学校、社会网络和互联网等开展的讨论。”[②]

（3）审酌要素：一般和特别。

评定儿童最大利益，需要审酌诸多要素。综合儿童权利委员 14 号一般性意见等人权文书，主要涉及与所涉儿童个体或群体具体特点相关的情况，例如年龄、生理或智力状况、成熟程度、性别、归属的少数群体、是否与父母共同生活、与家人关系、家庭规模、所处社会和文化环境等。[③] 在儿童家庭生活权个案中，既要审酌广泛适用于所有儿童权利的一般性要素，也须审酌与儿童家庭生活权密切关联的特别要素。

①一般性要素。其一，儿童身份。评判儿童最大利益须考虑到儿童各自迥异的身份情况，包括性别、民族、性格、宗教和信仰、文化多样性等特点。例如，为儿童寻找领养家庭或安置儿童时，应考虑儿童意愿以及儿童种族、宗教、语言、文化等。[④] 其二，儿童弱势境况。评定儿童最大利益的重要考虑要素是儿童的脆弱境况，诸如残疾、少数群体、难民或寻求庇护者、家庭暴力受害者、流落街头等。需要阐明，处于某一特定弱势境况的儿童，未必与

---

① 参见儿童权利委员会第 14 号一般性意见：儿童将他或她的最大利益列为一种首要考虑的权利（第 3 条第 1 款），第 88 – 89 段。

② 儿童权利委员会第 14 号一般性意见：儿童将他或她的最大利益列为一种首要考虑的权利（第 3 条第 1 款），第 91 段。

③ 参见儿童权利委员会第 14 号一般性意见：儿童将他或她的最大利益列为一种首要考虑的权利（第 3 条第 1 款），第 48 段。

④ 参见儿童权利委员会第 14 号一般性意见：儿童将他或她的最大利益列为一种首要考虑的权利（第 3 条第 1 款），第 55 – 56 段。

所有同样弱势境况儿童的最大利益完全相同，必须全面考量每位儿童境况的独特性和脆弱性，并作出有针对性的评判。[①] 其三，儿童安全。评判儿童最大利益，必须对儿童安全作出评估，包括儿童遭受人身或精神暴力、虐待、性骚扰、欺凌、有辱人格待遇、性剥削、经济剥削等情况。[②]

②特别要素。其一，儿童的家庭生活状况。须由专业人员组成的跨学科小组，评判儿童及其家庭境况，亲子关系因离婚、移徙等分离的，应对亲子交往、家庭团聚作出评判，[③] 有违儿童最大利益的除外。家庭之外安置儿童的，确定探访和联络频率时，须考虑亲子关系的实质需求。其二，儿童照料保护状况。应评定是否提供了符合儿童福祉的保护和照料，除了衡量最为基本的生理、教育和物质等面向的需求，还应考量儿童情感和安全等方面的状况。

2. 概况之最大利益评估——总体性评估

为整体性把握和确定儿童家庭生活权保障是否实现儿童最大利益，需要对儿童家庭生活权实现的总体状况进行系统性评估。儿童权利委员会要求，国家作出可能对儿童产生重大影响的决策时，应进行儿童影响评估和儿童影响评价。

在采取儿童家庭生活权相关立法行动前应进行儿童权利影响评估，系统性评估该行动对儿童家庭生活权实现可能产生何种影响，这种评估通常称作儿童权利影响评估/儿童影响评估；除此之外，还需要在立法行动实施之后进行儿童权利影响评价，评估所采取的立法等行动对儿童家庭生活权实现产生的实际影响，通常称作儿童影响评价。相对具体个案中对儿童最大利益的个别性逐案评估，儿童影响评估和儿童影响评价是国家对儿童家庭生活权实现整体状况进行的系统性评估。

---

① 参见儿童权利委员会第 14 号一般性意见：儿童将他或她的最大利益列为一种首要考虑的权利（第 3 条第 1 款），第 75 – 76 段。

② 儿童权利委员会第 14 号一般性意见：儿童将他或她的最大利益列为一种首要考虑的权利（第 3 条第 1 款），第 73 段。

③ 参见儿童权利委员会第 14 号一般性意见：儿童将他或她的最大利益列为一种首要考虑的权利（第 3 条第 1 款），第 58 – 66 段。

（1）儿童影响评估。

为确保各缔约国采取的儿童行动以儿童最大利益为首要考虑，确保国际人权文书被各缔约国立法和政策所实施，儿童权利委员会第14号一般性意见要求各缔约国进行儿童影响评估。儿童影响评估是决策者应在采取实际行动前系统评估拟采取行动的影响，包括拟议的法律、政策或预算拨款等可能对儿童权利产生的后果，且尽可能在作出最后决定前征求儿童的意见。当评估表明对儿童出现或可能出现不利影响时，应寻找替代办法。儿童权利委员会要求认真推进这一进程。“必须持续不断地开展对儿童权利影响的评估（童权影响评估），以预测任何拟议法律、政策或预算拨款对儿童及他们享有其权利的影响，并以儿童权利影响评估，来评判对执行情况的实际影响。”[①] 儿童权利委员会第5号一般性意见第12段指出，“每个立法、行政和司法机关都必须采用最大利益原则，系统地审查其所作出的决定和采取的行动在目前或以后将会对儿童权利和利益产生何种影响……包括与儿童没有直接关系，但对儿童产生间接影响的那些政策或行动”。

（2）儿童影响评价。

儿童影响评价指评价已经实施的法律、政策、预算拨款等行动对儿童权利产生的实际影响。其目的不是在有关儿童的决定中加入新的形式主义的官僚因素，而是弥补儿童几乎没有政治权力的事实，即使是通过父母或其他代表间接获得的。这可能会被视为成年人“自我约束”的一种不同寻常的表现，迫使决策系统采取措施实现真正的目的，使儿童作为被赋予权利的人得到充分尊重。[②]

儿童权利委员会强调，儿童影响评估和儿童影响评价需要尽早纳入各级政府的政策制定中，并申明“自我监督和评估是政府的义务”[③]。对此，部分

---

① 儿童权利委员会第14号一般性意见：儿童将他或她的最大利益列为一种首要考虑的权利（第3条第1款），第35段。

② See Thomas Hammarberg, *The Principle of the Best Interests of the Child: What It Means and What It Demands from Adults*, Warsaw (2008).

③ Thomas Hammarberg, *The Principle of the Best Interests of the Child: What It Means and What It Demands from Adults*, Warsaw (2008).

国家已经开始进行积极尝试，挪威曾试图评估国家预算对儿童的影响。瑞典议会通过了一项执行《儿童权利公约》的国家战略，规定儿童影响评估应包括在有关决策中并记录在案。[①]

三、儿童表达意见

儿童表达意见既是儿童家庭生活权保障应遵循的核心价值准则，也是儿童享有的一项重要权利，[②] 理应成为儿童家庭生活权保障谨守的价值基准。

（一）儿童表达意见之文本体系

儿童表达意见的核心要义主要定着于《儿童权利公约》第 12 条、儿童权利委员会第 12 号一般性意见等国际人权文书。《儿童权利公约》第 12 条强调，儿童有发表意见的权利，凡是能够形成看法的儿童，均有权对事关自身的所有事项自由发表意见，也应获得机会在影响自身的司法和行政诉讼中，依法直接或通过法定代理人等陈述自己的意见。缔约国应确保对儿童意见按照其年龄和成熟程度予以适当重视。但这并不意味着儿童应对决定承担全部责任，《儿童权利公约》第 12 条旨在确保儿童能够发表意见，并且确保儿童的参与随着不断成长成熟而不断增加。

（二）儿童表达意见的规范分析

儿童表达意见指国家应致力于确保所有能够形成自己看法且能够表达自己意愿的儿童，对事关自身利益的所有事项自由发表意见，并视儿童情况，如年龄、成熟情况等对儿童的意见予以认真对待。同时，在所有可能关乎儿童利益的行政或司法等程序中，确保儿童拥有表达意见的机会。

---

① See Thomas Hammarberg, *The Principle of the Best Interests of the Child: What It Means and What It Demands from Adults*, Warsaw (2008).

② 参见儿童权利委员会第 12 号一般性意见：儿童表达意见的权利，第 2 段："所有儿童表达意见并得到认真对待的权利是《公约》的基本价值观之一……其他三项原则分别是不受歧视的权利、生命权和发展权，以及首先考虑儿童的最大利益。这种做法强调该条款不仅确定了一项权利，而且在解释和行使所有其他权利时也必须加以考虑。"

尊重儿童意见，旨在强调儿童是儿童权利的主体，而非仅仅是受保护的客体；儿童是儿童事务的专家，是儿童问题的主人，而非儿童问题的局外人。所有从事儿童工作的组织及其个人均应充分倾听和尊重儿童的意见。尊重儿童发表意见，是对儿童人权主体地位的尊重，也是儿童独立人格的体现。儿童拥有独立人格，有无法替代的自身感受，理应借由独立发表意见，表达诉求，影响事关自身的决策，使自身意愿和境况被社会关注、被决策反映，体现了儿童人权保护避免未获利先受害之意旨，彰显了儿童的人权主体地位，成为儿童权利中的重要基础性权利。

1. 儿童包括个体和群体

听取和尊重“儿童”表达意见，不仅指尊重儿童个体表达意见，也体现为尊重具有同质性的儿童群体表达意见。制定儿童生活方面政策、方案和措施应尊重儿童意见。[①] 各缔约国尽最大努力征询并倾听儿童个体和群体的意见。无论听取单个儿童还是儿童群体的意见，均应评估其年龄和成熟程度等情况。如果儿童群体是较为稳定持久的存在结构，如家庭、社区居民等，将有助于对儿童年龄和成熟程度的评估。儿童以集体方式表达意见的，无疑会增加评估难度，但缔约国依然应当进行评估，并最大限度地倾听或征询儿童们以集体形式所表达的意见。[②]

2. 确保“能形成自己意见”的儿童发表意见

“能形成自己意见”的儿童，有权自由发表意见。限定“能形成自己意见”的儿童自由发表意见，并非限制儿童本人，而是向国家施加了相应义务，要求国家应确保能形成意见的儿童发表意见，并“有义务”“评估”儿童能否形成自己的意见，并非由儿童“自证”形成意见的能力。

缔约国不可当然假定儿童欠缺主见，恰恰相反，缔约国应假定儿童具备形成意见的能力，不限儿童年龄地尊重儿童表达意愿的权利。[③] 儿童权利委员会不反对缔约国对儿童形成意见的能力施加年龄限制。为此强调：首先，儿

① 参见儿童权利委员会第 12 号一般性意见：儿童表达意见的权利，第 12 段、第 13 段。

② 参见儿童权利委员会第 12 号一般性意见：儿童表达意见的权利，第 10 段。

③ 参见儿童权利委员会第 12 号一般性意见：儿童表达意见的权利，第 20 段。

童是权利主体，有权利且有能力发表意见。研究显示，即使幼童也能形成意见，哪怕无法用语言表达，幼童可以通过面部表情、身体语言、绘画等方式表达喜好、认知、选择等。落实该权利须尊重儿童非语言形式的交流。其次，儿童并不需要对涉及本人的所有事务、所有方面有充分全面的了解认识，只要有足够了解，能够形成恰当意见即可。① 再次，缔约国有义务确保各类困境儿童实现表达意见的权利。例如，应为残疾儿童配备能助益其表达意见的必要交流装置。最后，应致力于实现土著儿童、少数民族儿童、移民儿童、难民儿童等表达意见的权利。

3. 确保儿童"有权自由发表意见"

儿童有权自由发表意见，"自由"意指不受任意非法干涉，意味着儿童能充分表达自己心声而非别人强加的意愿，意味着能自由获取相关信息对相关事项充分知情，还意味着氛围轻松友好而非被诱导施压。"自由"强调儿童表达意见没有压力、不受强迫、不受操纵和不当影响，是儿童自己的意见，而非别人强加的见解。②

缔约国应为儿童自由发表意见创造和提供条件，确保儿童自由表达个人见解时处于安全和受到尊重的环境之中，并能充分感受到所处环境的安全和友好。应注意的是，在调查儿童遭受侵害事件时，让儿童表述事件本身对儿童是个艰难痛苦的过程，可能对儿童造成二次创伤性影响，不应对儿童进行过多的不必要的问话，应尽力避免二次伤害。③

4. 确保儿童"对影响本人的一切事项"发表意见

"对影响本人的一切事项"，儿童均有权发表意见。各缔约国对此应认真领会并确保实现。《儿童权利公约》第 12 条以及儿童权利委员会第 12 号一般性意见等相关人权文书均采取开放式表达方式，强调儿童发表意见的权利涵盖"影响到儿童的一切事项"，只要该事项影响儿童本人利益，儿童便可对此

---

① 儿童权利委员会第 12 号一般性意见：儿童表达意见的权利，第 21 段。

② 儿童权利委员会第 12 号一般性意见：儿童表达意见的权利，第 22 段。

③ 参见儿童权利委员会第 12 号一般性意见：儿童表达意见的权利，第 23 - 24 段。

发表意见。[①]“由人权委员会设立、负责起草《公约》文本的不限成员名额工作组否决了通过列表限定对单个儿童或儿童群体意见的考虑范围，从而对各种事项作出明确规定的提案。”[②]

缔约国应采取相应法律措施，为儿童发表意见提供机会，确保儿童在所有影响本人的行政程序和司法诉讼中有机会阐明见解，以合法方式、合法渠道充分陈述意见，缔约国应充分尊重儿童意见及儿童境况。儿童权利委员会申明，在涉及儿童的任何诉讼中，若儿童被监护、被收养、遭受家庭暴力、遭受性侵害或其他犯罪侵害，则均应确保儿童有机会发表意见。[③]

5. 确保“按照儿童年龄和成熟程度给予适当看待”

首先，应按照儿童年龄和成熟程度进行综合评估，儿童的年龄和成熟程度与理解能力、表意能力密切相关，但不能仅以年龄和成熟程度判断儿童意见的重要性。儿童理解力并非绝对取决于生理年龄，社会环境、生活境况、文化水平、信息支持水平等方面都会影响儿童的能力发展，应在全面客观考察儿童境况基础上进行综合评估。[④]“成熟程度指儿童以理智和独立的方式对问题表达自己意见的能力。”[⑤]

其次，应适当对待儿童意见。适当对待是对国家施加的义务，是对国家公权力机关的要求。儿童有权要求对其意见予以适当看待，国家仅仅简单化允许儿童发表意见远远不够，对能形成自己意见的儿童所发表的意见，应根据儿童年龄以及成熟程度予以适当看待，应认真听取和适当合理吸纳，告知儿童相关结果，说明如何考虑儿童意见，避免听取儿童意见流于形式。

（三）确保儿童表达意见之执行步骤

第一，准备。负责听取儿童意见的责任人应做好多方面准备。须确保儿童全面了解发表意见的权利，尤其是行政决策和司法诉讼过程中，应确保儿

---

① 参见儿童权利委员会第 12 号一般性意见：儿童表达意见的权利，第 26 – 27 段。
② 儿童权利委员会第 12 号一般性意见：儿童表达意见的权利，第 27 段。
③ 参见儿童权利委员会第 12 号一般性意见：儿童表达意见的权利，第 32 – 33 段。
④ 参见儿童权利委员会第 12 号一般性意见：儿童表达意见的权利，第 28 – 29 段。
⑤ 儿童权利委员会第 12 号一般性意见：儿童表达意见的权利，第 30 段。

童知晓该权利对结果可能产生的影响。此外，儿童应获得直接沟通或通过代表陈述意见权利的信息，明白后果。实际听取意见前，相关责任人应为儿童做好充分准备，说明如何具体听取意见，并且充分考虑儿童对此所提出的意见。①

第二，听取意见。儿童应在宽松自由和鼓励支持的环境中发表意见，应确保听取意见的成人愿意倾听并认真考虑儿童传递的信息。听取儿童意见的人可以是与儿童事项有关的参与者（教师、社会工作者或照料者等）、机构中的决策者（指挥者、管理人员或法官等）或者是专家（心理学家、医生等）。②

第三，评估儿童能力。在具体评估儿童有形成自己意见的能力时，应适当对待其意见。如果儿童能够独立和理智地形成自己意见，决策者就必须将儿童意见作为重要因素予以考虑。③

第四，反馈。儿童意见应被适当看待，相关责任者应告知儿童如何考虑其意见的相关结果，以确保听取儿童意见被认真对待，避免流于形式，由此会鼓励儿童坚持、同意或提出其他提议，如果是在司法或行政诉讼中，则可能提出上诉或申诉。④

第五，申诉补救和赔偿。儿童发表意见的权利受到忽视和侵犯时，法律应提供补救措施。儿童应有机会向监察员或儿童机构或承担相关职能的人进行陈述、申诉。儿童有权知道哪些人负责相关工作以及如何联系他们。如果工作人员在司法和行政诉讼中侵犯了儿童发表意见的权利，则儿童有权提出上诉和申诉程序，对遭受的侵害进行补救。申诉程序应提供可靠机制确保儿童相信不因适用机制而面临暴力或惩罚。⑤

---

① 参见儿童权利委员会第 12 号一般性意见：儿童表达意见的权利，第 41 段。
② 参见儿童权利委员会第 12 号一般性意见：儿童表达意见的权利，第 42 段。
③ 参见儿童权利委员会第 12 号一般性意见：儿童表达意见的权利，第 44 段。
④ 参见儿童权利委员会第 12 号一般性意见：儿童表达意见的权利，第 45 段。
⑤ 参见儿童权利委员会第 12 号一般性意见：儿童表达意见的权利，第 46 - 47 段。

（四）确保儿童表达意见之实质要求

儿童参与表达意见的所有过程必须是公开的、自愿的、尊重的、相关的、有益的、包容的、有培训支持的、安全且对危险敏感的、问责的。①

第一，透明性和公开性。应以全面、多元化、可理解、适合儿童年龄的方式向儿童提供信息、必要便利和支持，告知他们自由表达意见并被认真对待的权利，以及儿童如何参与和明白潜在影响与后果。第二，自愿性。不得逼迫儿童违背意愿发表意见，应当让儿童充分了解其有权在任何阶段选择终止参与。第三，尊重。须尊重儿童意见，为儿童提供发表观点、发起活动的机会。从事儿童工作的个人和组织应尊重儿童的意见。第四，相关性。儿童表达意见涉及的问题须与其生活切实相关，使儿童能够运用知识和能力发表意见，并创造条件使儿童能够解决他们自己认为相关和重要的问题。第五，有益性。环境和工作方法应当适合儿童，须提供足够时间和资源确保儿童能做好充分准备，能自信表达意见。儿童不同年龄和不同阶段的接受能力，需要有不同程度的支持和参与形式。第六，包容性。应包容儿童的参与，避免歧视，并鼓励为边缘儿童提供参与机会。涉及的儿童不是单一群体的，应无歧视地为所有儿童提供平等参与机会，应对不同儿童有文化上的包容性、敏感性。第七，有培训支持。成人需要获得支持，以有效促进儿童参与。关于如何促进有效参与的问题，儿童本身既是培训者，也是协调人；他们需要开展能力建设以增强其能力，如在对于其权利的有效参与意识方面，以及在会议组织、资金筹措、应对媒体、公开演讲和宣传方面的培训。第八，安全性。成人对儿童负有责任，须采取预防措施提供适当保护，以最大限度避免儿童因参与而遭受暴力等任何不利后果。采取的措施如制定儿童保护战略，儿童有权得到保护，免受伤害，并且应知道从哪里获得保护。第九，可问责。在后续行动和评价方面作出承诺是必要的。例如，在所有的研究和协商进程中，必须让儿童了解对于他们的意见是如何解释和利用的，必要时还应质疑和改

---

① 参见儿童权利委员会第 12 号一般性意见：儿童表达意见的权利，第 134 段。

变分析结论的机会。此外，儿童还有权得到回馈信息，表明其参与对结果产生了怎样的影响。适当时应给予儿童参与后续进程或活动的机会。①

第四节　儿童家庭生活权的特别保障观

对儿童家庭生活权的特别保障观，是基于儿童所具有的“未成年特质”，以不同等情况下正当差别对待即“不等者不等之”为理念支撑，儿童家庭生活权所应受之特别保障。儿童的特殊性是区别对待儿童权利保护与成年人权利保护的客观基础和制约因素，儿童应获得正当差别对待，受到特别重视和保护，而不应机械地将儿童淹没于成年人作一般化处理。这种对儿童的特别保障或者说正当差别保障是儿童权利保障追寻的宗旨，是儿童家庭生活权保障所有行动的目标遵从。

对儿童家庭生活权的特别保障，主要体现在通过专门机构、专业人员、特别措施、特殊程序等制度安排，补足儿童所欠缺的法律行为能力，消弭现实生活中权益实现的困境，实现实质意义上的平等。

一、特别保障观之学理意蕴

儿童家庭生活权的特别保障，是儿童因其未成年地位，有权享受家庭、社会和国家给予的特别重视和保护。② 特别保障是基于儿童具有的特殊性而作出的相应差别保障，即不同等情况下的正当差别对待，是法律的天平向处于弱势境地的儿童倾斜，“特别的保护”给“特别的主体”，为儿童提供倾斜性

① 参见儿童权利委员会第 12 号一般性意见：儿童表达意见的权利，第 134 段。

② 《公民权利和政治权利国际公约》第 24 条第 1 款规定：“每一儿童应有权享受家庭、社会和国家为其未成年地位给予的必要保护措施，不因种族、肤色、性别、语言、宗教、国籍或社会出身、财产或出生而受任何歧视。”

保障，对儿童家庭生活权给予特别重视，采取特别措施。[①]

儿童家庭生活权的特别保障是一种实质平等、结果平等的保障观，即国家正视儿童面临的弱势境地，履行积极保护义务，采取特别措施，以保障儿童实现与成年人的实质平等。[②] 针对儿童的“未成年特质”，只有实行正当差别对待，才能真正实现结果平等。其本质是追求儿童与成年人的实质平等、结果平等。平等是不断发展而非静止的概念。早期的平等理念指向机会平等、起点平等、立足点平等，立足点平等即机会的平等之哲学，一贯受到承认。但在今日，“社会各领域为保护弱者所采纳的各种制度，皆从条件的平等——实质的平等观，而被正当化。‘依能力’的机会平等观，被批判即便是机会平等能完全实现，靠天生能力的社会，仍是不平等的”[③]。对于儿童，“仅仅从法律规定上对歧视予以禁止通常不足以保障真正的平等……国家必须诉诸保护他们不受歧视的积极措施。例如，赋予传统上处于困境的群体临时性特别措施；为人为隔离开的群体采取强制性融合措施；或者从立法上为这些群体提供保护”,[④] 以促进实质意义上的平等。

儿童家庭生活权的特别保障并不抹杀儿童的持续性成长，同样重视为儿童赋权。儿童具有特殊性，但儿童在不断成长，能力在不断提升。儿童不仅是受保护的对象，同时是不断成长的具有主体性、自主性的有尊严的独立个体。在决定儿童事务时，不应只是单纯评判儿童生理、心理、教育等需求，还应充分关注儿童发展可能，应为儿童赋权，通过赋权使儿童获得掌控自己事务的力量和能力。

---

① 参见人权事务委员会第17号一般性意见：第24条（儿童权利），第1段：“《公民权利和政治权利国际公约》第二十四条确认每一儿童应有权享受家庭、社会和国家为其未成年地位给予的必要保护。因此，执行这项规定就必须采取特别措施保护儿童，虽然第二条已规定国家必须采取措施确保人人享受《公约》所规定的权利……”

② 参见杨海坤：《宪法平等权与弱者权利的立法保障——以老年人权益保护立法为例》，载《法学杂志》2013年第10期。

③ ［日］阿部照哉等编著：《宪法（下）——基本人权篇》，周宗宪译，中国政法大学出版社2006年版，第107页。

④ ［奥］曼弗雷德·诺瓦克：《〈公民权利和政治权利国际公约〉评注》（修订第2版），孙世彦、毕小青译，生活·读书·新知三联书店2008年版，第622页。

二、特别保障观之文本解析

特别保障作为儿童人权保障的一项重要权利和原则已被国际人权文书所肯认。1959年《儿童权利宣言》在序言和原则中一再申明“儿童应受特别保护”，“儿童因其身心尚未成熟，于出生前及出生后均需特别保障”，[①] 并应为儿童提供机会，使其获得身、心、才、智等方面的健全发展。“人权两公约”均以专门条款规定采取特别措施特别保护儿童权利的内容。《儿童权利公约》更是专门立法保护儿童权利。

《公民权利和政治权利国际公约》规定了保护儿童公民权利、政治权利的特别条款。其第24条规定，儿童因其未成年地位而有权享有家庭、社会和国家所给予的必要保护措施。[②] 人权事务委员会在关于《公民权利和政治权利国际公约》“儿童权利”条款的第17号一般性意见中，强调了应为儿童采取特殊保护措施，第2段、第4段指出，“国家必须采取措施使儿童享有比成年人更多的保护”，“由于儿童的未成年地位，每一个儿童都享有受特别措施保护的权利”。

《经济、社会及文化权利国际公约》规定了保护儿童经济、社会、文化权利的特别条款，“第10条第3款通过指导各国为儿童提供‘特殊的保护与协助措施’，将儿童的需要置于优先地位”[③]。《经济、社会及文化权利国际公约》“第10条要求国家普遍保护和协助家庭。而且‘尤其是’——即并非穷尽的——‘当其负责养护教育受扶养之儿童时’”[④]。

为避免国家对儿童的保护沦为保护名义下的制约，有必要强调以下两点：“第一，国家必须是基于支持父母、家庭等对子女的保护、援助之目的，间接

---

① 1959年《儿童权利宣言》序言。

② ［奥］曼弗雷德·诺瓦克：《〈公民权利和政治权利国际公约〉评注》（修订第2版），孙世彦、毕小青译，生活·读书·新知三联书店2008年版，第568页。

③ ［澳］本·索尔等：《〈经济社会文化权利国际公约〉评注、案例与资料》（下册），孙世彦译，法律出版社2019年版，第697页。

④ ［澳］本·索尔等：《〈经济社会文化权利国际公约〉评注、案例与资料》（下册），孙世彦译，法律出版社2019年版，第628页。

参与儿童的基本权行使。”[①] “第二，儿童借由自由的基本权行使，由于得提升、成熟其判断能力，故不得轻易在保护的名目下，制约其基本权。从而，国家的参与即便是为保护儿童，亦必须是依问题领域，限于必要最小程度。”[②]

三、特别保障观之正当理据

本质上，特别保障是针对儿童与成年人相比客观存在的“未成年特质”，实现实质平等的理念。只有通过采取特别措施实行正当差别对待，补足儿童与成年人之间法律行为能力的落差，消弭儿童与成年人之间的现实差别，才能真正实现实质意义上的结果平等。

（一）补足儿童法律行为能力落差

从法律层面看，儿童是“特别须受保护者”。[③] 儿童在法律上是无民事行为能力人或限制民事行为能力人，欠缺自主行为能力。儿童维系和行使家庭生活权具有被动性、依赖性，难以充分自主行使家庭生活权。一旦遭受侵害，也难以自我保护，自力法律救济，自足克服家庭生活权实现障碍。为此，保护儿童权利，必须提供外部干预机制。

儿童家庭生活权的行使涉及自主判断选择，其实现必然在很大程度上受制于儿童自身的法律行为能力。易言之，儿童法律行为能力的欠缺会制约儿童家庭生活权的全面、充分实现。保障儿童家庭生活权，应寻求补足儿童法律行为能力不足，以消除行为能力不足对儿童家庭生活权实现产生的消极影响。日本学者阪本昌成教授指出：“未成年人之所以异于成人，系因其判断能力未臻成熟，对于须做选择的权利行使之结果，未能充分了解，若是如此，则对于人身自由，或受告知、听证的权利这种不须做选择的法的利益，必须

① ［日］阿部照哉等编著：《宪法（下）——基本人权篇》，周宗宪译，中国政法大学出版社2006年版，第44页。

② ［日］阿部照哉等编著：《宪法（下）——基本人权篇》，周宗宪译，中国政法大学出版社2006年版，第44页。

③ ［日］阿部照哉等编著：《宪法（下）——基本人权篇》，周宗宪译，中国政法大学出版社2006年版，第44页。

使儿童受到与成人同样的保障。”[1] 显然，如果儿童享有的各项人权的行使并不涉及儿童的自主判断、自主选择，儿童身心发育不成熟、认知能力欠缺就不会对权利行使产生不利影响，也不会出现儿童权利行使面临的困境，即儿童与成年人在对此类无须自主判断的人权的行使方面处于同等情况。此类人权之所有主体，无论成年与否，均应被平等保障。但就家庭生活权而言，其权利内容涉及共同生活、家庭团聚、联系交往等方面，其权利行使与实现均离不开权利主体的自主判断。而儿童因其不具有完全民事行为能力而难以充分自主行使家庭生活权。为此，在儿童家庭生活权实现过程中，儿童欠缺完全民事行为能力之特殊性将实质性地影响权利的实现。为此，仅仅平等保障便无法保障儿童特殊利益，理应为儿童提供特别保障。

对儿童家庭生活权的特别保障，主要体现在将儿童作为须受特别保障的家庭生活权主体，通过专门机构、专业人员、特别措施、特殊程序等安排补足儿童所欠缺的法律行为能力，填补“能力落差”，施加及时有效救济，保护其家庭生活权免遭侵害，实现实质意义上的平等。

（二）消弭儿童现实差别

儿童具有“特殊性”，保障儿童人权包括家庭生活权，不能无视儿童与成年人之间的差别。针对客观存在的差别，只有在制度层面采取正当差别措施、天平向儿童倾斜，提供倾斜性保护，才能消弭差别，进而实现儿童与成年人的实质平等。[2]

真实世界中，人与人之间存在强弱、大小、智愚等差别，儿童因其“未成年特质”而处于弱势境地，家庭生活权实现状况不尽如人意，易被忽视甚至遭受意外事件和不法侵害。

对于处于弱势境地的儿童，如果没有超越、高于儿童个体的外部保障和制约，面对资源有限的客观真实世界，难免出现以大欺小、恃强凌弱的情况，

---

① ［日］阿部照哉等编著：《宪法（下）——基本人权篇》，周宗宪译，中国政法大学出版社2006年版，第45页。

② 参见徐显明、曲相霏：《人权主体界说》，载《中国法学》2001年第2期。

导致儿童与成年人之间权利享有与实现的不平等，儿童被弱肉强食在所难免。因此，为兼容不同主体包括儿童群体在共同体中的利益，保护儿童权利包括家庭生活权的充分实现，有必要在制度层面消弭儿童与成年人之间的过大差别，协调相互利益冲突以及权利抵牾。由此，实质平等成为平衡这种利益冲突的杠杆，成为保障儿童等特定群体人权的重要价值选择，也是现代各国宪法以及国际人权文书的核心价值诉求，并成为儿童家庭生活权保障观的基本内容。如果无视儿童特殊性，国家仅提供形式上的平等保护，则难以弥补儿童家庭生活权实现的弱势境地。“儿童比成年人更不可能有力维护自身的利益……倘若不突出儿童的利益，那么，儿童的利益就会遭到忽视。”①

四、特别保障观之作业内容

基于国际人权文书的上述相关规定，对儿童权利包括儿童家庭生活权给予特别重视、提供特别保障，弥补儿童的不利地位，必须付诸积极行动，履行积极作为义务。否则，消极不作为只能使儿童的不利境地长期化。从相关规定看，国家的积极行动主要体现在专门立法或专门行动计划、专门人权机构、专业人员、专项资源和经费、特殊司法程序等方面的措施。

第一，专门立法行动或行动计划。保护儿童权利可以采取多种途径、激活多种要素，而其中政策法律变革是重要途径，因为儿童群体自我改变、自我救济的能力欠缺，完全摆脱外部干预单纯依靠自生自发的方式根本无法实现儿童地位改变的理想图景。“一些关于权利和自由方面的社会改革……也只有通过政府的积极干预才能实现。”② 对儿童进行特别保障需要诉诸外在权威，补偿他们本应拥有而尚未拥有的资源；或消除歧视；或排除权利行使的障碍；等等。而法律作为“人们在社会实践过程中基于一定的需要而创造出来的社会调节机制”，③ 以规则为基本要素，以国家强制力为后盾，其对儿童的特别

---

① 儿童权利委员会第 14 号一般性意见：儿童将他或她的最大利益列为一种首要考虑的权利（第 3 条第 1 款），第 37 段。

② 程燎原、王人博：《权利及其救济》，山东人民出版社 2002 年版，第 184 页。

③ 邓正来：《中国法学向何处去（上）——建构“中国法律理想图景”时代的论纲》，载《政法论坛》2005 年第 1 期。

保障具有预期的稳定性、行为的规范性、适用的统一性、后果的强制性等优势。可以说，人类社会中用以配置各种资源的重要行为规则多采取法律的形式，通过法律进行强制性的再分配。

第二，专门人权机构。儿童家庭生活权的实现需要实体性机构负责实施，权威高效的儿童人权机构是确保国家履行义务的有效组织形式。为此，儿童权利委员会专门通过了以“独立的国家人权机构在保护和增进儿童权利方面的作用”为主题的第 2 号一般性意见，为建立独立的儿童人权机构提供了详细指导方针。儿童权利委员会还就儿童监护照料问题特别要求设立主管监督机构，如儿童专员、监察员或检察员，监督为儿童提供照料、保护或治疗方面各项细则和条例的执行情况，监督儿童意见在何种程度上得以表达并得到有关机构适当看待等诸多事宜。

第三，适格的专业人员。专门从事与儿童家庭生活权相关专业事务的从业者，如负责家事审判、移民等事务的专业人员，应具备专业资质和专业技能。“儿童是一个差异不同的群体，各自有他或她本人的特点和需求，只能由掌握了与儿童和青少年发展过程相关事务专门知识的专职人员对之作出充分的评断。这就是为何应由经过培训，特别是经儿童心理、儿童发展和其他相关人类和社会发展领域培训，具备从事与儿童相关事务的经验，并以客观方式审视所收集到信息的专职人员，在良好和安全的氛围下履行正式的评判程序。针对儿童的最大利益，应尽可能汇集一组跨学科领域的专业人员来进行评判。”① “对各项备选解决办法必须基于对儿童——不论他或她的个人特点或以往的经历如何——可采取的每种解决办法会带来（法律、社会学、教育、社会工作、心理学、健康等领域）后果影响的常识，作出评判。”②

第四，提供“儿童预算”等专门保障资源与经费。儿童权利的实现还有赖国家财政投入，缺乏必要经费保障，儿童权利很难推进落实。经费的保障

---

① 儿童权利委员会第 14 号一般性意见：儿童将他或她的最大利益列为一种首要考虑的权利（第 3 条第 1 款），第 94 段。

② 儿童权利委员会第 14 号一般性意见：儿童将他或她的最大利益列为一种首要考虑的权利（第 3 条第 1 款），第 95 段。

包括资源允许的最大限度的儿童预算、儿童福利（儿童津贴、儿童补助金等），也包括提供食物、基本初级保健、基本住房或基本教育等。儿童权利委员会强调各级政府应确保在作出预算决定时以儿童最大利益为首要考虑，根据各国现有资源允许的最大限度落实“儿童预算”。

第五，有效而对儿童问题敏感的特别司法程序。儿童家庭生活权的实现应得到确定法律程序的保障。儿童作为未成熟的个体，具有有限性和依赖性，很难寻求补救办法来纠正对其权利的侵犯，各国应注意为儿童提供有效的、对儿童问题敏感的程序。[①] 这体现在各个诉讼环节采取方便儿童的必要支持措施甚至独立程序，为儿童提供代理，程序中应包括方便儿童的信息、咨询、辩护支持等，以及使用独立申诉程序和向法院申诉的机会，并提供必要法律援助及其他援助等。[②]

小　结

儿童家庭生活权只有得到保障才有意义。相比一般家庭成员，儿童身、心、才、智均具有特殊性，这些特殊性赋予儿童家庭生活权以特别意蕴，进而决定了儿童家庭生活权保障以实现特别保障为宗旨。

儿童具有“未成年人”的“特殊性”：生理上的未成熟性和成长性，依赖被照料保护；心理上的依赖性和独立性，渴求被关爱陪伴；智识上的有限性和可塑性，需要启蒙教育。这些特殊性赋予了儿童家庭生活权两重“特别意蕴”：其一，儿童是家庭生活权的特殊权利主体，儿童不具备完全行为能力，儿童家庭生活权的行使与实现有别于成年人，权利易受侵害，具有依赖性、享有权利与承担义务的非对等性。其二，儿童家庭生活权蕴含特别价值，

---

① 参见儿童权利委员会第 5 号一般性意见：执行《儿童权利公约》的一般措施（第 4 条、第 42 条和第 44 条第 6 款），第 24 段。

② 参见儿童权利委员会第 5 号一般性意见：执行《儿童权利公约》的一般措施（第 4 条、第 42 条和第 44 条第 6 款），第 24 段。

以体现儿童的主体性价值为本的儿童最大利益和儿童表达意见为价值旨归，儿童家庭生活权保障也应以儿童最大利益、儿童表达意见为根本价值基准和规范依据。

儿童家庭生活权的特别意蕴，决定了儿童家庭生活权保障的特别保障观。国家须为儿童家庭生活权实现付诸积极行动，给予特别重视，提供特别保障。从而消弭儿童与成年人之间的现实差别，补足儿童与成年人在法律行为能力方面的落差，实现与成年人的实质平等。根据相关国际人权文书，实现儿童家庭生活权的特别保障，国家采取的积极行动主要体现在：制订专门立法或专门行动计划，成立专门人权机构，培训专业人员，提供专项资源和经费，设置特殊司法程序等方面。

第三章　儿童家庭生活权保障的界限

儿童家庭生活权作为一项基本人权，具有道德和法律正当性，应受国家尊重和保障。但保障儿童家庭生活权具有“界限性”，需要在两个方面明晰界限：一是厘定儿童家庭生活权实现的两个义务主体——“家庭”与“国家”的作业边界。儿童兼具公民和家庭成员双重身份，儿童家庭生活权兼具人权和身份权双重属性。儿童家庭生活权全面实现同时仰赖家庭和国家双重义务主体，两者的作业边界需要厘清。二是明晰儿童家庭生活权与社会公共利益发生冲突时，国家对权利限制与权利保障的界限。儿童家庭生活权作为人权的至上性与受制约性相伴而生。儿童家庭生活权与公共利益发生冲突的，为了在制度层面实现所有人人权的最大化，应依法对儿童家庭生活权施加限制。这种权利限制的起点，正是对权利保障的终点，构成儿童家庭生活权保障的界限。

儿童家庭生活权保障的界限，是儿童家庭生活权保障规范结构的题中之义，是需要处理的前提性问题。关于儿童家庭生活权保障，其家庭责任与国家义务的边界何在？国家何以介入家庭内部自治事务？儿童家庭生活权与社会公共利益冲突的边界何在？国家对儿童家庭家庭生活权的限制何以成立？在何种情形下实施限制？将在本部分全面阐述。

第一节　儿童家庭生活权保障中家庭与国家的义务边界

前文论及，儿童家庭生活权同时具有公法上人权和私法上身份权的双重属性，儿童具有国家的公民和家庭的成员双重身份。儿童的公民和家庭成员身份叠加，私法人格与公法人格交融。相应地，无法自足的儿童家庭生活权于身份权和人权双重属性意义上的全面实现，仰赖私法上家庭和公法上国家全面履行义务。儿童有权欲求家庭和国家双重义务主体的双向保护，以获得两者连贯有效的合力照料，维系基本生存，直至完全自足。由此，有必要厘定家庭与国家的作业边界。

家庭作为自然的、基本的生活共同体和社会单元，对儿童家庭生活事务拥有自治权，并承担着天然的、首要的责任。在家庭生活良性运行、家庭功能正常发挥时，国家公权力不应任意、非法介入儿童家庭生活。而一旦儿童的家庭监护失能、失当、失灵，儿童家庭生活权受到侵害，国家作为儿童的最终监护人，理应从儿童最大利益出发，进行必要干预和补救，并对儿童提供不间断的保护，承担兜底责任。

一、保护儿童家庭生活权的家庭责任

儿童作为“未成年人”，身、心、才、智尚未成熟，法律上不具备完全民事行为能力，维系家庭生活处于被动、消极而非自主状态，肉体生命需要被照料供养，精神生命需要被关爱涵养，智识需要启蒙塑造。儿童所具有的权利主体地位以及生存需求，赋予儿童依赖父母等外部力量抚养照料的天然正当资格，并转化为法律层面的监护制度，儿童家庭生活权自然延伸出受家庭和国家监护的权利，需要依赖“家庭监护”和“国家监护”维持其全面成长。

（一）儿童享有家庭监护的权利

儿童享有获得父母等监护人在人身和财产上照顾的权利，即监护权，亦称作照护权、照顾权、亲权或亲责。从父母角度审视，照料保护儿童是一种“父母责任”或“父母照顾”。《德国民法典》第1626条第1款规定：“父母有照顾未成年子女的义务和权利。”[1]《瑞士民法典》第276条第2款规定：

---

① 《德国民法典》，陈卫佐译注，法律出版社2015年版，第502页。

"父母应照顾及教育子女以履行其抚养义务。"[①] 家庭监护或者说父母照顾是指父母承担的照顾未成年子女的权利和义务。[②]

家庭监护主要包括人身监护和财产监护，即人的照顾和财产照顾。根据《德国民法典》第1626条第1款的规定，父母对子女的照顾包括人身照顾和财产照顾，[③] "包括保障和促进子女在身体上、心灵上、精神上、社会上和经济上的利益。其目的是帮助年轻人实现人格上和经济上的独立。所以父母照顾不仅是维护子女权益的需要，同时也是为了促进子女在体力和能力上的发展"[④]。儿童权利委员会在第14号一般性意见中特别强调应从宽泛意义上理解父母照顾："'保护和照料'一词也必须按广义理解，因为它们并不是以狭义或消极的措辞（诸如'保护儿童免遭伤害'）阐述的要旨，而是与确保儿童'福祉'和发展相关的综合观念。儿童的福祉，从广义论，包括了儿童的基本物质、生理、教育和情绪的需求，以及对感情与安全的需求。"[⑤] 人身照顾是父母对未成年子女人身的教养、保护，主要包括住所指定、抚养、管教等义务与权利。《德国民法典》第1631条明确了人身照顾的内容，包括对未成年子女的照料、教育、监督、决定居所等义务和权利，子女享有非暴力教育的权利，禁止体罚、心灵伤害以及其他侮辱性措施。[⑥] 财产照护权包括财产行为代理权、管理权、使用收益权和符合特定条件的处分权。"情感照顾是儿童的一项基本需求；若家长或其他首要的照料者不能满足儿童的情感需求，就必须采取行动，从而让儿童形成一种安全的依附感。在早期阶段，儿童必须形成对照料者的依附感，一旦形成了这种足够的依附感，就必须维系一段时期，以便为儿童提供一个稳定的环境。"[⑦] 在传统社会，家庭监护以父母为本具有

---

① 《瑞士民法典》，于海涌、赵希璇译，法律出版社2016年版，第103－104页。

② 参见［德］迪特尔·施瓦布：《德国家庭法》，王葆莳译，法律出版社2010年版，第310页。

③ 参见《德国民法典》，陈卫佐译注，法律出版社2015年版，第502页。

④ ［德］迪特尔·施瓦布：《德国家庭法》，王葆莳译，法律出版社2010年版，第310页。

⑤ 儿童权利委员会第14号一般性意见：儿童将他或她的最大利益列为一种首要考虑的权利（第3条第1款），第71段。

⑥ 参见《德国民法典》，陈卫佐译注，法律出版社2015年版，第506页。

⑦ 儿童权利委员会第14号一般性意见：儿童将他或她的最大利益列为一种首要考虑的权利（第3条第1款），第72段。

父权色彩，监护权实质上是“父母权力”。而现代社会摒弃了父母监护的“权力”色彩，凸显了儿童最佳利益和“父母义务”。《儿童权利公约》体现并推动了亲子法由“父母本位”向“子女本位”的发展。

（二）家庭承担首要监护责任

家庭与国家均为保护和照料儿童的义务主体。其中，家庭对儿童承担天然的、首要的责任，国家不得任意、非法干涉。其一，家庭作为自然的、基本的生活共同体，对家庭生活事务具有自主性，对儿童家庭生活事务拥有自治权。在家庭生活良性运行、家庭秩序圆满维持、家庭功能正常发挥时，国家公权力不应任意、非法介入儿童家庭生活，使儿童与家庭成员有尊严地安宁生活。其二，亲子间的血缘和情感纽带通常会使父母本能地保护未成年子女，实现儿童最大利益。家庭是从儿童出生伊始覆盖其成长全程的最适合儿童成长的自然栖息之地，也是最合乎天性的自然成长环境，是养育儿童的最自然、最普遍形态。和谐的家庭生态环境对儿童的身、心、才、智全面成长无可替代。为此，法律对父母照料保护子女在原则上采取放任主义。其三，现代国家，家庭为维持国民身心健康、人格健全，有正确施予家庭教育的义务。未成年人作为学习权的主体，需要不断学习成长，有权基于亲子身份关系获得父母教育、保护。有天然血缘联系的父母是未成年子女最为亲近和首要的教育主体。有鉴于此，家庭成为“人类社会抚养未成年人、履行监护职责的普遍形态”①。父母对儿童承担着法定教养、保护责任，此为父母的专属权利，亦为必须履行的义务。父母承担照料、保护未成年子女的法定义务，且承担首要责任。②

考察国际人权文书，《儿童权利宣言》《儿童权利公约》等文书均肯认家庭监护于儿童家庭生活之重要价值，并强调家庭的首要监护责任。实现儿童监护权的制度安排应以家庭为基点，主要依托家庭履行职责。国际联盟于

---

① 陈翰丹、陈伯礼：《论未成年人国家监护制度中的政府主导责任》，载《社会科学研究》2014年第2期。

② 参见夏吟兰：《比较法视野下的“父母责任”》，载《北方法学》2016年第1期。

1924年签署《日内瓦儿童权利宣言》。联合国成立后，于1959年11月20日通过了以《日内瓦儿童权利宣言》为基础的《儿童权利宣言》，在“原则六”中特别申明儿童有权获得父母照料、避免分离等原则，“儿童需要爱与了解，以利其人格之充分及和谐发展。凡属可能，儿童应在父母照料及负责之情形下成长，无论如何，应在慈爱及道德与物质安全之气氛中成长；幼龄儿童除特殊情形外不应使其与母亲分离”。《儿童权利公约》第5条、第18条一再申明：缔约国应尊重父母或当地习俗认定的大家庭或社会成员、法定监护人或其他对儿童负有法律责任的人的责任、权利和义务。父母双方对儿童的养育及发展承担共同责任，父母对儿童的养育及发展承担首要责任，缔约国应确保这些基本原则得到认可与实现。

二、国家介入儿童家庭生活的正当性

前文论及，儿童是人权主体，国家介入儿童事务、保障儿童权利具有正当性。但国家的介入仍然受到“家庭自治”壁垒的阻碍。人类漫长的历史上，家庭长期被视为高度自治的私人领地，家庭生活是国法秩序之外与国家公领域二元并立的自治领域，“该领域严格区别于公法和政治领域，法律不得随意干预”，[①] 国家和法律都止步于家门之外。家庭自治依托家父权，对内支配儿童及其他家庭成员，对外抗衡国家法秩序。直至家庭正义理论与国家干预主义理论的提出，国家得以破除家庭自治壁垒，依法介入儿童家庭生活。

（一）国家破除家庭自治壁垒的价值基石——家庭正义价值

传统社会中，“家庭自治”“法不入家门”成为横亘在国家面前的鸿沟，国家被屏蔽在家庭之外。儿童家庭生活是家庭内部自治范畴的事项，由家庭行使绝对支配权。家庭正义理念的提出，使“家庭自治”被“问题化”对待，使儿童家庭生活事务受到正义的检验及法律的约束。

正义理论在“二战”后被作为重要社会政策目标在部分国家推行，但最

---

① ［德］迪特尔·施瓦布：《德国家庭法》，王葆莳译，法律出版社2010年版，第3页。

初的正义理论将“家庭”排斥在外。其认为正义仅在涉及利益诉求及商品分配的公领域发挥作用，以“家庭生活”为核心内容的私领域不同于“政治生活”为核心内容的公领域。家庭是生活单位，具有情感和道德属性，只接受情感和道德支配，不在正义理论的射程之内。[①] 统领家庭的应该是“爱”而非“正义”准则。“家庭本身没有接受正义标准的检验，正义之光也从未照耀这一领域。”[②]

美国哲学家苏珊·穆勒·奥金最早开始挑战排斥家庭的正义理论，其认为家庭内部生活事务同样应受正义价值的检验和法律规则的支配。固然，家庭是一种自然生活秩序，是本质性结合，具有鲜明的价值理性。家庭成员之间应奉行“爱”，强调奉献、利他和责任。但这不意味着家庭可以与法律相背、与正义隔绝。“爱”确属美好的人类情感，但不能用“爱”替代正义价值和法律规则。否则，一味用飘忽的情感而非确定性的法律规则和正义价值来维系家庭秩序，必然陷入混乱无序，纵容践踏儿童等家庭成员权利的恶行。此外，家庭中儿童等家庭成员个体与家庭共同体并存，儿童个体利益与共同体利益交织，个人独立价值与家庭共同体整体价值并立。而儿童利益与父母利益、家庭利益不会恒久一致，“特别是在家庭经济、教育、时间等资源有限的情形下，家庭成员个体与家庭共同体之间的冲突在所难免”,[③] 期许用“爱”来弥合矛盾只能是乌托邦幻想。[④]

根据家庭正义理论，正义成为检验和对抗家庭内部绝对自治、维系家庭和社会公正和谐秩序的价值基石，家庭自治被“问题化”对待。当家庭生活符合正义价值理念、符合儿童最大利益时，国家公权力应避免任意侵扰，以

---

① 参见张杨：《国家介入父母、子女关系的法理基础及限度》，载《法制与社会》2010 年第 6 期。

② ［美］苏珊·穆勒·奥金：《正义、社会性别与家庭》，王新宇译，中国政法大学出版社 2017 年版，第 11 页。

③ 林建军：《论国家介入儿童监护的生成机理与生成条件》，载《中国法律评论》2019 年第 3 期。

④ 参见［美］苏珊·穆勒·奥金：《正义、社会性别与家庭》，王新宇译，中国政法大学出版社 2017 年版，第 42－43 页。

不干预为原则。[①] 但如果父母等监护人家庭侵犯儿童家庭生活权等权利，构成违法乃至犯罪行为，家庭自治就偏离了正义和法律，当然丧失了正当性、合法性，必须接受正义价值的检验和法律的评断。国家理应施加必要干预，对行为人施加有效惩戒，对受害儿童施予救助保障，以实现家庭正义。“当市民中出现非正义或不平等现象时，国家就可以透过干预予以救济。”[②]

（二）国家获得介入主体资格的理论基础——干预主义理论

家庭正义理论打破了家庭自治壁垒，干预主义的介入理论进而使国家获具正当介入家庭生活的主体资格。干预主义介入理论也称作国家亲权理论，认为国家是儿童的最终监护人，国家基于儿童最大利益的要求，有责任在必要时进行监护干预。[③] 照护儿童不只是家庭自治范畴，尽管在正常情况下国家不应任意介入家庭，但如果家庭生活失序、家庭功能失灵，侵害儿童家庭生活权等权益，国家则应以儿童最大利益为首要考虑，作为最终监护人负有监管家庭乃至监护儿童的义务，应积极介入儿童家庭生活事务，以保护无抵御能力的儿童。[④]

干预主义的介入理论经历了国家自由放任主义到福利国家干预主义的演变过程。在资本主义自由竞争时期，自由主义盛行，最小政府被认为更有利于家庭，家庭具有自主性，家庭自治权绝对化，家庭生活不受侵扰。[⑤] 这种家庭绝对自治导致了父权本位的不平等亲子关系。“二战”结束之后，随着人权理念、福利国家理念的提出，西方资本主义国家纷纷抛弃自由放任主义，福利国家为保护儿童等家庭成员而介入家庭自治秩序，推行“福利资本主义”政策，向国家干预主义过渡，以避免形式平等蒙蔽之下父权至上的亲子关系，

---

① 参见施慧玲：《家庭、法律、福利国家》，台北，元照出版有限公司 2001 年版，第 14 页。

② 邓正来：《国家与社会——中国市民社会研究》，中国法制出版社 2018 年版，第 50－51 页。

③ 参见姚建龙：《民法典的颁行与儿童福利工作的因应》，载《中国民政》2020 年第 12 期。

④ 参见张杨、周翰伯：《干预主义的国家介入父母子女关系理论之探讨》，载《辽宁公安司法管理干部学院学报》2014 年第 1 期。

⑤ 参见魏书音：《未成年人的最佳利益、自由和权利》，载《中山大学法律评论》2015 年第 4 期。

实现家庭中的实质平等。[①] 20 世纪 50 年代末，西方国家基本确立了以社会保障、国民福利为主要内容的社会法律制度。[②] 在历史变迁过程中，国家在保护家庭方面发挥了越来越大的作用，国家为家庭提供更多的支助，提供更多的家庭福利，而不是仅仅留给个人努力创造家庭生活条件。[③]

目前，国家公权力依法介入家庭生活权被联合国系列人权公约所肯认，《公民权利和政治权利国际公约》《儿童权利公约》等公约将照料和保护儿童明确为缔约国义务，强化了缔约国在必要时基于儿童最大利益提供保护的法律责任，确保儿童享有连贯、有效的保护和照顾。[④]

三、国家义务与家庭责任的边界

国家作为儿童家庭生活权的义务主体，在儿童家庭生活权实现过程中，承担以尊重义务为核心的全方位综合性义务。同时，需要特别指出的是，为维系儿童基本生存，国家有责任保障儿童得到不间断的照料保护。必要时，国家得直接化身为儿童的最终监护人，承担兜底监护责任。

（一）国家对儿童家庭生活权承担全方位保障义务

对儿童享有的家庭生活权，国家作为儿童的“保护者”“赋能者”，儿童权益的“公断者”等角色，承担全方位的综合性义务，核心是尊重儿童家庭生活的义务。原则上，国家不得非法任意侵扰家庭的主权领地，由家庭成员自主决定家庭内部事务。当然，国家的义务远非单纯的尊重义务，如果儿童

---

① 参见施慧玲、陈竹上：《论婚姻移民家庭权之平等保障——全球法本土化的考察与反思》，载《月旦法学杂志》2011 年第 2 期。

② 参见沈春耀：《关于加强社会领域立法的若干问题》，载中国人大网，http：//www. npc. gov. cn/zgrdw/npc/xinwen/2009 –04/24/content_ 1499768. htm。

③ 参见［澳］本·索尔等：《〈经济社会文化权利国际公约〉评注、案例与资料》（下册），孙世彦译，法律出版社 2019 年版，第 623 页。

④ 参见联合国《儿童权利公约》第 3 条第 2 款、第 3 款规定：缔约国应承担确保儿童享有其幸福所必需的保护和照顾，考虑到其父母、法定监护人或任何对其负有法律责任的个人的权利和义务，并为此采取一切适当的立法和行政措施。缔约国应确保负责照料或保护儿童的机构、服务部门及设施符合主管当局规定的标准，尤其是安全、卫生、工作人员数目和资格以及有效监督方面的标准。

家庭生活遭受私主体侵害，国家理应采取积极行动，保护儿童免受侵害，并及时采取有效补救措施。此外，国家还应采取一切立法、执法和司法措施为儿童家庭生活权的实现创造条件。至于国家承担综合性义务的具体内容，将在第四章第二节至第五节中详细阐述，本部分不予展开。

（二）国家对儿童监护承担兜底责任

国家在儿童监护权实现过程中扮演的角色，不限于上述一般家庭生活权实现中“保护者”“赋能者”“公断者”等角色，国家还会直接作为“公职监护人”参与到儿童监护之中，直接为儿童提供不间断的全方位的照料保护。但只有在家庭监护“缺乏”或“违法”，构成权利的滥用和对义务的违反时，国家才有必要考虑介入家庭生活，采取使儿童与原生家庭分离等替代方案，且所有替代方案须满足儿童最大利益及必要时仍应促成儿童回归家庭。

1. 国家介入儿童监护的生成条件

国家介入的目的正当，并不能成为介入家庭的充分条件，家庭毕竟是私人领地，有着不可替代的功能。如果家庭生活良性运行，家庭功能正常发挥，国家应尊重儿童家庭生活权，不得任意、非法干涉。应对国家以儿童最大利益为名干预家庭设置必要条件，且须以立法形式明确条件。从儿童角度看，父母或其他监护人无法有效保护儿童，儿童需要监护保护的；从家庭角度看，家庭监护“缺乏”或“违法”，即父母等监护人失能、缺位、不履行或不当履行监护职责的，国家理当介入。

（1）儿童的家庭监护“缺乏”。父母等监护人因失踪或死亡而“缺位”，缺席儿童家庭生活，又无其他适格个人或组织担任监护人，儿童处于无人照料保护境地的，国家应及时填补家庭监护之空缺。父母等监护人“失能”，监护能力不足，难以胜任照护儿童的，如父母在监狱服刑、患病等原因而事实不能以及因被宣告为无民事行为能力人或限制民事行为能力人而法律不能的，国家应及时补足监护人欠缺之能力，使儿童获得必要照料保护。[①] 国家因家庭

① 参见林建军：《论国家介入儿童监护的生成机理与生成条件》，载《中国法律评论》2019 年第 3 期。

监护“缺乏”而介入，无论是填补空缺，还是补足能力，均应遵循最低限度生活保障、资源有效利用、急迫保护等原则。其一，最低限度生活保障原则，是儿童基本生存不可缺少的低限生活水准保障，无论是儿童家庭监护，还是国家监护，均应满足该原则。当家庭监护无法达到最低限度生活水准时，国家应立足于补足其能力。国家通过家庭寄养或社会福利机构安置照料儿童的，同样应以符合儿童最大利益为本，照料应达到最低限度的生活水准。其二，所谓资源有效利用原则，是指将家庭作为照料儿童的优先选项，仅在父母等监护人已最大限度地利用了所有掌控的资源、穷尽了一切可能的手段后，仍难以维持儿童最低限度生活水准之时，国家才介入家庭生活。国家的介入以父母等监护人已有效、充分利用其财产、能力乃至其他所有物等作为必要条件。其三，急迫保护原则，是指儿童面临急迫事由迫切需要外部干预的，为维护儿童最大利益，国家应及时介入，避免儿童权益遭受侵害。急迫保护是介入儿童监护的紧急原则，如危及儿童基本生存或其他社会观念上视为难以置之不管的紧迫情况，国家应及时介入。①

（2）儿童的家庭监护“违法”。父母等监护人不履行或不当履行监护职责，行为违法侵害儿童权益的，国家应及时介入阻断危害后果发生。具体而言，父母等监护人主观上消极怠于履行监护职责，或者侵害儿童权益乃至教唆儿童违法犯罪的，国家均应及时介入阻止危害后果发生，必要时撤销监护人的监护资格，国家直接补位，对儿童临时或长期监护。② 国家因家庭监护“违法”而介入儿童家庭生活，无论采取何种措施，都应以符合儿童最大利益为目的和前提。家庭的完整性并非不可侵犯，如果出于儿童权利和最大利益，需要他或她与父母分离，那么根据《儿童权利公约》第16条，这种分离是合理的。然而，国家公权力干预手段应遵循比例原则，需要提供客观证据，足以证明国家的干涉是合法的、非任意的，具有合理性、合法性和相称性。由

① 参见林建军：《论国家介入儿童监护的生成机理与生成条件》，载《中国法律评论》2019年第3期。

② 参见福建省三明市中级人民法院课题组：《困境未成年人国家监护制度的健全》，法律出版社2016年版，第45页。

国家监护照料儿童的决定无疑是“一项积极但非常严肃的干涉，这种干涉的理由必须是‘相关和充分的’。此外，任何执行措施必须符合家庭团聚的最终目标”①。《儿童权利公约》不允许任何形式的国家父爱主义，国家父爱主义假设和推断儿童行使权利时会损害其自身的最大利益。相反，《儿童权利公约》要求在确定干涉儿童权利是否合理时，谨慎适用一般原则。“证明将儿童从家庭中带离是合理的（合理关联的检验原则），而且国家必须证明它已经用尽了所有可用的替代方法（最小损害原则）。”② 第一，合理关联检验原则要求，对儿童权利某一特定表现形式的损害的评估不应基于对儿童能力的假设或偏见。此类评估应基于有关活动对儿童影响的相关证据。虽然证据缺失并不会产生灾难性的影响，但必须有合理依据表明，有关活动真正存在损害儿童（或其他儿童）最大利益和发展的风险。第二，在评估是否符合儿童最大利益时，如果儿童有能力提出意见，则国家必须征求儿童意见。这些意见并非决定性的，除非儿童已达到与成人在相同情形下相称的成熟度与理解。“从权利出发的角度来看，与儿童进行对话的过程至关重要，即使国家能够证明对儿童权利的家长式干涉是合理的。因为这让儿童能够被视为享有权利的主体，而不是观点无关紧要的对象。”③ 易言之，应根据儿童权益受损的不同原因、程度及后果，即适用条件的不同，决定国家介入手段的方式、程度及持续时间等。

2. 国家承担兜底监护责任

家庭和国家是照护儿童的双重义务主体，应共同为儿童提供连贯、有效的照料和保护。儿童监护的首要义务主体是父母。但儿童不仅是家庭中的成员，也是国家的公民。而且并非所有家庭都能正常运转和发挥功能，也并非所有父母都必然维护儿童最大利益。一旦家庭监护失能、失当、失灵，儿童

---

① John Tobin, *The UN Convention on the Rights of the Child: A Commentary*, Oxford University Press, 2019, p. 581.

② John Tobin, *The UN Convention on the Rights of the Child: A Commentary*, Oxford University Press, 2019, p. 581.

③ John Tobin, *The UN Convention on the Rights of the Child: A Commentary*, Oxford University Press, 2019, p. 559.

家庭生活权的实现便会遭遇困境或遭受侵害。为保护儿童获得基本生存所需之照料和保护，为实现儿童最大利益，法律关于保护儿童的制度设计就不应完全囿于家庭，不应将家庭自治绝对化。而应从最大限度满足儿童基本生存成长出发，从儿童最大利益出发，必须为困境儿童设计并提供连贯不间断的照顾方案。国家须充分发挥在人、财、物等方面的资源优势，与家庭形成合力，提供特别照护，体现为补足家庭欠缺之能力，或填补家庭空缺之位置，或惩戒撤销监护人资格，乃至将儿童由家庭监护之下置于国家监护之下，国家直接承担保护和照料儿童之义务，履行监护职责，成为儿童的最终监护人。其中，家庭优先，家庭是首要的监护责任主体，家庭监护为基础；国家兜底，国家负终极责任。

国家采取何种监护措施，取决于儿童具体情况和现实需求。其一，家庭监护能力不足的，国家应分类保障，视具体情况分别满足儿童生活、教育、安全、医疗康复等方面的基本需求，补足其家庭监护能力。其二，对家庭丧失监护能力或缺位的，国家应及时填补空位，提供临时或永久替代照料。其中，对查找不到父母或者其他监护人的、监护人死亡且无其他人可以担任监护人的、监护人丧失监护能力且无其他人可以担任监护人的，国家应依法对儿童进行长期监护，可以采取委托亲属抚养、家庭寄养等方式进行安置，也可以交由儿童救助保护机构或者儿童福利机构进行收留、抚养。但须特别强调，国家应非常审慎地采取亲子分离撤销监护人监护资格的方式，撤销监护人的监护资格使儿童与家庭分离实属不得已的最后手段，仅在监护人已严重危害儿童利益无其他更能顾及儿童的措施可选，对监护人权利滥用也再无由法秩序保护之必要时，才能为儿童最大利益而由国家替代监护。“撤销父母监护资格，只应作为最后手段，仅限于防止真正迫在眉睫的有辱人格待遇的危险，而且只适用于有这种危险的儿童。”[①] 其三，对家庭监护不履行或不当履行监护职责严重侵犯儿童合法权益的，法院可以依申请依法撤销监护人资格。

---

① European Court of Human Rights, *Guide on Article 8 of the European Convention on Human Rights: Right to Respect for Private and Family Life, Home and Correspondence*, https://www.echr.coe.int/Documents/Guide Art8ENG.pdf, 2020.10.3, visited.

父母被撤销监护人资格的，应当依法继续负担抚养教育子女的费用。

考察国际人权文书，《儿童权利宣言》《儿童权利公约》等均强调国家监护于儿童成长之不可或缺，国家应确保所有儿童得到基本生存所需照料和保护，确认父母及法定监护人对儿童承担权利和义务，并采取一切立法和行政措施确保实现。《儿童权利公约》第 2 条第 2 款指出，“缔约国应采取一切适当措施确保儿童得到保护”。《儿童权利公约》第 18 条第 2 款申明，为促进和保护该公约规定的权利，缔约国应为父母及法定监护人履行抚养责任给予适当协助。《儿童权利宣言》“原则六”指出，“社会及政府当局对无家庭之儿童或无适当赡养之儿童，负有特别照料之义务。对于人口众多家庭儿童之赡养，宜由国家及其他方面拨款补助之”。

第二节　儿童家庭生活权的限制与保障

作为人权的儿童家庭生活权具有至上性、普遍性，但并非绝对。儿童家庭生活权具有界限性，其不受侵犯性与受制约性相伴而生。如果儿童家庭生活权与公共利益发生冲突，为了在制度层面兼容所有人的人权、实现所有人人权的最大化，得依法对儿童家庭生活权施加限制。这种权利限制的起点，正是对权利保障的终点，构成儿童家庭生活权保障的界限。对权利主体——儿童的权利限制，也是对义务主体——国家的义务免除。探讨儿童家庭生活权保障问题，须明晰儿童家庭生活权的限制问题。“权利限制是权利保障的一个部分，权利限制的目的是更好地保障权利。”①

一、儿童家庭生活权限制的学理意蕴

儿童家庭生活权的限制，是儿童家庭生活权行使时受到的结构性制约，是

① 石文龙：《中外宪法基本权利限制的研究现状及其评述》，载《云南大学学报（法学版）》2013 年第 6 期。

儿童自身家庭生活行为的度量分界，是约束儿童家庭生活权的正当化根据，是儿童与他人、社会、国家利益相冲突时所获得尊重与保障的限度。但须注意，“任何限制都不能将一项《公约》权利减损至低于其‘最低核心’”①。

儿童家庭生活权的限制可分为内在限制和外在限制。② 内在限制是其构成要件所产成的内在限制，是存在于权利自身中的界限，该权利内在地蕴含着其本身的限制标准。从界定儿童家庭生活权内涵的角度认知儿童家庭生活权的限制，是一种自我限制，体现了该权利在本质上的有限性，是“直接从基本权利构成要件内部进行的自始就将某类行为排除在其保护领域之外的限缩性解释”③。每项基本权利都有其构成要件，对某一行为是否构成对该权利的行使作出判断。易言之，基本权利构成要件已经框定了基本权利的范围，构成了对基本权利的限制。似乎可以这样理解：“权利的限制”是权利按照其本性，本来就不应该达到的地方。

儿童家庭生活权的外在限制是出于某一特定目的方面的考虑，而从权利的外部对权利所加诸并为法律的价值目标所容许的限制。这种制约主要指依据更大的公共福祉的考虑而对儿童家庭生活权所施加的限制。④ 根据《公民权利和政治权利国际公约》等相关国际人权公约的规定，公约框架下的儿童家庭生活权限制主要指外在限制。

二、儿童家庭生活权限制的文本解析

儿童家庭生活权被相关普遍性和区域性国际人权公约明确肯认为特定条件下受限制的人权，国家公权力可以在符合法律规定条件的前提下对儿童家庭生活权施加限制。《公民权利和政治权利国际公约》第 17 条的法律用语鲜

---

① ［澳］本·索尔等：《〈经济社会文化权利国际公约〉评注、案例与资料》（上册），孙世彦译，法律出版社 2019 年版，第 209 页。

② 参见林来梵：《从宪法规范到规范宪法》，商务印书馆 2017 年版，第 108 页。

③ 王进文：《宪法基本权利限制条款权利保障功能之解释与适用——兼论对新兴基本权利的确认与保护》，载《华东政法大学学报》2018 年第 5 期。

④ 参见［日］阿部照哉等编著：《宪法（下）——基本人权篇》，中国政法大学出版社 2006 年版，第 68 页。

明表达了此种意涵："第 17 条第 1 款的用语表明，对于隐私、家庭、住宅或通信的干预有可能既不是任意的，也不是非法的……'任意的或非法的干预'这一联合词组因而表明不仅对隐私的非法攻击是被禁止的，而且对隐私的任意攻击也是被禁止的。"① 此规定隐含着，法律允许合理、合法的干涉。"使用干涉这个概念的用意是确保法律所规定的干涉都符合《公约》的规定和目标，而且无论如何要在个别情况中合情合理。"②《欧洲人权公约》第 8 条第 2 款③等人权文书同样包含了为了公共秩序或类似目的而准许限制家庭生活权的限制性条款。"《公约》明文附有但书，允许公权力于必要时依法对前项权利进行干预。《公约》第 8 条第 2 项要求，倘系依据内国法律、具合理目的、为民主社会所必要者，干预第 1 项所列权利之行使，得视为无违公约。"④《欧洲社会宪章》第 7 条规定了家庭生活权的内容，"人人均有权要求尊重其私人与家庭生活、住宅及通信"，虽然该规定"不包含与《欧洲人权公约》第 8 条第 2 款所载限制条款相同的内容，但宪章第 7 条的解释性文本明确指出，它所规定的权利受到《欧洲人权公约》第 8 条第 2 款规定的对家庭生活权的限制"⑤。《美洲人权公约》第 11 条第 2 款则规定任何人不应该遭受任意的非法的干预。⑥

关于儿童家庭生活权的限制方式，根据《公民权利和政治权利国际公约》等人权公约，主要体现为专门性限制方式。而全面审视《公民权利和政治权

① ［奥］曼弗雷德·诺瓦克：《〈公民权利和政治权利国际公约〉评注》（修订第 2 版），孙世彦、毕小青译，生活·读书·新知三联书店 2008 年版，第 399 页。

② 人权事务委员会第 16 号一般性意见：第 17 条（隐私权），第 4 段。

③ 《欧洲人权公约》第 8 条第 2 款规定："公共机构不得干预上述权利的行使，但是，依照法律规定的干预以及基于在民主社会中为了国家安全、公共安全或者国家的经济福利的利益考虑，为了防止混乱或者犯罪，为了保护健康或者道德，为了保护他人的权利与自由而有必要进行干预的，不受此限。"

④ 颜厥安、林钰雄主编：《人权之跨国性司法实践——欧洲人权裁判研究（四）》，台北，元照出版有限公司 2012 年版，第 202 页。

⑤ See Shazia Choudhry, *Article 7 – Right to Respect for Private and Family Life* (*Family Life Aspects*), Queen Mary, University of London 14 PUBLICATIONS.

⑥ 参见［奥］曼弗雷德·诺瓦克：《〈公民权利和政治权利国际公约〉评注》（修订第 2 版），孙世彦、毕小青译，生活·读书·新知三联书店 2008 年版，第 398 页。

利国际公约》的规定，权利的限制包括一般性限制和专门性限制两类。一般性限制方式普遍适用于公约框架下的所有权利，构成对所有公约权利的限制；而专门性限制仅适用于特定领域特定主题的具体权利，是对特定领域和主题的专门调整，仅能对所适用的权利构成限制。两者的限制方式不同，一般性限制条款是一种全面性、普适性的限制方式；而专门性限制条款是特定性、针对性、专门性的限制方式。就家庭生活权而言，《公民权利和政治权利国际公约》采取了专门性限制方式，第 17 条明确规定了限制条款，明确规定了仅对该权利本身加以限制的内容，是一种针对某一特定权利通过专门性条款作出专门限制规定的方式。除了第 17 条，《公民权利和政治权利国际公约》第 12 条①、第 18 条②、第 19 条③、第 21 条④、第 22 条⑤等条款均针对本条款涉

---

① 《公民权利和政治权利国际公约》第 12 条：（1）合法处在一国领土内的每一个人在该领土内有权享受迁徙自由和选择住所的自由。（2）人人有自由离开任何国家，包括其本国在内。（3）上述权利，除法律所规定并为保护国家安全、公共秩序、公共卫生或道德，或他人的权利和自由所必需且与本公约所承认的其他权利不抵触的限制外，应不受任何其他限制。（4）任何人进入其本国权利，不得任意加以剥夺。

② 《公民权利和政治权利国际公约》第 18 条：（1）人人有权享受思想、良心和宗教自由。此项权利包括维持或改变他的宗教或信仰的自由，以及单独或集体、公开或秘密地以礼拜、戒律、实践和教义来表明他的宗教或信仰的自由。（2）任何人不得遭受足以损害他维持或改变他的宗教或信仰自由的强迫。（3）表示自己的宗教或信仰的自由，仅只受法律所规定的以及为保障公共安全、秩序、卫生或道德，或他人的基本权利和自由所必需的限制。（4）本公约缔约各国承担，尊重父母和（如适用时）法定监护人保证他们的孩子能按照他们自己的信仰接受宗教和道德教育的自由。

③ 《公民权利和政治权利国际公约》第 19 条：（1）人人有权持有主张，不受干涉。（2）人人有自由发表意见的权利；此项权利包括寻求、接受和传递各种消息和思想的自由，而不论国界，也不论口头的、书写的、印刷的、采取艺术形式的、通过他所选择的任何其他媒介。（3）本条第 2 款所规定的权利的行使带有特殊的义务和责任，因此得受某些限制，但这些限制只应由法律规定并为下列条件所必需：尊重他人的权利或名誉；保障国家安全或公共秩序，或公共卫生或道德。

④ 《公民权利和政治权利国际公约》第 21 条：和平集会的权利应被承认。对此项权利的行使不得加以限制，除去按照法律以及在民主社会中为维护国家安全或公共安全、公共秩序，保护公共卫生或道德或他人的权利和自由的需要而加的限制。

⑤ 《公民权利和政治权利国际公约》第 22 条：（1）人人有权享受与他人结社的自由，包括组织和参加工会以保护他的利益的权利。（2）对此项权利的行使不得加以限制。除去法律所规定的限制以及在民主社会中为维护国家安全或公共安全、公共秩序，保护公共卫生或道德，或他人的权利和自由所必需的限制。本条不应禁止对军队或警察成员的行使此项权利加以合法的限制。（3）本条并不授权参加 1984 年关于结社自由及保护组织权国际劳工组织公约的缔约国采取足以损害该公约中所规定的保证的立法措施，或在应用法律时损害这种保证。

及的权利内容作出了专门性限制规定。这种限制更具针对性，内容也更为详尽。《经济、社会及文化权利国际公约》则采取一般性限制方式，在第4条规定了适用于该公约框架下所有权利的限制条款，缔约国对公约规定的权利仅可以施加法律明文规定之限制，且限制的唯一目的在于增进民主社会之公共福利。第4条对所有公约权利都具有涵摄意义，均构成限制。这种对所有权利的全面性调整方式，即一般性限制。此类方式的概括性强、涵盖面宽，但通常也较为笼统、抽象。

三、儿童家庭生活权的限制构成保障的界限

儿童家庭生活权保障与权利的限制密切关联。从权利主体——儿童的角度出发，对其家庭生活权行使的限制，也正是从义务主体——国家的角度出发，对其保障家庭生活权义务的免除。“如果某一个宪法权利具有界限，那么这种界限的起点，正是对该宪法权利进行保障的终点。”①由此，探讨儿童家庭生活权保障问题，须明晰儿童家庭生活权的限制问题。儿童家庭生活权限制内含于儿童家庭生活权保障的结构关系之中，是儿童家庭生活权保障需要处理的前提性问题。

限制某儿童个体或某类儿童群体行使家庭生活权，是为了维护具有更高价值、更为重要、更多数人的权益或国家及社会的公共利益。本质上，其是对最大多数人的人权保障，是为了从制度层面实现所有人人权的最大化。为了平衡个人权利与公共利益的冲突，国际人权公约规定了权利限制条款，准许缔约国在维护公共利益所必需的前提下，限制个人权利的行使。② 此种限制，一方面限制了权利主体行使家庭生活权；另一方面也限制了义务主体，约束国家必须依法限制，绝不能任意地、非法地施加限制，必须符合限制的各项条件。

---

① 林来梵：《从宪法规范到规范宪法》，商务印书馆2017年版，第106-107页。

② 参见毛俊响：《国际人权公约权利限制的基本原则及其对我国的启示》，载《政治与法律》2010年第9期。

第三节　儿童家庭生活权限制的正当性

一、儿童家庭生活权具有界限性

儿童家庭生活权作为一项人权具有至上性，理应受到尊重和保障。其不受侵犯的根基在于家庭生活权是人所固有的合乎自然本性、道德和法律的权利，具有自然、道德和法律基础。但儿童家庭生活权作为人权的至上性，并非不受制约、没有边界，儿童家庭生活权是一种具有界限性的人权，其不受侵犯性与受制约性相伴而生，应依法受到限制。

儿童家庭生活权是一种有界限性的人权，国家可以为确保某些特定利益而依法施加限制。所谓有界限、有条件的人权，是指对该人权的行使必然伴随着法学意义上的行为的人权，与其他主体的权利会构成冲突的权利，一般均具有界限。为此，个人行使有界限性的权利时，不得损害公共利益。否则，国家可以为维护公共利益而进行干涉。毫无疑问，儿童家庭生活权是具有界限性的人权，[①] 应受到限制。儿童家庭生活权的行使必然伴随个人的共同生活行为，儿童行使与父母等家庭成员共同生活的权利，儿童主张家庭生活权，难免与其他家庭成员行使迁徙自由的权利或工作权等权利主张发生龃龉。特别是儿童作为外国人基于家庭生活权入境、居留、与父母等家庭成员团聚等，难免与一国公共安全、移民管制等国家利益发生冲突，需要衡平。这背后涉及儿童家庭生活权与父母迁徙自由、工作权等同样具有宪法价值的权利冲突，涉及儿童家庭生活受尊重的利益与国家利益等同样具有宪法价值的利益冲突，需要在儿童人权与他人人权、儿童个人利益与社会公共利益之间作出艰难的平衡。“《欧洲人权公约》规定的权利有两种类型：其中一些是‘不可克减’的无限制的权利……与家庭法相关的受限制的权利包括尊重私人和家庭生活

---

① 参见［英］克莱尔·奥维、［英］罗宾·怀特：《欧洲人权法——原则与判例》（第3版），何志鹏、孙璐译，北京大学出版社2006年版，第6－7页。

的权利（第 8 条）。"[1] "《欧洲人权公约》第 8 条所保护的权利，即私人和家庭生活、家庭和通信的权利，是有条件权利的一部分，相对于公约规定的其他权利，例如生命权或不受不人道或有辱人格待遇的权利，可以受到限制。"[2]

并非所有人权都受到限制，无界限性的人权或者说无条件的人权、绝对性人权在任何情况下均不得加以限制，不可以克减。那些权利行使并不需要伴随某种法学意义上的行为的人权，即属无界限性人权，如精神自由、思想自由、良心自由等。因为这些自由的行使是人们的内心活动，不会构成对他人权利或公共利益的侵害。这种权利就构成无界限性的权利。[3] "任何人的行为，只有涉及他人的那部分才须对社会负责。在仅涉及本人的那部分，他的独立性在权利上则是绝对的。对于本人自己，对于他自己的身和心，个人乃是最高主权者。"[4] 当然，从哲学意义上说，"任何内心的自由，也都必然受到自由意志主体所处的社会历史环境以及其自身的心理机制、思维方式和道德观念等因素的制约，但这仅仅多构成其在法哲学、法社会学意义上的界限，而非纯粹宪法学意义上的界限"[5]。而那些作为维持人格尊严、身心完整和享有其他人权的必要保障的人权，即属绝对权，如禁止酷刑的权利。"第 7 条（指《公民权利和政治权利国际公约》第 7 条）所规定的禁止酷刑，是绝对权利，即有关国家在任何情况下，即使在国内紧急状况下都不得施行酷刑。"[6]

二、实现所有人人权的最大化

人的全面生存和发展离不开错综复杂的整体性社会关系网络，人的各项人权也并非孤立地、静态地存在，而是意义关联、相互依赖的有机体。人权

---

① Shazia Choudhry & Jonathan Herring, *European Human Rights and Family Law*, Hart Publishing (2010).

② O. Ghita, *Marriage and Family Life in the Jurisprudence of the European Court of Human Rights*, 2014 Agora Int'l J. Jurid. Sci. 58 (2014).

③ 参见林来梵：《从宪法规范到规范宪法》，商务印书馆 2017 年版，第 107 页。

④ ［英］约翰·密尔：《论自由》，许宝骙译，商务印书馆 1959 年版，第 11 页。

⑤ 林来梵：《从宪法规范到规范宪法》，商务印书馆 2017 年版，第 108 页。

⑥ ［奥］曼弗雷德·诺瓦克：《〈公民权利和政治权利国际公约〉评注》（修订第 2 版），孙世彦、毕小青译，生活·读书·新知三联书店 2008 年版，第 39－40 页。

有机体的全面实现常常面临资源紧张、有限的现实处境，个体与个体、个体与共同体之间存在冲突，两个或两个以上的权利因权利边界的不确定性、模糊性而引起不和谐矛盾状态，一项权利的实现意味着另一项权利不能实现。

为了在制度层面实现所有人人权的最大化，需要衡平儿童家庭生活权与他人同样具有宪法价值的人权，最大限度地实现兼容。首先，面对两个同样具有宪法价值的人权，须遵循人权的内在制约原理，平等地保护所有人的人权。人权的内在制约原理意指为了形式平等地保障所有人享有同等人权，个人受到的最低程度的必要规制。易言之，保障某一具体人权，应以保障他人也能平等享有同样人权为限，使所有人的人权相互兼容，在制度层面实现所有人人权的最大化。托马斯·潘恩认为："凡是我作为一个人所享有的权利也就是另一个人所享有的权利；因而拥有并保障这种权利就成为我的义务。"① 其次，当出现人权冲突时，具有更低价值的权利和利益让位于具有更高价值的权利。例如，经济自由让位于精神自由，因为精神自由于民主社会的维持不可欠缺，故被认为具有高度价值。而经济自由纵使受到不当限制，仍可期待精神自由透过民主过程矫正对经济自由的不当限制。反之，在精神自由受不当限制时，则无法期待经济自由矫正之。② "立法者的限制须以优先的利益予以正当化，即只要以重大利益来限制次要的利益。"③ 同理，如果儿童家庭生活权的行使损害了具有更高价值的人权，就丧失了其天然防卫性和不可侵犯性的根基，对儿童家庭生活权的限制在所难免。"禁止侵害他人人权、以人权冲突的形式平等为目的的调整、形式上平等保障所有人人权所必要的社会秩序之维持。"④ 此观点是将单独的人权视为整体的一部分，人权体系是一个相互关联的有机整体，在同一框架内，不同人权之间、不同人的人权之间存

① ［英］潘恩：《潘恩选集》，马清槐译，商务印书馆 1981 年版，第 186 页。

② 参见［日］阿部照哉等编著：《宪法（下）——基本人权篇》，周宗宪译，中国政法大学出版社 2006 年版，第 73－74 页。

③ 王锴：《婚姻、家庭的宪法保障——以我国宪法第 49 条为中心》，载《法学评论》2013 年第 2 期。

④ ［日］阿部照哉等编著：《宪法（下）——基本人权篇》，周宗宪译，中国政法大学出版社 2006 年版，第 71 页。

在关联与互动，也存在相互制约。

为了实现社会的公共福祉，需要衡平儿童家庭生活权与社会公共利益之间的冲突，须遵循人权的外在制约原理，即为了实现人权之外的公共秩序、公共卫生及公序良俗等公共福祉而对人权的制约。这种人权的外在制约原理源于实质的公平原理，意为实质地平等保障人权，保护弱者，实现社会的公共福祉。限制的理由包括国家安全、公共安全和秩序、公共卫生、公共道德等。对这种制约，多数人认为是为达成国民经济的圆满发展、社会公共便利的促进、经济上弱者的保护等社会政策及经济政策上的积极目的。日本的阿部照哉·池田政章先生将这种外在的制约解释为“实现社会权，或除去伴随形式平等而来的弊害，所受必要限度的规制（社会国家的公共福祉）”①。

第四节　儿童家庭生活权限制的条件

一、一般情况下不得限制儿童家庭生活权

儿童家庭生活权在人权体系中归类为公民权利，属于一种消极权利，国家对消极权利主要承担消极不干预的尊重义务。一般情况下，国家不得任意、非法限制儿童家庭生活权。《公民权利和政治权利国际公约》等国际人权文书对此也作出了明确规定。但这种禁止干涉并非绝对无例外地禁止，具有例外情况。因为儿童家庭生活权具有界限性，在符合法定限制条件的前提下，国家可以依法施加干涉。但此种限制只是一种例外，仅在例外情况下才能由国家公权力依法限制。显然，这种原则上保护与例外限制之间的关系不可以倒置，“限制不应破坏权利最根本的内容；权利与限制及规范与例外之间的关系不应倒置”，② “一切真正的基本权利都是绝对的基本权利，也就是说，他们

① ［日］阿部照哉等编著：《宪法（下）——基本人权篇》，周宗宪译，中国政法大学出版社2006年版，第70页。

② 人权事务委员会第27号一般性意见：第12条（迁徙自由），第13段。

并非‘依照法律’予以保障，其内容并非来自法律，相反，任何法律干预都属于例外情况，而且属于原则上受限制的、可测度的、受一般规定制约的例外情况。国民法治国的基本分配原则要求将个人自由当作基本前提，而国家的限制必须作为例外情况而发生”[①]。“魏玛宪法的措辞也经常与此相符。亨切尔在谈论绝对基本权利与相对基本权利的区别时阐明了这些措辞的含义。例如，魏玛宪法第一一四条规定：‘人身自由不得侵犯。凡用公共权力以妨害或褫夺人身自由者，唯依法律始得为之。’第一一五条规定：‘德国人民之住宅为其自由居处，不得侵犯，其例外应依法律为之。’”[②]

二、例外情况下得依法限制儿童家庭生活权

国家不得侵犯《公民权利和政治权利国际公约》所承认的权利，只有在符合《公民权利和政治权利国际公约》有关条款的情况下才能对其中任何权利进行限制。[③]“《欧洲人权公约》第 8 条是一项受限制的权利，第一款所载的权利可以根据第二款规定的限制加以合理干预。”[④] 但国家限制儿童家庭生活权，有责任表明限制既不是任意的，也不是非法的，而须依法“限权”，是符合“合法性、必要性和相称性的总体原则”[⑤]。国家限制儿童家庭生活权须符合《公民权利和政治权利公约》第 17 条、《儿童权利公约》第 16 条等国际人权文书所载限制条件，须由法律所明定，具有增进公共福利等合理目的，为民主社会所必需，与迫切的社会需要相适应。[⑥] 国家有责任表明干涉儿童家庭生活权具有合法性、合理性、相称性，不仅符合法律规定，还符合合法目的，有着极大的公共利益方面的现实考虑，同时履行了法定程序。

---

① ［德］卡尔·施米特：《宪法学说》，刘锋译，上海人民出版社 2018 年版，第 223 页。

② ［德］卡尔·施米特：《宪法学说》，刘锋译，上海人民出版社 2018 年版，第 223 页。

③ 人权事务委员会第 31 号一般性意见：《公约》缔约国的一般法律义务的性质，第 6 段。

④ Shazia Choudhry & Jonathan Herring, *European Human Rights and Family Law*, Hart Publishing (2010).

⑤ 联合国人权事务高级专员办事处的报告：《数字时代的隐私权》第 23 段。

⑥ See Courtney R. Howell, *The Right to Respect for Family Life in the European Court of Human Rights*, 34 U. Louisville J. Fam. L. 693 (1995).

（一）限制具有合法性

限制的目的正当不能成为国家介入的充分条件，国家介入不仅应以维护正当目的为前提，还应对以强制力为后盾的国家干预设置必要条件，且这些条件须以立法形式明确，以可被证明适当有效的方式进行。国家对儿童家庭生活的干涉须得到法律授权，为法律所明定，只有在符合公约和国内法有关规定的情况下，才能对包括儿童家庭生活权在内的任何权利进行限制。国家公权力机关，无论立法者、执法者还是司法者，对儿童家庭生活权的干涉均应受到法律的拘束，从而确保公权力行使合宪合法。① 否则，国家公权力不得随意越界干预儿童家庭生活。

合法性包括三层意涵：其一，须由法律为之。应通过普遍适用的、符合公约规定的、适用公约时有效的法律作出规定，② 否则不得施加任何限制。公权力在何种情况下、在何种范围内、以何种手段限制儿童家庭生活权，都必须依法而为，是法律框架内的限制，须依法进行，有法律依据，受到必要限制和约束，即只有“基于法律、遵从规定、符合公约目的或目标”，③ 才是合法的。人权事务委员会通过第 31 号一般性意见特别申明了上述要旨。④《儿童权利公约》作出同样要求，“只有在合法和非任意的情况下，对《儿童权利公约》第 16 条规定权利的干涉才是合理的”⑤。其二，相关法律须精确、广为知晓，可以利用。“规范要被定性为‘法律’，其必须足够精确地制定，使个体能够规范自己的行为，且必须保证公众可以了解和利用。”⑥ 法律应当便于公

---

① 参见王进文：《基本权国家保护义务的疏释与展开——理论溯源、规范实践与本土化建构》，载《中国法律评论》2019 年第 4 期。

② 参见［澳］本·索尔等：《〈经济社会文化权利国际公约〉评注、案例与资料》（上册），孙世彦译，法律出版社 2019 年版，第 210 页。

③ 袁楚风：《私生活权利保护——基于国际人权法的分析》，载《河北法学》2013 年第 10 期。

④ 参见人权事务委员会第 31 号一般性意见：《公约》缔约国的一般法律义务的性质，第 6 段。

⑤ John Tobin, *The UN Convention on the Rights of the Child: A Commentary*, Oxford University Press, 2019, p. 555.

⑥ John Tobin, *The UN Convention on the Rights of the Child: A Commentary*, Oxford University Press, 2019, p. 558.

众了解把握；足够准确，并详细说明允许此类干涉的确切情况、授权程序等；提供有效保障，防止权力滥用。[①]“限制经济、社会和文化权利之行使的法律规定应清楚、人人得以知晓。”[②] 人权事务委员会强调，“法律”必须“表述得足够精确，以使个人能够据其调整其行为”。[③] 其三，对权利行使施予限制的法律不得任意、非法或具有歧视性。“在入境、居留、驱逐、确定难民地位和国际保护需求以及持久解决方案的背景下，国家行动的范围以及如何限制这种行为的范围是有争议的。在这些方面，各国必须避免采取破坏享有家庭生活权和家庭团聚权的歧视性行动，无论是直接的还是间接的（尊重的义务）；防止私人行为者采取某些行动（保护义务）；并采取积极的步骤，确保平等享受这些权利（履行义务）。为纠正不平等和歧视的情况，还可要求一国实施必要的临时特别措施，以实现平等。”[④]

强调合法性的必要性在于法律具有确定性、可知晓性、可预见性、强制性、权威性、非任意性以及有效救济的优势。权力以法律确定为前提，受到法律拘束，以防止权力滥用和超越法律的授权，从而确保公权力运行的规范化、法律化，任何偏离法律的公权力都会成为儿童家庭生活权实现的障碍。而法律体系则是一个内在意义关联、目的同一确定、逻辑结构严谨、层次清晰分明的有机整体，法律的动态运行也应该严格符合法律所预先设定的法律原则、法律规则。[⑤]

合法性要求实质维度、程序维度都具有合法性。“《儿童权利公约》第16条规定干涉儿童权利须合法的要求包括形式层面存在可以利用的有效法律，

---

① 参见CCPR/C/USA/CO/4，第22段。另见欧洲人权法院，Malone诉联合王国，第8691/79号申诉，1984年8月2日，第67段和第68段；以及Weber和Saravia诉德国，第54934/00号申诉，2006年6月29日，法院在其中列举了成文法中应规定的最低保障。

② ［澳］本·索尔等：《〈经济社会文化权利国际公约〉评注、案例与资料》（上册），孙世彦译，法律出版社2019年版，第210页。

③ 人权事务委员会第34号一般性意见：见解自由和言论自由（《公约》第19条）。

④ Frances Nicholson, *The Right to Family Life and Family Unity of Refugees and Others in Need of International Protection and the Family Definition Applied*, Legal and Protection Policy Research Series 35 (2018).

⑤ 参见郭栋：《法理的概念：反思、证成及其意义》，载《中国法律评论》2019年第3期。

以及实质层面存在足够精确且符合《公约》规定的法律。国家有责任证明对儿童隐私权的干涉是依据有效法律规定进行的。”[①] 法律规定限制条件，不仅要求干预的启动条件符合法律规定，采取的措施也应符合法律规定；不仅要合乎实体法，也要符合程序法；违反法律也要承担相应的法律责任。“合法性的要求包含程序维度，即法律是有效的和可利用的，与实质维度，即法律与《公约》和国际人权法的原则一致。关于任意性问题，这就要求任何干涉必须是合理的，否则就没有理由。”[②] 同时建立相应的监督机制，并对公权力违法进行责任追究，使公权力行使规范化、法律化。不得随意施加法律上没有规定的限制。

合法性主要针对行使行政权、司法权的主体。行政机关、司法机关须以法律明确规定为前提对儿童等家庭成员施加限制，未经法律规定，不得为之。[③] 目的是限制和控制行政行为、司法行为，确保受法律约束，有法律依据，避免无法可依遭受质疑，保障儿童家庭生活权。任何权力都受到外在约束，是有限的权力而非无限的权力，权力不能超越法律的授权，对于实施限制者不能给予无限的权限，以防止权力滥用，任何偏离此法律的公权力都会成为人权实现的障碍。

（二）限制具有合理性

国家干涉儿童家庭生活权应具有合理性，确属必要，且必须有相关证据足以证明其合理性。

所谓合理性，是合目的理性与合规律理性两者的统一。合目的理性是目的律出发的考量，是指国家公权力机关所采取的限制儿童家庭生活权的行动，应符合客观需要和所追求的目的，行动目的正当，具有价值上的正当性。合规律理性是一种因果律出发的考量，是指国家公权力机关所采取的限制儿童

---

① John Tobin, *The UN Convention on the Rights of the Child: A Commentary*, Oxford University Press, 2019, p. 558.

② John Tobin, *The UN Convention on the Rights of the Child: A Commentary*, Oxford University Press, 2019, p. 555.

③ 参见王晓强：《行政组织法律保留原则及其保留范围研究》，载《河北法学》2019 年第 5 期。

家庭生活权的行动，应符合客观现实以及事物演变发展的客观规律，从而具有现实有效性。其中，合目的性取决于合规律性，公权力机关限制儿童家庭生活权所追求的目的，并非取决于实施主体自身的意愿或者价值预判，而完全受制于该目的是否反映了客观现实以及法律运行的客观规律。只有符合客观规律的目的，才有可能最大限度地得以实现。①

1. 以增进公共福祉为目的

国家限制儿童家庭生活权，必须具有正当合法的目的，该目的在于增进公共福祉。

所谓公共福祉，“公共”意味着是将人民作为一个共同的整体，是从人民这一整体出发而作出的考量。而“公共福祉”意味着有着极大的公共利益方面的现实考虑，“国家安全、公共秩序、公共卫生或公共道德等看来都是公共福利的子项和在其范围之内”②。

公共福祉涵摄的范围，可以在《欧洲人权公约》第 8 条第 2 款中找到明确的规范依据，国家不得任意干预家庭生活权，“但是，依照法律规定的干预以及基于在民主社会中为了国家安全、公共安全或者国家的经济福利的利益考虑，为了防止混乱或者犯罪，为了保护健康或者道德，为了保护他人的权利与自由而有必要进行干预的。不受此限”。该规定中所考量的因素均属公共福利的题中之义。

国家对儿童家庭生活权的干涉，无论导致的后果是亲子分离的替代照料、驱逐出境，还是拒绝已分离的儿童与家庭成员联系交往或团聚，等等，都应有证据证明干涉具有增进公共福祉的目的。

2. 为民主社会所必需

《经济、社会及文化权利国际公约》第 4 条强调限制措施必须是为了实现“在民主社会中”的公共福利。“‘在民主社会中’这种表述应被解释为对适用限制施加一种额外的约束，而施加限制的国家有义务表明这些限制没有损

① 参见郭栋：《法理的概念：反思、证成及其意义》，载《中国法律评论》2019 年第 3 期。

② ［澳］本·索尔等：《〈经济社会文化权利国际公约〉评注、案例与资料》（上册），孙世彦译，法律出版社 2019 年版，第 212 页。

害社会的民主运行。”[①]

如何理解民主社会，“《林堡原则》[②] 提出，尽管不存在民主社会的单一模式，但承认和尊重《联合国宪章》以及《世界人权宣言》所规定的人权的社会可被认为符合了对民主的定义”[③]。“根据《公民权利和政治权利国际公约》，‘民主社会’的提法引入了两个并行的要求：必要性和比例性。人权事务委员会并不总是明确地将这两个并行的原则与‘民主社会’的要求联系，这两个原则倾向于演化成在对某一限制的合法性的评估当中，具有独立地位的一般原则。”[④]

概言之，国家公权力机关采取限制儿童家庭生活权的行动，应受“目的律”和“因果律”支配，既应具有目的理性，即干涉须符合合法目的，目的正当，是为了实现极大的公共利益，增进公共福祉；又应符合规律理性，符合客观现实，为民主社会所必需，并符合客观规律。否则，即构成任意干涉。

（三）限制具有相称性

国家对儿童家庭生活权采取的限制措施应符合相称原则，具有相称性。相称原则也称作比例原则，被视为公法上的“皇冠”，成为对人权施加限制必须遵从的原则，同样成为国家限制儿童家庭生活权的重要原则。比例原则指公权力机关采取的措施应全面衡量公共福祉与私人利益，符合正当目的，不能超过必要限度。人权事务委员会在第 27 号一般性意见[⑤]等文书中一再重申，限制必须符合相称原则/比例原则。国家公权力限制家庭生活权，采取的手段

---

① ［澳］本·索尔等：《〈经济社会文化权利国际公约〉评注、案例与资料》（上册），孙世彦译，法律出版社 2019 年版，第 215 页。

② 关于实施《经济、社会及文化权利国际公约》的林堡原则。

③ ［澳］本·索尔等：《〈经济社会文化权利国际公约〉评注、案例与资料》（上册），孙世彦译，法律出版社 2019 年版，第 215 页。

④ ［澳］本·索尔等：《〈经济社会文化权利国际公约〉评注、案例与资料》（上册），孙世彦译，法律出版社 2019 年版，第 216 页。

⑤ 人权事务委员会第 27 号一般性意见：第 12 条（迁徙自由）第 14 段：“……限制仅仅有利于可允许的意图是不够的，它们必须是为保护这些意图而必不可少才行。限制性措施必须符合相称原则；必须适合于实现保护功能；必须是可用来实现预期结果的诸种手段中侵犯性最小的一个；必须与要保护的利益相称。”

应符合正当目的，并在正当合理的限度内行使，严格遵循相称原则/比例原则，“相称原则不仅必须在规定限制的法律中得到尊重，而且行政和司法当局也必须遵守”①。“所有公权力的运作都必须保证手段和目的相互协调。”②

相称原则/比例原则是一项由若干子原则共同组成的“原则束”。比例原则的内容有“三要素说”和“四要素说”。“三要素说”指比例原则内含三项子原则，分别是适当性、必要性和均衡性原则。适当性原则，又称作妥当性原则、合目的性原则，是指公权力机关采取的手段必须有助于目的达成，能推动所追求目的的实现，不得与目的无关。必要性原则，常被称作最小侵害原则，要求公权力机关采取的手段必须是所有可达成目的的手段中造成损害最小的。均衡性原则，又被称为狭义比例原则，要求公权力采取的手段与目的相称。③ 人权事务委员会对比例原则的典型性表述为“限制性措施必须符合比例原则：必须适合于实现其保护功能；必须是可能实现保护功能的诸种手段中侵扰性最小的一个；必须与要保护的利益成比例”④。早先的研究中，比例原则内涵的通说是上述三原则组成的“三要素说”，但“四要素说”在近年来则因其逻辑缜密性而逐渐成为一种有力的界说。“四要素说”除了上述三项原则的内容，还另外包括目的正当性原则，强调公权力机关不得恣意行事，所有行为应基于特定目的，且该目的具有正当性，排除任何不当、不法目的。概言之，“四要素”包括“‘目的正当’、‘手段与目的关联’、‘最小侵害’和‘利益衡量’等内容”⑤。

相称原则/比例原则是公法上国家行使公权力的最高原则，旨在有效限制

---

① 人权事务委员会第27号一般性意见：第12条（迁徙自由）第14段：“第十二条第3款明确指出，限制仅仅有利于可允许的意图是不够的，它们必须是为保护这些意图而必不可少才行。限制性措施必须符合相称原则；必须适合于实现保护功能；必须是可用来实现预期结果的诸种手段中侵犯性最小的一个；必须与要保护的利益相称。”第15段：“相称原则不仅必须在规定限制的法律中得到尊重，而且行政和司法当局也必须遵守。各国应确保有关这些权利实行或限制的任何诉讼必须迅速完成，实行限制措施要提出理由。”

② 徐显明主编：《人权法原理》，中国政法大学出版社2008年版，第108页。

③ 参见刘权：《目的正当性与比例原则的重构》，载《中国法学》2014年第4期。

④ 人权事务为第34号一般性意见：见解自由和言论自由（《公约》第19条），第34段；人权事务委员会第27号一般性意见：第12条（迁徙自由），第14段。

⑤ 杨翱宇：《论比例原则在民法中的地位》，载《河北法学》2017年第12期。

国家公权力审慎行使，达到最大限度地保护公民权利的目的，使个人的自由权利得到最大可能、最大幅度的保护。并且通过利益衡量的方法，在公共利益与私人利益之间进行协调。

国家对儿童家庭生活权施加限制，不得破坏儿童家庭生活权的最根本内容。人权事务委员会第 27 号一般性意见强调，“各国应永远以这样一条原则为指导，即限制不应破坏权利最根本的内容”。第 31 号一般性意见强调，“在任何情况下都不能以可能损害《公约》权利实质的方式实行限制”。①

具体到儿童家庭生活权保障问题，国家采取干预措施限制儿童基于家庭生活权入境或将儿童驱逐出境致使亲子分离的，均应以符合公共利益实现公共福祉为目的，所能采取的最具适当性、必要性和均衡性之妥适手段。仅仅为了实现预期的维护国家安全等公共利益的目的是不够的，还应当是实现这些目的所必不可少的限制，限制措施应与预期实现的目的、预期保护的利益相称。如果将儿童与父母分离，则国家必须证明它已经用尽了所有合理可用的替代方法（最小损害原则），这种方法是所有实现预期结果的诸多手段中损害最小的一个。易言之，应根据儿童家庭生活权受损的具体情况，根据原因、程度及后果的不同，即适用条件的不同，决定国家介入手段的方式、程度及持续时间的不同。公权力机关在有多种途径手段时，应选择对当事人损害最小的方法为之，以达到目的为已足，不可过度侵害当事人的权利，公权力机关应根据程度来采取相应的处置措施。除了符合以上实质要件，国家公权力机关还应依照法定条件，履行法定程序，经法院依法审查。

概言之，是否构成儿童家庭生活权的合法限制需要通过以下步骤基于以下理由衡量：第一，儿童是否在客观上存在有效的家庭生活；第二，国家公权力所采取的手段是否构成对儿童家庭生活权的干涉；第三，如果是，对家庭生活的干涉是否符合法律规定，具有合法性；第四，如果是，民主社会是否有必要为保护他人人权和自由、为保证国家安全、为实现公共福祉维护公共利益（公共安全、公共秩序、公共卫生或公共道德）等而必须施加干涉，

① 人权事务委员会第 31 号一般性意见：《公约》缔约国的一般法律义务的性质，第 6 段。

具有必要性；第五，干涉的手段与目标是否成比例，具有相称性。联合国人权事务高级专员办事处在《数字时代的隐私权》中也作出了权威阐释，国家的干涉须符合“合法性、必要性和相称性的总体原则……首先，对第十七条规定的隐私权施加任何限制必须由法律作出规定，而法律必须便于了解把握，足够清楚和确切……施加的限制对于实现合理目标而言必须是必要的，并且与目标相称，采用侵入性最小的办法。此外，对权利施加的限制（例如，出于保护国家安全或他人生命权的目的干涉隐私）必须能够表明有实现目标的可能性。限制权利的当局有义务表明施加的限制与合法目标相关。此外，对隐私权的限制不得使权利的实质失去意义，同时必须遵守其他人权，包括禁止歧视。施加的限制如果不符合这些标准，就属于非法限制，以及/或干涉隐私权则具有任意性”[①]。

小　结

儿童家庭生活权应受国家尊重和保障，但国家保障儿童家庭生活权内在蕴含着两方面的“界限”，应予明晰。

一是应明晰儿童家庭生活权实现过程中两个并存的义务主体——“家庭”与“国家”的作业边界。儿童兼具国家中的公民和家庭中的成员双重身份，儿童家庭生活权兼具人权和身份权双重属性，儿童家庭生活权的全面实现同时仰赖家庭和国家双重义务主体，两者共同为儿童提供连贯有效的照料和保护。由此，两者之间的作业边界应当明晰。原则上，家庭对儿童承担首要责任，对家庭自治范畴的监护事务，国家不得非法任意侵扰。但如果家庭生活损害了儿童的最大利益，国家可对家庭生活施加干涉，甚至将儿童由家庭监护之下置于国家监护之下，国家直接承担兜底监护责任。而一旦如此，即构成国家对儿童家庭生活的干涉，只有符合儿童最大利益

① 联合国人权事务高级专员办事处的报告：《数字时代的隐私权》第23段。

且具有合理性、合法性及相称性，才能干涉。

二是应明晰对儿童家庭生活权施加权利限制与权利保障的界限。如果儿童家庭生活权与公共利益发生冲突，为了在制度层面兼容最大化所有人的人权，则应依法对儿童家庭生活权施加限制。这种权利限制的起点正是权利保障的终点。易言之，对儿童家庭生活权的限制也便是对国家保障义务的免除，构成保障的界限。应当注意的是，儿童家庭生活权在人权的类型结构中归类为公民权利中的隐私权，是一种消极人权，国家主要承担消极不作为的尊重义务。原则上，国家不得对儿童家庭生活权任意施加限制和侵扰，否则，即构成任意非法干涉。仅在例外情况下，限于必要时，国家公权力才能依法对儿童家庭生活权施加限制。此种一般不限制和例外限制的关系不得随意倒置。同时，对儿童家庭生活权的限制，须符合《公民权利和政治权利国际公约》第 17 条、《儿童权利公约》第 16 条、《欧洲人权公约》第 8 条等普遍性、区域性国际人权公约所载限制条件，限制必须符合合法性、合理性和相称性等要求。具体而言，所有的限制须由法律所明定，具有极大的公共利益方面增进公共福利等合理目的，为民主社会所必需，与“迫切的社会需要”相适应。符合上述条件的即为合法的必要的限制。否则，便构成对儿童家庭生活权的任意、非法干涉。

第四章　儿童家庭生活权保障的国家义务

儿童家庭生活权的要旨不是被观念认可和被纸面规定，而是得到切实保障。否则，儿童家庭生活权的享有将只是空中楼阁。

儿童家庭生活权创设出国家义务，国家是儿童家庭生活权保障的核心义务主体，国家履行义务是儿童家庭生活权保障的基本途径。儿童家庭生活权与国家义务具有对应关系。儿童家庭生活权保障问题，根本上就是国家如何履行义务的问题。全面保障儿童家庭生活权，国家应承担综合性义务，其义务的规范结构包括尊重、保护和实现义务。其中，尊重义务是最原始、最核心的国家义务。

为此，儿童家庭生活权的实现根本上有赖各缔约国履行保障义务，本章将重点围绕儿童家庭生活权的义务主体及国家义务的规范结构内容加以阐述。

第一节　儿童家庭生活权以国家履行义务为基本保障方式

一、国家的意涵

国家的意涵非常丰富，正如凯尔森在《法与国家的一般理论》中所言："'国家'的定义由于这一术语通常所指对象的多样化而弄得很难界定。""国家"一词在广义上指社会或社会的某种特殊形式，在狭义上指政府或政府的主体、民族或领土。[①] 哈贝马斯同样在其著作中阐明了国家意涵的多义性："现代意义上的'国家'是一个法学概念，具体所指是对内对外代表着主权的国家权力，而空间上则拥有明确的领土范围，即国土，社会层面上指的是所有从属者的结合，即全体国民。"[②] 而如果从纯粹法学观点研究国家，凯尔森主张："国家是由国内的法律秩序创造的共同体。国家作为法人是这一共同体或构成这一共同体的国内法律秩序的人格化。"[③] 显然，国家是一个多元概念，包含民族、国家疆土、政府机关、国家共同体等多方面意蕴，迄今为止，"国际法上尚无普遍接受的国家定义"[④]。

本书中，承担儿童家庭生活保障义务的"国家"指行使国家权力的机关，非指民族、领土，也不是抽象意义上的社会。国家只能通过其机关而做出行为，国家的义务由立法、司法和行政等具体国家机关承担和落实，这里的国家机关主要包括国家立法机关、监察机关、行政机关、审判机关和检察机关等，这些机关在一定意义上代表着国家。"所谓国家的义务与权利就是国家机关的义务与权利，也就是说，是那些其活动归属于国家的人的义务与权利"，[⑤]"《公约》的一般性义务和其中第二条特别规定的义务对于所有缔约国都是有约束力的。政府的所有部门（执法、立法和司法）以及国家、区域或地方各级的公共机构或者政府机构均应承担缔约国的责任"[⑥]。

二、国家是儿童家庭生活权保障的核心义务主体

（一）国家以保障人权为合法性基础与终极目标

人权创设国家权力，国家权力来源于人权，国家是人权保障的核心义务

---

① 参见［奥］凯尔森：《法与国家的一般理论》，沈宗灵译，中国大百科全书出版社 1996 年版，第 203 页。

② ［德］尤尔根·哈贝马斯：《包容他者》，曹卫东译，上海人民出版社 2002 年版，第 127 页。

③ ［奥］凯尔森：《法与国家的一般理论》，沈宗灵译，中国大百科全书出版社 1996 年版，第 203 页。

④ 袁钢：《国家保障人权：最佳人权保障机制》，载《人权》2014 年第 2 期。

⑤ ［奥］凯尔森：《法与国家的一般理论》，沈宗灵译，中国大百科全书出版社 1996 年版，第 228 页。

⑥ 人权事务委员会第 31 号一般性意见：《公约》缔约国的一般法律义务的性质，第 4 段。

主体，保障儿童家庭生活权，主要体现为国家作为义务主体对儿童家庭生活权的保障。

源于自然本性的人权先于、高于国家而存在，人权创设了国家权力，其义务主体是特定的国家。人权与国家权力之间，人权是目的，是本源。实现个人幸福与安全是建立政府的根本目的。[①] 国家权力是手段，是派生的。保障人权是国家权力产生的根本动因，是国家权力存在的合法性基础，也是国家权力运行的基本价值取向和终极目标。国家并非依法授予基本权利，而是对已经先在于国家的基本权利予以确认和保护。[②] “政府的唯一正当的、合乎道德的目的，就是保护人民的权利，即保护人的生命权、自由权和财产权。”[③]

人权对抗、制约国家权力。人权制衡国家权力的侵犯和扩张，防范国家用人民赋予的权力侵犯人民自己。[④] 为此，人权的行使原则上不受限制，即法无禁止即可为；而国家权力的实施原则上受到限制，即法无授权不可为。这种限制使国家权力在向个人施加时因为有了约束限制而避免了无极限、无穷大。人权法对国家权力的拘束和对个人权利的保障同时展开。[⑤]

（二）儿童家庭生活权对应国家义务

人权对应国家的义务。“义务概念通常是与权利概念相对称的”，[⑥] “任何真正意义上的权利，都涉及两个法律主体之间的关系，一方是权利的持有人，另一方是义务的承担人”[⑦]。同样，人权的实现必然伴随相应义务的施加。基本权利是以国家为核心义务主体和请求权对象。[⑧]

---

① 参见［美］威廉·邓宁：《政治学说史》，谢义伟译，吉林出版集团有限公司 2009 年版，第 190 页。

② 参见［德］卡尔·施米特：《宪法学说》，刘锋译，上海人民出版社 2018 年版，第 221 页。

③ 徐显明主编：《人权研究》（第 2 卷），山东人民出版社 2001 年版，第 148 页。

④ 参见郭道晖：《人权论要》，法律出版社 2015 年版，第 285 页。

⑤ 参见于文豪：《试论人权法学研究的定位、内容与方法》，载《人权》2017 年第 6 期。

⑥ ［奥］凯尔森：《法与国家的一般理论》，沈宗灵译，中国大百科全书出版社 1996 年版，第 84 页。

⑦ 张翔：《基本权利的规范建构》，法律出版社 2017 年版，第 35 页。

⑧ 参见张翔：《基本权利的体系思维》，载《清华法学》2012 年第 4 期。

对于儿童家庭生活权保障，国家无疑是其核心义务主体。人权实现固然需要多主体协同参与，正如2018年联合国大会通过的《安全、有序和正常移民全球契约》第15条所声明，“国家、公共和私营机构和实体以及个人本身都要对公开发布、平等实施和独立裁断且与国际法相一致的法律负责”。当代西方宪法理论也出现了“人权—国家义务”对应关系的松动，国家外的其他主体也被认为是人权义务主体。“这其中具有代表性的是德国的‘基本权利第三人效力’理论和美国的‘国家行为’理论，两种理论的共通之处是将基本权利的效力范围扩大，不仅约束作为公法主体的国家的行为，还约束私法上主体的行为。”① 近年来，学界出现了基本权利义务主体多元化的认识趋向，试图强调通过多元义务主体全面充分地保障基本权利的实现，由此模糊化了基本权利的核心义务主体。但义务主体的多元化只是对基本权利保障体系的一种补充，不应从根本上颠覆宪法结构。毋庸置疑，国家才是核心义务主体，国家存在的合法性基础和终极目标都是保障人权。“基本权利主要是针对国家的，是对国家行为的限定和约束，其他主体对基本权利承担义务在基本权利保障体系中只是次要和辅助的。对基本权利规范内涵的分析仍然应以‘基本权利—国家义务’分析框架为基础。”② 儿童家庭生活权保障也仍然以“儿童家庭生活权—国家义务”为基本分析框架。

儿童家庭生活权的实现，同样离不开国家、社会和个人的共同参与，主要是因为儿童家庭生活权具有身份权和人权的复合权利属性，存在私法关系以及公法关系两种关系面向，受到公法上宪法和私法上民法的双重保护。而对作为人权的儿童家庭生活权而言，无论法律属性多么特殊，法律关系多么复杂，保护主体多么多元，其核心义务主体仍然是国家，国家承担全方位、综合性的儿童家庭生活权保障义务。当然，国家是儿童家庭生活权实现的核心义务主体，并不意味着其他主体可以置身事外。儿童家庭生活权的充分实现，不仅需要政府的努力，还需要所有社会成员的参与，家庭、学校、儿童

---

① 张翔：《基本权利的规范建构》，法律出版社2017年版，第50-51页。

② 张翔：《基本权利的规范建构》，法律出版社2017年版，第56页。

服务机构和社区等主体的尊重和维护。[①] 正如儿童权利委员会在第5号一般性意见中所宣明，“第4条[②]说明的是缔约国的全面的执行义务”，[③] “第4条请缔约国采取‘一切适当的立法、行政和其他措施’以实现本《公约》所确认的权利。尽管履行《公约》义务的是国家，但要落实执行《公约》的这一任务，即实现儿童的人权，却需要社会各阶层、当然也包括儿童本身的参与”。

三、国家履行义务是儿童家庭生活权保障的基本方式

儿童家庭生活权保障的基本方式在于国家全面履行综合性保障义务。具体而言，是由国家在主权范围内，以批准的国际人权条约和国内法为成文法依据，以促进儿童家庭生活权充分有效实现为终极目标，以国家履行尊重、保护和实现义务为内容，由国家公权力机关所采取的立法、行政、司法等一切保护行动。

在国际人权公约框架下，儿童家庭生活权保障包括国家和国际两个层面的保障。其中，国内层面上国家履行义务是基础、是根本、是核心，是直接保障、基本保障。儿童家庭生活权的实现，根本上是国内事务，依赖主权国家的意愿以及在本国政治、经济、文化基础上所采取的各项行动，国家发挥着自主权和领导权。

儿童家庭生活权的国际保障以国内保障为基石，由国家在一国范围内履行全方位保障义务来承担加入国际人权条约所承诺的国际义务。国际保障是一种间接性保障，主要限于政治机构、准司法机构以及司法机构对国内实施的监督，主要通过国际人权条约机构履行对缔约国的监督职能而实施，且需要在用尽一切国内救济手段后才能发挥作用。“国家主权原则是一项公认的国

---

① 参见《〈儿童权利公约〉——“导言”》，载联合国儿童基金会，https：//www. unicef. org/chinese/crc/，2020年6月23日访问。

② 《儿童权利公约》第4条规定：“缔约国应采取一切适当的立法、行政和其他措施以实现本公约所允许的权利。关于经济、社会及文化权利，缔约国应根据其现有资源所允许的最大限度并视需要在国际合作范围内采取此类措施。”

③ 儿童权利委员会第5号一般性意见：执行《儿童权利公约》的一般措施（第4条、第42条和第44条第6款），第7段。

际法基本原则”,[①]《联合国宪章》第2条申明,“本宪章不得认为授权联合国干涉在本质上属于任何国家国内管辖之事件”。《公民权利和政治权利国际公约》第2条也表明了人权实施主要是国内事务这一原则,国内实施被赋予较高地位源于以下国际法原则:“在国内补救尚未穷尽之前,国际机构不得接受国家间或个人申诉。”[②]

四、国家履行义务以宪法为成文法依据

宪法在一国法秩序中具有最高性,体现在“内容的根本性、效力的最高性与规范的原则性”,[③] 宪法是对人的权利中最基本、最重要权利的保障,是采取最基本保障手段、保障方式的保障,旨在实现人之为“人”的法效目标。儿童家庭生活权是对人类终极价值的追求,当由宪法加以规范,确立国家公权力履行儿童家庭生活权保障义务的基本秩序。

儿童家庭生活权具有人权和身份权的复合权利属性,全面充分地保障儿童家庭生活权,既需要作为人权成文法依据的宪法的保障,也需要作为身份权成文法依据的民法的保护,还需要调动刑法、移民法等相关部门法资源,借助公法和私法不同法律保护途径。家庭“包括道德、情感、社会和法律等诸多方面,尊重和保护家庭生活的权利作为宪法保障的一项基本权利,也必须得到复杂和多学科的保护”[④]。

仅就作为人权的儿童家庭生活权而言,其权利属性、权利主体均欲求一国法秩序中具有最高法律效力的宪法保障,国内法的最基本保障途径应为宪法保障,宪法是确认和保障儿童家庭生活权的主要成文法依据。

---

① 杨泽伟:《论人权国际保护与国家主权》,载《法律科学》2003年第6期。

② [奥] 曼弗雷德·诺瓦克:《〈公民权利和政治权利国际公约〉评注》(修订第2版),孙世彦、毕小青译,生活·读书·新知三联书店2008年版,第30页。

③ 白斌:《宪法教义学》,北京大学出版社2014年版,第195页。

④ Vasile Tudor, *Legal Aspects of the Right to Respect Private and Family Life*, 21 Nephron Clinical Practice 2 (2015).

（一）作为人权的家庭生活权欲求宪法保障

作为人权的家庭生活权必然欲求适应其自身重要性的法规范形式予以确认和保障，当由“形式上具有最高法效力、实质上体现了人类终极价值的宪法”① 作为成文法依据。宪法的根本性意味着宪法在一个国家的法规范秩序中具有最高性，居于最高地位，“将人的基本权利这一最高价值赋予宪法规范加以体现”②。

家庭生活权具有至上性、神圣性，是一国法秩序应维护的根本内容。“无论从历史的逻辑还是从政治的逻辑来看，确认和保障人权都是宪法的首要内容和核心所在。”③ 自然，宪法也是作为人权的家庭生活权的成文法依据。以宪法性文件宣示人权，将人的权利中最核心、最基本的权利进行类别划分，分离出来单独列举，形成有序的人权法体系。④

考察国外立法，相当一部分国家以具有最高法律效力的宪法作为人权意义上家庭生活权的成文法依据。特别是在欧洲地区，以《欧洲人权公约》第8条为总纲和指引，绝大多数国家均在宪法中明确规定个人家庭生活受尊重的权利。1994年《比利时联邦宪法》第22条规定：“人人均有权使其私生活和家庭生活得到尊重，但法律规定的情况和条件除外。”1944年《冰岛共和国宪法》第71条规定：“人人都应当享有隐私、住宅和家庭生活不受任何干涉的自由。”1996年《乌克兰宪法》第32条规定：“任何人的私生活和家庭生活，均不得被干预。但是，乌克兰宪法另有规定的除外。”1999年《瑞士联邦宪法》第13条规定：“每个人均有权要求尊重其私生活和家庭生活、住所、书信及通过邮政和电信建立的联系。”1992年《立陶宛共和国宪法》第22条规定：“法律和法院保障每个人的私生活及其家庭生活不受任意的或非法的干预，保障每个人的荣誉和尊严不受侵犯。”1998年《英国人权法》第8条规

---

① 白斌：《宪法教义学》，北京大学出版社2014年版，第37页。

② 林来梵：《从宪法规范到规范宪法》，商务印书馆2017年版，第313页。

③ 林来梵：《从宪法规范到规范宪法》，商务印书馆2017年版，第78页。

④ 参见刘茂林、秦小建：《论宪法权利体系及其构成》，载《法制与社会发展》2013年第1期。

定："每个人均享有私生活和家庭生活及其住宅和通信受尊重的权利。"①

（二）作为家庭生活权特殊主体的儿童欲求宪法保障

儿童是家庭生活权的特殊权利主体。与成年人相比，儿童面临实现家庭生活权的诸多困境，为实现儿童与成年人的实质平等，儿童被作为特殊权利主体获得了国家的特别保障。确认儿童的特殊人权主体地位并为之提供特别保障的内容同样属于宪法的调整范畴。

从比较法角度考察，世界上多数国家通过宪法宣示儿童的基本权利主体地位，明确其基本权利，并将儿童作为特定群体予以特别保障。儿童权利的宪法保障模式主要分三类：特别条款（内含儿童权利）保护模式、一般条款（不含儿童权利）保护模式、专章保护模式。所谓内含儿童权利的特别条款，也是"人权两公约"的做法，即以一个条文专门规定儿童权利条款，明确对儿童权利予以特别保护。一部分国家在宪法中规定保护儿童权利的特别条款，如1975年《希腊宪法》第21条第1款规定："家庭，以及婚姻、母亲和儿童，作为民族存续和进步的基石，应受国家保护。"1996年《乌克兰宪法》第51条规定："家庭、儿童、母亲和父亲受国家的保护。"1999年《瑞士联邦宪法》第11条规定："儿童和青少年享有对其身心健康进行特殊保护的权利和促进其自身发展的权利。"② 所谓不含儿童权利的一般条款，指宪法文本没有针对儿童权利作出专门规定，儿童权利保护适用一般人权的有关规定。另有巴西、厄瓜多尔等国采取专章或专节规定儿童权利的立法模式。1988年《巴西联邦共和国宪法》第七章设有"家庭、儿童、青少年、青年和老年人"专章，其中第227条、第228条、第229条全面规定了儿童享有的权利以及家庭、国家的义务，例如第227条规定："家庭、社会和政府有责任确保儿童、青少年、青年有生命、健康、营养、教育、休闲、专业培训、文化、尊严、

---

① 孙谦、韩大元主编：《公民权利与义务——世界各国宪法的规定》，中国检察出版社2013年版，第84页、第87页、第91页、第127页、第163页、第169页、第206页。

② 吴鹏飞：《嗷嗷待哺：儿童权利的一般理论与中国实践》，苏州大学2013年博士学位论文，第97页。

尊重、自由、家庭与社会和谐等绝对优先的权利。”①

（三）儿童家庭生活权宪法保障与民法保护之辩

宪法保障是儿童家庭生活权作为一项人权所该当获得的保障，而作为身份权的儿童家庭生活权欲求民法保护。具体而言，儿童基于身份关系所享有的与家庭成员之间的家庭生活权，应通过调整身份关系的民事法律加以构造和保护。由民事法律中的亲属身份法确认儿童与父母等家庭成员基于身份享有的家庭生活权的内容；由民事法律中的侵权责任法对侵犯儿童家庭生活权的侵权行为人课以侵权责任，对受害儿童的损害进行民事救济；从而保护儿童的身份关系，实现儿童的身份利益。简言之，作为身份权的儿童家庭生活权欲求民法保护。儿童家庭生活权的宪法保障与民法保护相比，在保障依据、拘束对象、价值取向、保护方式等方面均有所不同。

首先，在保障依据上，儿童家庭生活权宪法保障以“最高法”宪法为法源依据。民法保护主要以民事法律中的身份法和侵权责任法为主要法源依据，身份法旨在确认私权，确认家庭成员包括儿童享有的家庭生活权，从而使民事救济、刑罚制裁具有权利基础，是实现分配正义；侵权责任法旨在配置救济措施，是实现矫正正义。

其次，在拘束对象上，儿童家庭生活权宪法保障旨在拘束国家，抵御国家公权力对儿童家庭生活权的任意非法侵犯。儿童家庭生活权民法保护旨在保护平等民事主体，抵御私人对儿童身份利益的侵犯。②

再次，在价值取向上，宪法保障旨在实现儿童的人之为“人”的法效目标，满足儿童最基本的生存和发展。对儿童而言，宪法保障除了具有主观权利功能，从单向度的儿童个体人权保护和个体价值出发，赋予儿童个人主观请求权，以实现排除侵害儿童家庭生活权的防御权功能；还具有基本权利的客观价值秩序功能，从对儿童群体的整体性制度性保护出发，通过制度配套、

① 孙谦、韩大元主编：《公民权利与义务——世界各国宪法的规定》，中国检察出版社2013年版，第313页。

② 参见王锴：《论宪法上的一般人格权及其对民法的影响》，载《中国法学》2017年第3期。

组织设置、程序安排等措施，实现多元制度的复杂协调融合和有限资源的高效合理配置，从而在客观上推动对儿童群体家庭生活权的保护。而民法保护旨在确认和保障儿童身份权，对侵权行为人课以侵权责任、对受害儿童的损害进行民事救济，从而维护儿童对特定亲属身份利益的支配关系，维护亲属身份关系和身份秩序，实现儿童的身份利益。

最后，在保障方式上，对儿童家庭生活权的宪法保障主要通过国家履行所承担的尊重、保护和实现义务。而民法保护主要通过侵权责任法配置救济措施，追究侵权行为人的民事责任，救济受害儿童的损害，使受害儿童重新处于如同侵害没有发生的状态，实现矫正正义。

儿童家庭生活权的宪法保障和民法保护的价值取向不同，功能定位各异，保障依据和方式有别，但终极目标同一，共同实现着保障儿童家庭生活权的使命。不可否认，在一国法秩序中，宪法保障是对人的权利中最基本、最重要部分的保障，是采取最基本保障手段、保障方式的保障，旨在实现人之为“人”的法效目标。同时，宪法因其内容的“根本性”、效力的“最高性”对部门法产生价值辐射和法秩序统一的作用，为其他法律保障儿童家庭生活权提供了价值和规范设定，成为儿童家庭生活权国内保障体系中最基本、最重要的保障方式。从人权视野出发，人权意义上儿童家庭生活权的保障主要体现为宪法保障，是本章的着眼点。是故，本章主要从宪法保障的角度探讨国内法层面的儿童家庭生活权保障问题。

第二节　国家保障儿童家庭生活权的义务结构体系

国家对儿童家庭生活权的保障义务是多重的，“国家不仅要尊重这种权利，而且要保护它免受私主体的干涉……从最广义的层面上说，保护家庭还包括了许多国家所规定的大量其他措施，如经济帮助、保护母亲、税收优惠、成家救助等”[①]。一个国家只有最大限度地采取一切措施，尽职履行全方位的所有义务，儿童家庭生活权才能充分全面实现。对国家保障儿童家庭生活权多重义务的内在逻辑结构进行体系化取向的探究，是规范研究国家保障义务的基本思维方式，也是理应致力的基本研究方向。

一、国家全面承担综合性义务

国家承担何种人权保障义务，无论是在语词上还是在内容上，都存在诸多不同认识。从表达国家义务的语词看，存在“尊重”“承认”“保护”“保障”“保证”“给付”“实现”“消极”“积极”等表述，术语繁多，含义各有侧重。与之呼应，国家义务的体系化构成同样存在不同理论、不同观点。但无论观点多么迥异，可以肯定的是，均以人权—国家义务的对应关系为分析框架，均主张国家所承担的义务是全方位的综合性义务，体现为不同层次的国家义务构造，是“缔约国的全面的执行义务”[②]。

对国家义务的内容结构，有多种不同的学术见解，如基本权利功能体系论、国家义务二层次论、国家义务三层次论、国家义务四层次论等。但无论哪种义务构造，其涵盖的诸项义务并非散乱无章，而是共同遵循着义务的本质属性，融贯统一于一个有机整体，实现着保障人权的总体功能定位，并作为一个完整有机体共同构成国家对人权的保证。

当然，人权内容体系及其义务结构体系，从来都不是一个封闭系统，而是一个开放的结构，是“一种由具有不同程度可能性的观念所组成的一个总是处在变化之中的体系”,[③] 其内容随着社会的发展及人权研究的深入在不断丰富。根本上，人权内在结构的开放性决定了国家义务结构的变动性，随着人权内容的不断扩展，国家义务的内容也在不断扩张，从最原始的公权力

① ［奥］曼弗雷德·诺瓦克：《〈公民权利和政治权利国际公约〉评注》（修订第 2 版），孙世彦、毕小青译，生活·读书·新知三联书店 2008 年版，第 542 页。

② 儿童权利委员会第 5 号一般性意见：执行《儿童权利公约》的一般措施（第 4 条、第 42 条和第 44 条第 6 款），第 7 段。

③ ［美］哈罗德·J. 伯尔曼：《法律与革命——西方法律传统的形成》（第 1 卷），贺卫方等译，法律出版社 2008 年版，第 156 页。

“被动不侵犯”的“消极义务”，逐渐发展到“主动保护”的“积极义务”。所有权利既有积极义务，也有消极义务。①

儿童家庭生活权的国内保障，实际上就是国家依法全面履行各个层面的义务，儿童家庭生活权国内保障体系在一定程度上就是国家义务的完整有机体系。

二、基本权利的功能体系论

基本权利的功能体系论是理解人权/基本权利与国家义务关系的重要理论。具体以基本权利与国家义务的对应关系为分析框架，从基本权利承载功能的角度分析国家义务的规范结构。基本权利的功能体系论主张，对基本权利规范的效力或者说对基本权利与国家义务的理解，不应停留于基本权利条款本身的维度，还应从基本权利在国家社会生活中承载重要功能的角度加以理解。“基本权利对于市民社会的建构、社会公意的形成、政治统治的民主化、国家决策的证立等都发挥着重要作用，所以对于基本权利的理解就不能只基于法学的思维，只看到其权利层面，而是应当将基本权利作为社会秩序中有着重要功能的制度去理解，这就是基本权利的‘功能体系理论’。”②

根据德国学者耶利内克提出的“主观公法权利”学说，基本权利的功能体现在“主观权利”和“客观法”两个面向。此学说在当代德国基本法的理论与实践中得到普遍认同，即“基本权利的功能体系”。③一方面，这一体系将基本权利作为个人得以请求国家公权力作为或不作为的一种请求权基础，是一种主观权利；另一方面，这一体系还将基本权利作为公权力运行的价值取向，是一种宪法创立的“客观价值秩序”。

基本权利作为“主观权利”的功能，是指在个人向国家主张的意义上，基本权利是一种“主观权利”。基本权利主体可以采取法律手段加以实现，使

---

① 参见［美］杰克·唐纳利：《普遍人权的理论与实践》，王浦劬等译，中国社会科学出版社2001年版，第32－33页。

② 张翔：《基本权利的体系思维》，载《清华法学》2012年第4期。

③ 参见张翔：《基本权利的体系思维》，载《清华法学》2012年第4期。

基本权利免受最可能对基本权利构成严重侵害的公权力的恣意侵扰，其实现的有效手段是提起排除国家侵害的违宪诉讼，此为基本权利在主观权利面向上的“防御权功能”，被视为最原始、最核心的功能。这一功能反射到国家一方，便是国家对个人“防御权功能”的“消极不作为义务”。除“防御权功能”外，个人基本权利还具有直接请求国家“积极作为”从而享有利益的“受益权功能”。但由于宪法中对给付种类、条件等规定过于抽象，一般不直接导出个人请求国家积极作为的主观权利。只有立法机关明确规定国家给付的具体内容，个人才可以提出国家履行积极义务的主观请求。由此，狭义的基本权利作为主观权利的功能即“防御权功能”。

基本权利作为“客观法”的功能，是将基本权利视为宪法确立的一种“客观价值秩序”，客观上约束公权力遵守该价值秩序。公权力运行应以促进基本权利实现为基本价值取向，并最大限度地创造助益基本权利实现的各项条件。在此意义上说，基本权利客观上成为约束公权力的一种“客观规范”。客观法仅指……强加于人们意志的全部戒条、全部命令规则，① “客观法是有关禁止和命令的强制性规范”，② 构成立法者构建一国法律制度的原则，也成为执法者和司法者解释适用法律时的指导原则。该功能主要体现在如下三个方面：③ 其一，制度性保障。基本权利的实现必然依赖一定的制度，立法机关须通过制定法律明确基本权利。其二，组织与程序保障。必要的组织和程序为基本权利的实现所必需。无论是制度性保障，还是组织和程序保障，都是创造基本权利实现的条件。其三，狭义的保护义务。是国家保护个人免受第三方侵害的义务，主要包括惩罚侵害基本权利犯罪行为的刑法上的保护、请求警察介入的警察法上的保护。“要求立法者通过刑法、警察法等规范的设定，来制止国家以外主体对于公民基本权利的侵害。”④

---

① 参见［法］狄骥：《宪法论》，钱克新译，商务印书馆1962年版，第69页。

② 董安生：《民事法律行为——合同、遗嘱和婚姻行为的一般规律》，中国人民大学出版社1994年版，第39页。

③ 参见郑春燕：《基本权利的功能体系与行政法治的进路》，载《法学研究》2015年第5期。

④ 张翔：《基本权利的体系思维》，载《清华法学》2012年第4期。

三、国家义务的“三层次说”

（一）尊重、保护与实现之三层次义务

国家义务的“三元结构说”是将国家承担义务的类型分为三个层次，如奥地利人权专家曼弗雷德·诺瓦克先生主张“尊重”、“保护”和“实现”三层次义务。他指出，人们在早期根据耶利内克的性质理论和人权分为三代的理论，主张国家对公民权利仅承担不干预的义务，对经济和社会权利提供积极服务的义务，“只是到人权不可分割和相互依存成为显然的事情时，人们才逐渐地在原则上接受各国有义务尊重、实现和保护一切人权”①。尊重是排除国家干涉的义务，保护是国家保护人权免受私人侵害的义务。除了消极排除国家干涉和私人侵害，国家还负有采取积极措施帮助和促进人权的积极实现义务。国家对人权的尊重义务、保护义务固然重要，但仅依靠这些无法保证人权的真正实现，还需要国家采取一些积极的措施，提供实现的前提条件，即履行国家的实现义务。此外，还有其他“三层次说”，“如美国国际法学家亨金认为‘国际人权宪章’要求国家在其国内制度中承认（recognize）、尊重（respect）和保证（ensure）人权”②。

国家承担尊重、保护和实现义务的“三层次说”体现于部分国际人权文书。消除对妇女歧视委员会第28号一般性建议第9段明确了缔约国的尊重、保护和实现义务：“缔约国必须履行其在《公约》之下法律义务的所有方面，尊重、保护和实现妇女不受歧视和享有平等的权利。尊重的义务要求缔约国避免通过制定法律、政策、规章、方案、行政程序和体制结构等方式，直接或间接导致剥夺妇女享有在公民、政治、经济、社会和文化方面的平等权利。保护的义务要求缔约国保护妇女免受私人行为者的歧视，并采取步骤，其直接目标就是要消除主张某一性别低于或高于另一性别的偏见、习俗和所有其

① ［奥］曼弗雷德·诺瓦克：《国际人权制度导论》，柳华文译，北京大学出版社2010年版，第46页。

② 孙世彦：《论国际人权法下国家的义务》，载《法学评论》2001年第2期。

他惯例，以及对男子和妇女社会功能的陈旧的刻板观念。实现的义务要求缔约国采取各种步骤，保证男女在法律上和在实际中享有平等权利。"《〈经济社会文化权利国际公约〉评注、案例与资料》一书将《经济、社会及文化权利国际公约》中的国家保护家庭的义务也释义为尊重、保护和实现的义务。"第10条①为缔约国规定了三种类型或层次的义务：尊重、保护和实现的义务。"②

考察家庭生活权所依据的《公民权利和政治权利国际公约》，该公约第2条③是关于国家义务的"总括条款"，该条款为缔约国设定了保障公约之下所有权利的国家义务，体现为"尊重"义务和"保证"义务。而"保证"义务被《〈公民权利和政治权利国际公约〉评注》一书释义为"保护"和"实现"两项义务，"与尊重《公约》权利的义务相比，保证《公约》权利的义务是一项积极义务……保证的义务包括保护个人免受第三方的干涉的义务（横向效力），以及实现的义务。后者包括促进享有其人权的义务和提供服务的义务"④。

---

① 《经济、社会及文化权利国际公约》第10条规定："本公约缔约各国承认：一、对作为社会的自然和基本的单元的家庭，特别是对于它的建立和当它负责照顾和教育未独立的儿童时，应给以尽可能广泛的保护和协助。缔婚必须经男女双方自由同意。二、对母亲，在产前和产后的合理期间，应给以特别保护。在此期间，对有工作的母亲应给以给薪休假或有适当社会保障福利金的休假。三、应为一切儿童和少年采取特殊的保护和协助措施，不得因出身或其他条件而有任何歧视。儿童和少年应予保护免受经济和社会的剥削。雇用他们做对他们的道德或健康有害或对生命有危险的工作或做足以妨害他们正常发育的工作，依法应受惩罚。各国亦应规定限定的年龄，凡雇用这个年龄以下的童工，应予禁止和依法应受惩罚。"

② ［澳］本·索尔等：《〈经济社会文化权利国际公约〉评注、案例与资料》（下册），孙世彦译，法律出版社2019年版，第733页。

③ 《公民权利和政治权利国际公约》第2条规定："一、本公约每一缔约国承担尊重和保证在其领土内和受其管辖的一切个人享有本公约所承认的权利，不分种族、肤色、性别、语言、宗教、政治或其他见解、国籍或社会出身、财产、出生或其他身份等任何区别。二、凡未经现行立法或其他措施予以规定者，本公约每一缔约国承担按照其宪法程序和本公约的规定采取必要的步骤，以采纳为实施本公约所承认的权利所需的立法或其他措施。三、本公约每一缔约国承担：（甲）保证任何一个被侵犯了本公约所承认的权利或自由的人，能得到有效的补救，尽管此种侵犯是以官方资格行事的人所为；（乙）保证任何要求此种补救的人能由合格的司法、行政或立法当局或由国家法律制度规定的任何其他合格当局断定其在这方面的权利；并发展司法补救的可能性；（丙）保证合格当局在准予此等补救时，确能付诸实施。"

④ ［奥］曼弗雷德·诺瓦克：《〈公民权利和政治权利国际公约〉评注》（修订第2版），孙世彦、毕小青译，生活·读书·新知三联书店2008年版，第40页。

（二）尊重、保护与实现义务之区别

尊重义务、保护义务与实现义务同属国家义务结构体系中的内容，但在涉及的主体、国家角色、义务性质、义务功能等方面存在不同。

第一，关于主体。尊重义务和实现义务是个人与国家之间的双方关系。保护义务是个人、私主体以及国家之间的三方关系，是国家介入保护个人免受其他私主体对人权的侵害。

第二，关于国家角色。尊重义务意味着国家扮演着“基本权利之敌”的角色。保护义务中，双方是私人侵害的受害者和私人加害者，国家则是私人侵害的公断人，也是受害人的保护者。国家从尊重义务中的“基本权利之敌”转变为保护义务中的“基本权利之保护者”。[①] 在实现义务中，国家应采取一切措施创造基本权利实现的条件，国家扮演着“基本权利之促进者/推动者”的角色。

第三，关于义务的性质。尊重义务要求国家承担消极义务，有意为“无为”。保护义务和实现义务则要求国家承担积极义务，以积极作为的方式介入基本权利。当然，国家积极作为并非任意为之，“而是受制于国家公权力机关自身权限和宪法整体性权力划分，前者要求不同国家机关应避免权力运行的冲突，后者则是对国家行为的合宪性要求”[②]。

第四，关于国家义务承载的功能。尊重义务和保护义务是单向度的对个体的人权保护，是从个体价值实现的角度出发，赋予个人主观请求权，以实现排除侵害个人人权的防御权功能以及防止和终止私人侵害的功能。而实现义务具有基本权利的客观价值秩序功能，注重从对群体的整体性角度出发进行制度性保护，通过制度配套、组织设置、程序安排等措施，实现多元制度的复杂协调融合和有限资源的高效合理配置，从而在客观上推动对人

---

① 参见王进文：《基本权国家保护义务的疏释与展开——理论溯源、规范实践与本土化建构》，载《中国法律评论》2019 年第 4 期。

② 王进文：《基本权国家保护义务的疏释与展开——理论溯源、规范实践与本土化建构》，载《中国法律评论》2019 年第 4 期。

权的多面向整体保护。

四、国家义务的“二层次说”

国家义务的“二层次说”是最简明的国家义务构造。传统人权理论将人权分为消极人权、积极人权。从国家行为性质的角度看，消极人权、积极人权对应着国家的消极义务与积极义务。① 消极人权是要求国家消极不作为不得干涉的权利，国家对消极人权如自由权，承担不得侵犯干涉的消极义务。② 积极人权是要求国家采取积极行动加以保护的人权，对积极人权如受教育权，国家应采取积极措施保护和促进其实现。③ “在早期，根据吉奥·耶利奈克（Georg Jellinek）的性质理论（消极性质 = 免于干预的自由权利，行为性质 = 民主参与权利，积极性质 = 需要国家积极行为的社会权利）和人权分为三代的理论，各国在公民权利方面只是有义务不进行干预，而在经济和社会权利方面只是有义务提供积极的服务。”④ 随着基本权利向社会权的扩张，国家义务的内容进一步扩展，人权的内容由消极人权——公民权利政治权利扩展到积极人权——经济、社会和文化权利。随着人权谱系日益丰富和对其类型、性质等研究的深入，学者们认识到“积极”与“消极”二分很难全面深入地反映国家义务的结构。

此外，还有国家义务的“四层次说”等学术观点，部分中外学者将国家义务概括为四个方面，如郭道晖先生主张将国家义务概括为承认、尊重、保护和促进人权四个方面。⑤ 孙世彦先生将国家在国际人权公约框架下所承担的义务概括为承认、尊重、保障和促进、保护人权四方面。⑥ 经济、社会、文化权利委员会在第 31 号一般性意见中将缔约国承担的义务明确为尊重、确保、

---

① 参见杜承铭：《论基本权利之国家义务：理论基础、结构形式与中国实践》，载《法学评论》2011 年第 2 期。

② 参见郭道晖：《人权的国家保障义务》，载《河北法学》2009 年第 8 期。

③ 参见王世杰、钱端升：《比较宪法》，中国政法大学出版社 1997 年版，第 61 页。

④ ［奥］曼弗雷德·诺瓦克：《国际人权制度导论》，柳华文译，北京大学出版社 2010 年版，第 46 页。

⑤ 参见郭道晖：《人权的国家保障义务》，载《河北法学》2009 年第 8 期。

⑥ 参见孙世彦：《论国际人权法下国家的义务》，载《法学评论》2001 年第 2 期。

促进和保护四方面义务，"第 2 条第 1 款中有关尊重和确保《经济、社会及文化权利国际公约》规定权利的义务应立即适用于所有缔约国。第 2 条第 2 款提供了促进和保护《公约》所规定权利的根本框架"①。

以《公民权利和政治权利国际公约》及其评注一书为依凭，本章探讨保障儿童家庭生活权的国家义务，主要以尊重、保护和实现义务的"三层次说"为分析框架。

第三节　儿童家庭生活权保障的国家尊重义务

保障儿童家庭生活权的国家义务是一个综合性的义务体系，包括尊重、保护和实现义务。其中，免于侵扰家庭生活权的尊重义务是义务体系中最原始的义务，也是最核心的义务。

一、国家尊重义务是核心义务

国家保障儿童家庭生活权，最原始、最基础、最核心的第一位义务是"尊重义务"，即消极意义上的禁止国家任意、非法侵扰的不作为义务，以确保儿童家庭生活权免受国家侵扰。尊重义务为儿童家庭生活权保障义务的核心义务，主要基于以下原因。

首先，从家庭生活的性质看，家庭日常生活属于隐私性生活范畴，属于私人自治的领域。个人有权依法排除外在干扰，自主决定私人领域的家庭生活事务。原则上，国家应尊重个人依法自主选择家庭生活方式和家庭生活内容的意愿和权利，不得任意地、非法地加以干涉。

其次，从家庭生活权的权利属性看，家庭生活权作为隐私权属于人权谱系中"公民权利"的范畴。隐私权属于个人自我实现和人格发展的领域，每个人有权遵从内心意愿自主选择、塑造和守护自己的隐私性家庭生活，不受

① 人权事务委员会第 31 号一般性意见：《公约》缔约国的一般法律义务的性质，第 5 段。

他人支配和控制。同时，根据人权理论，国家对“公民权利”承担的义务主要体现为不予干预、不得侵害的消极不作为义务。就性质而言，这种义务是一种“即刻性”的现实紧迫的消极义务，有别于国家对“经济、社会和文化权利”所承担的“渐进性”逐步实现的积极义务。[①]

最后，以尊重义务为根本是相关国际人权文书的核心意旨。《世界人权宣言》第12条、《公民权利和政治权利国际公约》第17条、《儿童权利公约》第16条等相关国际人权规范均采用“不受任意或非法干涉”的措辞，显见立法者排除国家“任意或非法”干涉“家庭生活”之立法本意，该规定应解为“禁止国家任意非法干涉”的“尊重义务”，旨在保障家庭生活权不受公权力机关的不当干涉，将国家对家庭生活权的核心义务指向了“尊重义务”。有关公约的评注也明确释义了该要义：“《公民权利和政治权利国际公约》第17条，该条禁止对‘家庭’和‘住宅’等的‘无理或非法侵扰’。实践中，这一规定主要被人权事务委员会解释为保护家庭免受干扰的‘消极’义务，而不是采取积极主动的援助措施的义务。”[②]“人权事务委员会经常根据《公民权利和政治权利国际公约》第17条、第23条将家庭问题合并考虑，在其分析中赋予第23条一种辅助第17条的作用，并将其评估重点放在干涉而不是援助措施上。”[③]至于考察《欧洲人权公约》第8条[④]的规定，更是鲜明、直接地将“家庭生活权”表述为“尊重”家庭生活的权利，强调了家庭生活受国家尊重、免受国家干涉的意涵。

---

① 参见杨成铭：《受教育权的国家义务研究》，载《政法论坛》2005年第2期。

② ［澳］本·索尔等：《〈经济社会文化权利国际公约〉评注、案例与资料》（下册），孙世彦译，法律出版社2019年版，第623页。

③ ［澳］本·索尔等：《〈经济社会文化权利国际公约〉评注、案例与资料》（下册），孙世彦译，法律出版社2019年版，第624页。

④ 《欧洲人权公约》第8条规定：“1. 人人有权享有使自己的私人和家庭生活、住所和通信得到尊重的权利。2. 公共机构不得干预上述权利的行使，但是依照法律规定的干预以及基于在民主社会中为了国家安全、公共安全或者国家的经济福利的利益考虑，为了防止动乱或者犯罪，为了保护健康或者道德，为了保护他人的权利与自由而有必要进行干预的，不受此限。”

二、国家尊重义务的规范内容

国家承担儿童家庭生活权的尊重义务，主要是消极意义上的免于侵扰的义务，国家公权力有意为“无为”，禁止任意地、非法地妨碍或限制儿童享有和行使家庭生活权，除非干涉符合儿童最大利益且符合相关规定。[①] 需要强调的是，国家的消极尊重义务并非对儿童家庭生活权保障持消极态度，只是强调国家应免于侵扰儿童的正常家庭生活，[②] 从而使任何形式的国家权力在施向儿童家庭生活权时因有了约束而避免了无穷大。

（一）禁止任意、非法干涉

禁止“任意”“非法”干涉家庭生活见于《公民权利和政治权利国际公约》第17条、《儿童权利公约》第16条、《保护所有移徙工人及其家庭成员权利国际公约》第14条等“隐私权条款”之中。《世界人权宣言》第12条则仅出现禁止“任意”的表述。“‘任意的’这一术语基于《世界人权宣言》第12条，并且见于《公约》[③] 第6条第1款、第9条第1款和第12条第4款。”[④] 从相关国际人权文书的表述不难判断，禁止“任意”“非法”干涉乃尊重家庭生活权的核心要义。准确理解“任意”“非法”的意涵，离不开对系列相关国际人权文书的体系化解释。

1. “任意”的规范内涵

“‘非法’和‘任意’这两个术语都需要解释。在人权委员会和联合国大会第三委员会，它们都引起了广泛的讨论。若干代表认为‘任意的’适用于国家的干预，而‘非法的’适用于私主体的干预；其他代表试图把‘任意

① 参见［奥］曼弗雷德·诺瓦克：《〈公民权利和政治权利国际公约〉评注》（修订第2版），孙世彦、毕小青译，生活·读书·新知三联书店2008年版，第39－40页。

② 参见［奥］曼弗雷德·诺瓦克：《〈公民权利和政治权利国际公约〉评注》（修订第2版），孙世彦、毕小青译，生活·读书·新知三联书店2008年版，第398页。

③ 指《公民权利和政治权利国际公约》。

④ ［奥］曼弗雷德·诺瓦克：《〈公民权利和政治权利国际公约〉评注》（修订第2版），孙世彦、毕小青译，生活·读书·新知三联书店2008年版，第400－401页。

的’作为多余的术语省略；还有一些代表试图以‘不合理的’取代‘任意的’。在这些争论中，首先被强调的是‘任意的’明显地超过了‘非法的’，并且包含了一种‘反复无常’的因素。”①

“任意”一词意为随意、不可预测、不正义、不合理，没有任何固定规则和标准可言。上述意涵在《公民权利和政治权利国际公约》《儿童权利公约》的评注中均有所涉及。“任意”的措辞在相关公约起草过程中受到过质疑，在《儿童权利公约》起草过程中，有人建议将“任意”删除，因为其语意含糊，主观性强，但这一表达最终因“任意”措辞具有特定意涵而保留，主要因为《世界人权宣言》《公民权利和政治权利国际公约》中的相应条款也使用了这一词语。“在《公民权利和政治权利国际公约》的起草过程中，普遍观点是任意性的概念对于界定应该禁止的行为至关重要，‘无论是否合法，任意干涉都带有不正义、不可预测和不合理的含义’。”“无充分的决定性原则，仅取决于独裁的、专制的、无法律依据的意志。”② 引入“任意”这一概念，是为了保证即使是法律规定的干涉，也应符合公约规定的宗旨，具有必要性、合理性。

在相关国际人权公约框架下评断“任意”，主要评估该行为是否符合公约目的、是否具有合理性、相称性。人权事务委员会宣称，合理性应被理解为任何对隐私的干涉必须与所寻求目的相称而且必要，即从合理性与相称性方面理解任意性这一概念。③ 检验标准有两个考虑因素：“第一，对某项权利的干涉如果是合理的，其追求的目标必须是合法的，而且为实现这一目标采取的措施也必须是相称的。第二，在评估这些措施是否相称时，必须考虑是否有客观证据证明相关措施与目的间的联系（合理联系检验）。如果有的话，是否有其他合理可行的选择，可以尽量减少对儿童权利的干扰（最小损害原则/侵扰性最低的方案）。另外，对权利的任何限制……不得使权利的本质失去意

---

① ［奥］曼弗雷德·诺瓦克：《〈公民权利和政治权利国际公约〉评注》（修订第2版），孙世彦、毕小青译，生活·读书·新知三联书店2008年版，第399页。

② John Tobin, *The UN Convention on the Rights of the Child: A Commentary*, Oxford University Press, 2019, p. 556.

③ See John Tobin, *The UN Convention on the Rights of the Child: A Commentary*, Oxford University Press, 2019, p. 556.

义，而且必须与其他人权一致。”[①] 总之，在评判国家对隐私的干预是否构成对《公民权利和政治权利国际公约》第 17 条的违反时，必须特别分析具体行为是否具有以《公民权利和政治权利国际公约》整体为依据的正当、合理的目的，行为在法治意义上是否可预测，以及该行为手段与目的是否相称。

2. “非法”的规范内涵

所谓“非法”，人权事务委员会第 16 号一般性意见特别指出：“‘非法’一词的意思是除法律所设想的个案以外不得有干涉情事。国家授权的干涉必须根据法律，但法律本身必须符合《公约》的规定和目标。”[②] 同时在人权事务委员会第 16 号一般性意见第 9 段明确缔约国不得实施违反《公民权利和政治权利国际公约》第 17 条的干涉，并应立法禁止自然人、法人加以干涉。“除法律规定的情况外，不得进行干涉，国家授权的干涉必须根据法律进行，而法律本身也必须符合《公民权利和政治权利国际公约》的规定、目标和宗旨。”[③] 对儿童家庭生活权的限制，无论在何种情况下、在何种范围内、以何种手段实施，都必须是在法律框架的限制内，须依法进行，有法律依据，受到法律拘束，以防止超越法律授权的权力滥用，从而确保公权力运行的规范化、法律化。人权事务委员会在第 16 号一般性意见申明，“有关的立法必须详细具体说明可以容许这种干涉的明确情况”[④]。否则，即属于“非法”，任何偏离法律的公权力行为都会成为家庭生活权实现的障碍。

强调国家介入须“法律明定”，禁止非法介入在于法律具有确定性、可知晓性、可预见性、非任意性以及有效救济的优势。而且，可以被定性为“法律”的规范须被制定得足够精确，且须为公众所了解，使个体能够规范自身行为。“因此《儿童权利公约》第 16 条规定干涉儿童权利须合法的要求包括形式上存在可以利用的有效法律，以及实质上存在足够精确且符合《公约》

---

① John Tobin, *The UN Convention on the Rights of the Child: A Commentary*, Oxford University Press, 2019, p. 557.

② 人权事务委员会第 16 号一般性意见：第 17 条（隐私权），第 3 段。

③ John Tobin, *The UN Convention on the Rights of the Child: A Commentary*, Oxford University Press, 2019, p. 558.

④ 人权事务委员会第 16 号一般性意见：第 17 条（隐私权），第 8 段。

规定的法律。国家有责任证明对儿童隐私权的干涉依据有效法律规定。”① “公共当局不得干涉个人行使《欧洲人权公约》第 8 条规定的权利，除非依法进行，而且在民主社会中为国家安全、公共安全或经济福祉、为防止混乱或犯罪、为了保护健康或道德，或者为了保护他人的权利和自由所必需。”②

（二）任意、非法干涉的具体表征

儿童权利委员会等条约机构关于禁止任意非法干涉儿童家庭生活权的相关一般性意见以及人权实践，从不同面向上表征了国家任意、非法干涉儿童家庭生活权的突出问题。

1. 非必要剥夺儿童家庭生活

非必要剥夺儿童家庭生活指任意、非法使儿童与父母等家庭成员分离。鉴于儿童与其父母分离产生的严重影响，儿童权利委员会特别强调避免非必要、非紧迫情况使亲子分离。除非分离符合儿童的最大利益且确有必要。否则，任何分离都构成对儿童家庭生活权的干涉。倘若有不必分离的干预性措施可保护儿童，则不必分离。

其一，违背父母意愿使亲子分离。缔约国应确保不违背父母意愿使儿童与其父母分离，除非主管机关依据法律规定，经司法复核裁定分离确有必要，符合儿童最大利益。依据相关国际人权文书，违背父母意愿干涉儿童家庭生活权，均构成对尊重儿童家庭生活权利的干涉。维护家庭关系、预防亲子分离以及促使家庭团聚乃《儿童权利公约》保护儿童权利的重要组成部分，③只有儿童面对即刻降临的危险或别无他选时，亲子分离才可作为不得不采取的选项，假如存在限制不太大的措施可保护儿童，就不应采取分离的做法。

其二，因经济原因使儿童与父母分离。儿童权利委员会一再申明，不得

---

① John Tobin, *The UN Convention on the Rights of the Child: A Commentary*, Oxford University Press, 2019, p. 558.

② L. Yu. Fomina, *Protection of the Right to Respect for Private and Family Life in European Court of Human Rights*, Special Issue 3, Part B. European Research Studies 19 (2016).

③ 参见儿童权利委员会第 14 号一般性意见：儿童将他或她的最大利益列为一种首要考虑的权利（第 3 条第 1 款），第 61 段。

因经济原因将儿童与父母分离，不得仅因经济和物质贫困而剥夺父母抚养照料儿童的资格或者以替代照料方式安置儿童或者阻止儿童重新融入社会。经济、物质贫困不应成为从家庭带离儿童的唯一理由，但应视作为该家庭提供支助的信号。①“应为父母和法定监护人履行其抚养子女的义务提供适当的援助，包括提供社会福利、儿童津贴和其他社会支助服务，不论父母或其子女的移民身份如何。”②

其三，因父母残疾原因使儿童与父母分离。任何情况下均不得以子女本人一方或父母一方残疾或双方均残疾为理由，使子女与父母分离。③“只有在为家庭提供的必要援助不足有效避免儿童遭忽视或被遗弃的风险，或儿童会面临人身风险的情况”，才可考虑分离。④

其四，以同性恋为由使亲子分离。不能以同性恋为由将儿童与其父母分离，否则，构成对家庭生活权的任意干涉。这一观点得到欧洲人权法院的确认。⑤

2. 任意限制儿童与家庭成员团聚或交往

儿童因父母异国、异地工作、离婚、分居等原因而与父母等家庭成员分离的，享有与家庭成员重新团聚的权利、交往的权利以及通过通信、通话等方式保持联系的权利。国家应尊重和保障儿童与父母等家庭成员重新团聚以及联系交往的权利。国家如果限制儿童享有上述家庭团聚权、交往权，必须

---

① 参见儿童权利委员会第 14 号一般性意见：儿童将他或她的最大利益列为一种首要考虑的权利（第 3 条第 1 款），第 62 段。

② 保护所有移徙工人及其家庭成员权利委员会和儿童权利委员会通过了《关于原籍国、过境国、目的地国和返回国在具国际移民背景儿童的人权方面的国家义务的保护所有移民工人及其家庭成员权利委员会第 4 号和儿童权利委员会第 23 号联合一般性意见（2017 年）》第 30 段：“两委员会感到关切的是，在不存在父母虐待和忽视的情况下，儿童有时被儿童保护系统带离父母并安置在替代性照料场所。绝不可以将经济贫困和物质贫困，或可直接造成和特别归咎于这种贫困的各种状况作为剥夺父母对儿童的照料、以替代性照料方式安置儿童或阻止儿童重新融入社会的唯一理由。在这方面，各国应为父母和法定监护人履行其抚养子女的义务提供适当的援助，包括提供社会福利、儿童津贴和其他社会支助服务，不论父母或其子女的移民身份如何。”

③ 参见《残疾人权利公约》第 23 条。

④ 参见儿童权利委员会第 14 号一般性意见：儿童将他或她的最大利益列为一种首要考虑的权利（第 3 条第 1 款），第 63 段。

⑤ 参见欧洲人权法院 RMS 诉西班牙 App no 28775/12（2013 年 9 月 18 日），para 93.

具有合理性、合法性和相称性的理由，须证明所采取的手段是必要的，有着极大的公共利益方面的现实考虑，与追求的目的相符。否则，对儿童与其家庭成员之间的家庭团聚、会面交往、通信和通话联系施加限制将构成任意干涉，并不是民主社会所必需的。

3. 任意阻碍外国儿童入境或任意驱逐外国儿童出境

移民、难民儿童的家庭生活权会与入境国执行移民政策的酌处权力相互影响，儿童利益会与国家作出移民入境、居留或驱逐出境决定时涉及的公共利益相互交织，需要对两者作出衡平。

国家有权根据移民、难民政策依法控制外国人入境、居留和决定驱逐出境。移民、难民政策涉及一个国家的外交、人口、就业等诸多问题，具有高度政治性。各国有权在遵守国际条约义务的前提下，控制外国人进入本国领土及在领土上居住或依法将外国人驱逐出境，国际人权公约也不保证外国国民有权进入或居住在非国籍国。

家庭生活权作为人权，可以构成移民、难民儿童跟随父母等家庭成员入境外国的重要理由，同时构成居留国等非国籍国将移民、难民儿童驱逐出境的主要障碍。“如果公共当局没有建立方便有效的程序保障申请人的家庭生活权，从而使申请人的庇护请求能够在合理时间内得到审查，从而尽可能减少其处境的不稳定性，则违反了第 8 条尊重家庭生活权。”[①] 执行移民政策涉及的社会公共利益并不必然高于儿童利益，儿童生存是压倒一切的首要衡量要素，国家维护公共利益不得造成儿童重大身心错乱，损害儿童最大利益。国家执行移民政策禁止儿童入境或驱逐儿童必须有证据足以证明行为具有合理性、相称性。一旦“将一名家庭成员从缔约国境内驱逐出境，或以其他方式拒绝一名家庭成员入境或逗留，从而造成家庭分离，可能构成任意或非法干

---

① European Court of Human Rights, *Guide on Article 8 of the European Convention on Human Rights: Right to Respect for Private and Family Life*, Home and Correspondence, https://www.echr.coe.int/Documents/Guide Art8ENG.pdf, 2020.10.3, visited.

涉家庭生活”[①]。“必须有非常重要的理由证明驱逐是正当的，才能成为驱逐在东道国度过童年和青年全部或大部分时间的合法定居移民的正当理由。”[②]儿童权利委员会强调，儿童的难民身份构成将儿童遣返回原籍国以及在原籍国实现儿童家庭团聚的法律障碍，因为，儿童生存是第一位的衡量要素，是享受其他权利的先决条件。[③]“尊重家庭团聚权不仅要求各国不采取导致家庭分离的行动，而且要求他们采取措施维持家庭的团聚，并使已经分居的家庭成员团聚。拒绝允许家庭团聚可被视为干涉家庭生活或家庭团聚的权利，特别是在家庭没有现实可能在其他地方享有这种权利的情况下。同样，驱逐可能构成对家庭团聚权的干涉，除非根据国际标准证明其合理性。”[④]

---

① 保护所有移徙工人及其家庭成员权利委员会和儿童权利委员会《关于原籍国、过境国、目的地国和返回国在具国际移民背景儿童的人权方面的国家义务的保护所有移民工人及其家庭成员权利委员会第 4 号和儿童权利委员会第 23 号联合一般性意见（2017 年）》第 28 段，人权事务委员会第 2009/2010 号来文，Ilyasov 诉哈萨克斯坦案，2014 年 7 月 23 日通过的意见；第 2243/2013 号来文，Husseini 诉丹麦案，2014 年 10 月 24 日通过的意见；第 1875/2009 号来文，M. C. G. 诉澳大利亚案，2015 年 3 月 26 日通过的意见；第 1937/2010 号来文，Leghaei 等人诉澳大利亚案，2015 年 3 月 26 日通过的意见；第 2081/2011 号来文，D. T. 诉加拿大案，2006 年 7 月 15 日通过的意见。

② European Court of Human Rights, *Guide on Article 8 of the European Convention on Human Rights: Right to Respect for Private and Family Life*, Home and Correspondence, https://www.echr.coe.int/Documents/Guide Art8ENG.pdf, 2020. 10. 3, visited.

③ 参见儿童权利委员会第 6 号一般性意见：远离原籍国无人陪伴和无父母陪伴的儿童待遇，第七部分“家庭团聚、遣返和其他长期解决办法”，第 82 段：“当这种遣返存在着‘一定风险’，会导致儿童的基本人权遭受侵犯时，在原籍国的家庭团聚不符合儿童的最大利益，因此不应作出这种安排。授予难民身份或主管当局就适用不驱回义务（包括《禁止酷刑和其他残忍、不人道或有辱人格的待遇或处罚公约》第 3 条以及《公民权利和政治权利国际公约》第 6 条和第 7 条所承担的义务）作出的决定已对这种风险作出了明确无疑的确认。因此，授予难民身份构成遣返原籍国以及不言而喻在原籍国实现家庭团聚的具有法律约束力的障碍。若原籍国存在的风险不大，但若仍然令人担心儿童会受到普遍暴力不可避免的影响，就应充分重视这类风险，并且与其他权利方面的考虑因素，包括继续与亲人分离的后果一道加以权衡考虑。在此情况下，必须考虑的是儿童的生存具有压倒一切的重要意义，也是享受任何其他权利的先决条件。”

④ Frances Nicholson, *The Right to Family Life and Family Unity of Refugees and Others in Need of International Protection and the Family Definition Applied*, Legal and Protection Policy Research Series 35 (2018).

第四节 儿童家庭生活权保障的国家保护义务

对于有效保障儿童家庭生活权，国家不应止步于履行消极的尊重义务，国家应在儿童家庭生活权遭受父母或其他家庭成员等私主体侵犯时，适足履行积极保护义务。“在《欧洲人权公约》第 8 条的框架下，国家负有确保尊重私人生活的目的得以实现的积极义务。”① “尊重”私人和家庭生活、住宅和通信的权利要求加强该条款下的积极义务，要求会员国采取积极行动，而不是简单地避免干预受保护的权利。②

一、国家应“适足”履行保护义务

国家有义务采取适当措施保护儿童家庭生活权免于遭受私人侵犯。③ 儿童家庭生活权遭受私主体侵犯的，国家应善尽积极保护义务，扮演儿童家庭生活权公断人、保护者、支持者、赋能者的角色，防止及终止私主体对儿童家庭生活权侵害的发生，对受害人进行有效补救。④ “在私法中，国家其实还是出现的，但它之出现只是作为它的一个国民和另一个国民之间所存在的权利和义务的公断人。在公法中，国家就不仅是公断人。”⑤

---

① Von Hannover *v.* Germany, Application No. 59320/00 (European Court ofHuman Rights, Jue. 24, 2004), para 43.

② See Shazia Choudhry & Jonathan Herring, *European Human Rights and Family Law*, Hart Publishing (2010).

③ 参见王锴：《论宪法上的一般人格权及其对民法的影响》，载《中国法学》2017 年第 3 期。

④ See L. Yu. Fomina, *Protection of the Right to Respect for Private and Family Life in European Court of Human Rights*, Special Issue 3, Part B. European Research Studies 19 (2016).

⑤ ［奥］凯尔森：《法与国家的一般理论》，沈宗灵译，中国大百科全书出版社 1996 年版，第 227 页。

（一）国家应履行保护义务

国家应否承担对隐私权包括家庭生活权的保护义务？保护权利免受私主体侵犯？相关公约起草时不无争议。有的国家主张国家对家庭生活仅承担消极义务，仅限于保护个人免受国家干预，不及于免受私人侵犯。国家没有一般性的义务保护作为私法制度的家庭。“有若干国家（特别是美国、英国和澳大利亚）在人权委员会采取的立场是，隐私权仅保护个人免受国家机构的干预，因为否则就必须改变私法制度。”[①] 然而，这种观点未能在人权事务委员会占主导地位，《公民权利和政治权利国际公约》第 17 条等“隐私权条款”的规定突破了这一限制。与生命权一样，隐私权法律保护不仅要求在私法领域采取相关措施，而且还要求在刑法中规定最低限度的禁止性规范。诺瓦克先生在《〈公民权利和政治权利国际公约〉评注》中一再阐明第 17 条第 2 款[②]蕴含国家保护免受私人侵犯的义务：“‘受到法律保护的权利’这一表述强调了缔约国采取积极措施以保护人权不受私人干预的特殊要求。”[③] 特别是对于处于易受攻击地位的人，如儿童、老人、残疾人、同性恋者和变性者，就产生了以积极行动的方式实现隐私权和保护其免受私主体的干预的特殊义务。

考察相关国际人权文书，《公民权利和政治权利国际公约》的“总括条款”[④] 以及《儿童权利公约》等公约的“隐私权条款”均明确了国家保护义务。其一，关于国家义务的“总括条款”蕴含了国家保护义务。人权事务委员会第 31 号一般性意见指出：“只有在缔约国保护个人，而且既防止国家工作人员侵犯《公约》的权利，又防止私人或者实体采取行动妨碍享受根据

---

① ［奥］曼弗雷德·诺瓦克：《〈公民权利和政治权利国际公约〉评注》（修订第 2 版），孙世彦、毕小青译，生活·读书·新知三联书店 2008 年版，第 397 – 398 页。

② 《公民权利和政治权利国际公约》第 17 条第 2 款规定：“人人有权享受法律保护，以免受这种干涉或攻击。”

③ ［奥］曼弗雷德·诺瓦克：《〈公民权利和政治权利国际公约〉评注》（修订第 2 版），孙世彦、毕小青译，生活·读书·新知三联书店 2008 年版，第 41 页。

④ 参见［奥］曼弗雷德·诺瓦克：《〈公民权利和政治权利国际公约〉评注》（修订第 2 版），孙世彦、毕小青译，生活·读书·新知三联书店 2008 年版，第 3 页。

《公约》应在私人或者实体之间实现的权利的情况下，缔约国才能充分履行有关确保《公约》权利的主动性义务。"[①] 其二，《公民权利和政治权利国际公约》《儿童权利公约》等公约的"隐私权条款"直接肯定了国家保护义务。《公民权利和政治权利国际公约》"第 17 条保障个人受法律保护以免受私主体的干预的明确权利"。[②]

（二）国家履行保护义务应"适足"

国家有效履行保护儿童家庭生活权的义务，以"适足"为宗旨。所谓"适足"，是指采取的保护措施妥适而有效。

一方面，"适足"意味着不可以"不足"，即"不足禁止"。国家履行儿童家庭生活权保护义务，应合乎最低限度的要求，为受害儿童提供的救助与保护不得低于最低限度的必要标准，对行为人采取的惩戒措施也不得过轻。如果应该积极"作为"而选择"不作为"，当构成"不足"。

另一方面，"适足"还意味着不可以"过度"。国家为保护儿童家庭生活权利，对侵害儿童家庭生活权的加害人所采取的干预措施不得过当。

评断国家履行保护义务是否构成"不足"或"过度"，应考量是否有法律依据，保护措施是否符合儿童最大利益之目的，且是否遵循了比例原则，采取了相称的手段。[③]

二、国家保护义务的规范内容

国家保护义务旨在保护儿童家庭生活权免受私主体侵害，其成立以个案中存在私主体侵害行为或因权利冲突等导致儿童家庭生活权无法实现为前提。

---

① 人权事务委员会第 31 号一般性意见：《公约》缔约国的一般法律义务的性质，第 8 段。

② ［奥］曼弗雷德·诺瓦克：《〈公民权利和政治权利国际公约〉评注》（修订第 2 版），孙世彦、毕小青译，生活·读书·新知三联书店 2008 年版，第 397 页。

③ 参见王进文：《基本权国家保护义务的疏释与展开——理论溯源、规范实践与本土化建构》，载《中国法律评论》2019 年第 4 期。

"保护义务的产生需要具备基本权冲突和私人过度侵害的要件",[①] 只有出现私主体对儿童家庭生活权的侵害，国家作为保护者才可施加保护措施，确保儿童家庭生活安宁。

国家履行对儿童家庭生活权的保护义务，但并非任意采取履行保护义务之方式，而是受制于国家机关的自身权限。且无论手段如何，其核心内容无外乎防止儿童法益遭受私人侵害，以及私人侵害行为发生后及时有效终止侵害，即防止侵害、终止侵害行为并为受害人提供有效补救的义务。易言之，国家保护义务的内容以"事前预防"和"事后补救"为主轴。事先预防旨在预防侵害行为发生，主要取决于立法者的预先决断，立法者对此拥有先天话语权，拥有广泛评断与形塑余地。易言之，立法者负有预先采取积极有效保护措施的职责，使预防侵害"有法可依"。事后补救旨在事后采取及时有效补救措施，主要委诸执法者、司法者，将既有的相关法律规范转换为实践中具体行政行为、司法行为，由执法者、司法者理解与适用立法者制定的法律规范。其中，司法者主要负责对侵害儿童家庭生活权的个案进行事后审查，负责"末端管控"。[②]

上述国家保护义务的规范内容不仅见于前文论及的相关国际人权公约，亦为人权事务委员会审议个人来文的大量判例所印证，诸多判例均阐明缔约国应履行保护义务，而其核心意旨均无一例外地落足于"事先预防"与"事后补救"之义务内容，甚或条约机构对不同判例的个人来文决定的表述及主旨都惊人的一致，均集中于"缔约国有义务提供有效补救""缔约国有义务采

---

① 王进文：《基本权国家保护义务的疏释与展开——理论溯源、规范实践与本土化建构》，载《中国法律评论》2019年第4期。

② 参见王进文：《基本权国家保护义务的疏释与展开——理论溯源、规范实践与本土化建构》，载《中国法律评论》2019年第4期。

取措施确保不再发生”两方面主旨。[①]

（一）国家作为保护者：事先预防侵害发生

国家履行对儿童家庭生活权保护义务的主要职责之一是，作为所有公民包括儿童的保护者采取措施预防私人侵害儿童家庭生活权。缔约国“除了为受害者提供补救以外，还必须采取措施以避免这种侵权行为再次发生。采取这种措施可能需要对缔约国的法律或者惯例进行修订”[②]。“尊重私人和家庭生活权产生国家的‘积极义务’，国家应采取立法措施阻止对该权利的任何损害。”[③]

《儿童权利公约》专门规定了防止侵害儿童权利的专门性预防措施，其第19条规定，缔约国应采取立法、行政等任何适当预防措施，保护儿童不受任何家庭监护人或国家监护人的任何形式的身心摧残或剥削。各国必须保护儿童免遭家长的暴力或虐待，通过禁止歧视儿童或儿童群体的立法，采取措施，

① 第1996/2010号来文，Ivan Kruk v. 白俄罗斯，人权事务委员会第一一五届会议（2015年10月19日至11月6日）通过的意见第10：“根据《公约》第二条第3款（甲）项之规定，缔约国有义务为提交人提供有效救济。这要求缔约国对《公约》权利遭到侵犯的个人提供充分赔偿。因此，缔约国尤其有义务赔偿提交人发生的一切诉讼费用及其需要支付的罚款现值以及充分的补偿。缔约国还有义务采取措施防止今后发生类似的侵权行为。”第2279/2013号来文，Z v. 澳大利亚，人权事务委员会第一一五届会议通过的意见第9：“根据《公约》第二条第三款（甲）项规定，缔约国有义务为提交人提供有效的救济。这要求缔约国对《公约》权利受到侵犯的个人给予充分赔偿。因此，除其他外，缔约国有义务确保提交人与其儿子之间保持定期联络，并为提交人提供充分的赔偿。缔约国还有义务确保今后不再发生类似的违约情况。”第2234/2013号来文，M. T. v. 乌兹别克斯坦，人权事务委员会根据在第一一届会议上通过的意见第9：“根据《公约》第二条第3款（甲）项，委员会认为，缔约国有义务为提交人提供有效补救，包括对酷刑和虐待指控进行公正、有效和彻底的调查，对责任人启动刑事诉讼，并为提交人提供适当补偿。缔约国还有义务采取措施，防止今后发生类似的违约行为。”第2243/2013号来文，Muneer Ahmed Husseini v. 丹麦，人权事务委员会第一一二届会议通过的意见第11：“根据《公约》第二条第3款（甲）项，缔约国有义务，铭记缔约国依照《公约》规定的义务，为提交人提供有效的补救，包括重审驱逐他并永远禁止其重新返回的决定。缔约国还有义务采取措施，预防将来出现类似的侵权行为。”

② 人权事务委员会第31号一般性意见：《公约》缔约国的一般法律义务的性质，第17段。

③ Vasile Tudor, *Legal Aspects of the Right to Respect Private and Family Life*, 21 Nephron Clinical Practice 2（2015）.

预防和补救有害的传统做法。[①]

有效保护儿童家庭生活权，应防范实施主体的行为偏离立法者意图，为此有必要建立严格的法律实施监测机制。一方面，应将对《儿童权利公约》执行情况的监测纳入各级政府的工作程序，国家人权机构、非政府组织和其他机构也可进行独立监测。[②]“自我监督和评价是政府的一项义务。但是，委员会认为由其他机构，比如，由议会委员会、非政府组织、学术机构、职业协会、青年团体和独立的人权机构对执行工作进展情况实施独立监测，也同样极其重要。”[③] 另一方面，可设立监督机构或设置专门监督人员，对父母等监护人履行监护义务的情况、对照料儿童的孤儿院或替代照料机构等履行监护职责的情况、对监护人探视实施情况进行有效监管和监督，以保护儿童不被疏忽照料乃至虐待，确保儿童与分离的父母建立有效联系。“设立一个主管监督机构，如儿童监察员、专员或检察员，监督在依照《儿童权利公约》第3条所载义务为儿童提供照料、保护或治疗方面各项细则和条例的执行情况。应授权该监督机构不受阻碍地进入住宅设施（包括触犯法律的儿童的住宅设施），直接听取儿童的意见和关切，以及监督儿童意见在何种程度上得以表达并得到该机构适当的看待。”[④] 参与照料儿童的私营机构（如孤儿院或替代照料机构）必须受到有效监管和监督，以确保不虐待或剥削儿童以及尊重儿童权利。

（二）国家作为公断者和保护者：事后有效补救

国家对儿童家庭生活权的保护义务还体现在：作为私人侵害行为的公断人对侵害儿童家庭生活权的行为人施加惩戒矫治措施，作为儿童的保护人对

---

① 参见［澳］本·索尔等：《〈经济社会文化权利国际公约〉评注、案例与资料》（下册），孙世彦译，法律出版社2019年版，第733页。

② 参见儿童权利委员会第5号一般性意见：执行《儿童权利公约》的一般措施（第4条、第42条和第44条第6款），第27段。

③ 儿童权利委员会第5号一般性意见：执行《儿童权利公约》的一般措施（第4条、第42条和第44条第6款），第46段。

④ 儿童权利委员会第12号一般性意见：儿童表达意见的权利，第97段。

已遭受第三人侵害的儿童提供有效补救。须在权利被侵害时有救济之策，惩戒违法，救济受害人。从法的价值角度观之，法律设置救济措施旨在使受害人重新处于如同侵害没有发生的状态，实现矫正正义。

人权事务委员会在《公民权利和政治权利国际公约》第31号一般性意见中特别指明保证遭受侵害的个人得到有效补救："缔约国必须保证个人还能得到有效的补救以维护这些权利。应该考虑到某些类别的人们（特别包括儿童）的特殊脆弱性，从而适当修正这些补救措施。"① 从儿童权利保护的视角观之，未成年人的特殊性更仰赖国家采取积极有效的保护性救济措施。

1. 国家作为公断者有效惩戒矫治行为人

违法行为人应承担不利后果，受到惩戒，并得到矫治回归社会。联合国人权事务高级专员办事处在其《数字时代的隐私权》报告的第40段、第41段特别阐明了"有效补救措施"的特征，这些特征在一定程度上也是对侵害儿童家庭生活权的行为人进行惩戒的关键内容。

其一，应设立行政机制，对侵权行为进行快速、彻底和公正的调查。行政机关履行通过独立机构迅速、彻底和有效地调查侵权指控的一般义务，调查对侵权行为的指控，国家人权机构可履行此项义务。如果不对侵权指控进行独立、公正的调查，则可能引起公众对国际人权公约和国内立法的再次违反。② 行政机关开展调查可接触一切有关信息；拥有调查所必要资源和专门知识；有权下达有约束力的命令。其二，制止正在进行的侵权行为。③ 有效补救须建立机制，确保能够及时制止正在进行的侵权行为，④ 避免危害后果发生。

---

① 人权事务委员会第31号一般性意见：《公约》缔约国的一般法律义务的性质，第15段。

② 参见人权事务委员会第31号一般性意见：《公约》缔约国的一般法律义务的性质，第15段："第二条第3款规定，除了有效保障《公约》的权利之外，缔约国必须保证个人还能得到有效的补救以维护这些权利……特别要求设立行政机制，以便履行有关通过独立和公正的机构迅速、彻底和有效地调查关于侵犯权利指控的一般性义务。具有适当授权的国家人权机构可为达到这项目的作出贡献。如果缔约国不对侵犯权利行为的指控进行调查，可能会引起对于《公约》的再次违反。制止目前还在进行的侵权行为是有效补救权利的关键内容。"

③ 参见联合国人权事务高级专员办事处的报告《数字时代的隐私权》第39段。

④ 例如，见欧洲人权法院，Segersted – Wiber及其他人诉瑞典，第62332/00号申诉，2006年6月6日。另见CCPR/C/21/Rev. 1/Add. 13，第15 – 17段。

其三，建立司法机制处理对侵权行为的指控，公正处理侵害儿童家庭生活权的案件。当侵犯人权行为升级至严重侵犯程度时，非司法补救将不再适当，因为需要提出刑事起诉。[①] 其四，追究行为人法律责任，侵害儿童家庭生活权的违法行为应被依法追究法律责任。

2. 国家作为保护者适足救济受害儿童

《公民权利和政治权利国际公约》第2条第3款等规定，缔约国加入《公民权利和政治权利国际公约》即承认人权事务委员会有权监督缔约国履行公约义务，有权确定是否存在违反公约义务的情况；意味着承诺确保领土范围内的所有人享有公约承认的权利；也意味着如果违约，缔约国有义务给予受害人有效且可强制执行的恰当补救，包括适足补偿。

（1）补偿。根据系列国际人权文书，缔约国应向公约框架下权利遭到侵犯者作出补偿。儿童权利委员会第5号一般性意见第24段指出："如果法院认定权利受到侵犯，就应当给予适当补偿，包括赔偿，以及必要时按照第39条规定，采取适当措施，以促进儿童身心康复、复原和重返社会。"人权事务委员会第31号一般性意见第16段申明缔约国应向受害人作出赔偿。否则，所谓有效补救就形同虚设。除了赔偿，可酌情采取复原、康复、公开道歉、不再重犯的保障措施、将侵犯人权者绳之以法、修订有关法律等。[②]

（2）特别救济措施。首先，对父母一方诱拐子女的案件，应最大限度地将子女交给与其本来居住在一起的父亲或母亲，保护儿童交往的权利。"孩子与父母住在一起，但一方在未获得国家在另一方同意后才能赋予的对孩子的探视权的前提下非法诱拐孩子。在这种情况下缔约国可能存在一定程度上的积极保护义务，即采取一切适当措施将孩子交给与其本来居住在一起的父亲或母亲。"[③] "在保护家庭的框架内，国家有特殊的义务促进子女在离婚后或

① 《严重违反国际人权法和严重违反国际人道主义法行为受害人获得补救和赔偿的权利基本原则和导则》（联合国大会第60/147号决议，附件）。

② 参见人权事务委员会第31号一般性意见：《公约》缔约国的一般法律义务的性质，第16段。

③ 陆海娜、［奥］伊丽莎白·史泰纳主编：《欧洲人权法院经典判例节选与分析——家庭与隐私权》（第2卷），知识产权出版社2016年版，第9页。

是家庭解体后和两位家长之间交流沟通的权利。”[①] 在探视权纠纷中，法院的任务是审查国内民政部门是否采取一切必要措施，以便利保障探视权实现。[②] 其次，对父母怠于履行监护职责或滥用监护权的受害儿童，国家应为儿童提供支助，使儿童在家庭外获得支持并得到不间断的监护。针对监护人侵害儿童权益情节较严重的，可暂时将监护人与儿童隔离，为儿童提供紧急安置和其他必要安置。应引入各种机制，以确保接受所有替代照料的儿童，包括在各种机构中的儿童，能够就他们的安置、寄养家庭照料的规定以及日常生活等事项表达意见，并得到应有的重视。最后，鉴于脱离家庭生活环境无人陪伴的儿童不仅与父母等家人分离，而且家庭生活权无保障，甚至生命安全都难以保障，《儿童权利公约》及儿童权利委员会第6号一般性意见等对此专门要求提供特别保护。《儿童权利公约》第20条规定脱离家庭环境的儿童有权得到国家特别保护和协助。儿童权利委员会第6号一般性意见第七部分专门提出旨在保护这类儿童的“家庭团聚、遣返和其他长期解决办法”：“处理无人陪伴或无父母陪伴儿童的命运问题，最终目标是找出一个长期的解决办法，满足所有的保护需要，遵从儿童自己的意见以及尽可能解决儿童无人陪伴或与父母失散的问题。”[③] 方案的具体步骤如下：[④] 第一，家庭团聚。应不遗余力地促使无人陪伴的儿童实现家庭团聚。儿童的难民身份构成遣返回原籍国实现家庭团聚的法律约束力之障碍。儿童生存有着压倒性的重要意义，是享受其他权利的重要先决条件。第二，遣返原籍国。原则上，只有遣返原籍国符合儿童最大利益时才考虑遣返安排。当儿童面临安全、经济等问题时，应当酌情由社会组织调查这些状况，考虑是否已为儿童作出照料、安排等。如一名儿童构成对国家安全或对社会治安的严重威胁时就可能作出这种安排。

---

① ［奥］曼弗雷德·诺瓦克：《〈公民权利和政治权利国际公约〉评注》（修订第2版），孙世彦、毕小青译，生活·读书·新知三联书店2008年版，第398页。

② See K. B. and others *v.* Croatia, No. 36216/13, 14 March 2017, para 142.

③ 儿童权利委员会第6号一般性意见：远离原籍国无人陪伴和无父母陪伴的儿童待遇，第七部分“家庭团聚、遣返和其他长期解决办法”，第79段。

④ 参见儿童权利委员会第6号一般性意见：远离原籍国无人陪伴和无父母陪伴的儿童待遇，第七部分“家庭团聚、遣返和其他长期解决办法”，第80－92段。

无关权利方面的理由，如一般移民管制的理由不能作为压倒最大利益的考虑。一旦遣返原籍国，原籍国应依据《儿童权利公约》第10条第2款的规定“尊重儿童及其父母离开，包括其本国在内的，任何国家和进入其本国的权利”。第三，融入当地社会。因法律或其他客观原因不能返回原籍国，融入当地社会应成为首要选择，但须以获得居留身份等方面的法律地位保障为基础，并同等享有该国儿童所享有的各项公约权利。东道国应当为此作出特别努力，采取语言训练等特别措施，帮助儿童尽快摆脱困境。一旦确定无人陪伴的儿童将留在社区时，应对儿童情况进行评估，与儿童及其监护人进行协商，以确定在当地符合儿童最大利益的长期安排，并采取其他必要措施使儿童尽快融入社区。只有在不得已的情况下才作出专门矫治教育的安排。第四，跨国收养。当家庭团聚和寻亲的所有努力付之失败，或者儿童的父母明确同意收养，且收养符合《儿童权利公约》第21条、《关于在跨国收养方面保护儿童和进行合作的海牙公约》等所有相关国际文书规定的各项条件，符合儿童最大利益的，方可考虑无人陪伴儿童的收养问题。不得于紧急情况下匆忙将无人陪伴的儿童送养，需要征得本人同意的，必须征求儿童意见，必须是自由而非以金钱或其他补偿作为诱惑取得同意。收养时，应优先考虑亲属收养，如果做不到，应优先考虑儿童所在社区或文化背景相同的家庭收养。第五，在第三国定居。对无法返回原籍国且在东道国无法找到长期解决办法的无人陪伴儿童，可根据儿童最大利益安排其在第三国定居。

3. 国家作为支持者适足支助监护人

国家应通过社会福利机构帮助有困难的家庭，指导、支持、帮助儿童监护人依法履行抚养教育未成年子女的义务。

其一，国家作为赋能者提供指导、支助。在国家诉诸亲子分离前，根据《儿童权利公约》第18条等国际人权文书之意旨，社会福利机构应视监护人的具体情况和需求，采取相应的指导、支持、帮助等措施适当协助其履行监护职责，提升监护能力。针对监护人“失能”，监护能力不足的，如患严重疾病、陷入经济困境，国家应采取指导、协助等支持性监护措施，为监护人赋能，补足监护人的能力。具体可以提供相应的生活、医疗及其他必要的支持，患严重身心疾病的，提供心理辅导、家庭治疗等医疗援助等；陷入经济困境的，提供相应的生活扶助、经济帮助等必要协助支持。[①]《儿童权利公约》第19条、《儿童权利宣言》原则六等强调，国家有责任为难以维生和无家可归的儿童以及负责照管儿童的人提供特殊协助，采取国家支付等支助措施使困境儿童得以维生。[②] 监护人缺位的，国家应采取替代性监护措施，及时填补监护人的空缺，寻求妥当替代监护措施，包括《残疾人权利公约》第23条第5款和《非洲人权和民族权宪章》第25条第2款所涉及的替代照料措施："缔约国应当在近亲属不能照顾残疾儿童的情况下，尽一切努力在大家庭范围内提供替代性照顾，并在无法提供这种照顾时，在社区内提供家庭式照顾。""应确保无父母或者被临时或永久剥夺家庭环境或者出于其最大利益无法在此环境中长大或留在此环境中的儿童，应该得到替代的家庭照料，其中除其他外，可以包括寄养安置或安置在适当的照料儿童的机构。"

其二，国家作为协调者提供积极协调。在监护权、交往权纠纷中，社会福利机构应扮演积极协调者的角色，优先考虑儿童最大利益协调利益冲突，并采取一切必要帮助措施，确保儿童与监护人得以有效联系和有效接触。父母一方诱拐儿童的，有的国家采取了相应的措施，如德国建立交往保佐制度。"交往保佐包括进行交往而请求交出子女的权力以及就交往的持续时间确定其居所的权利。该项命令必须设定期限。"[③] "法院可以指定第三人在一定期间内为保佐人，该保佐人的任务是要求和子女共同生活的父母一方交出子女，以实现子女和另一方父母的交往，并且决定交往的停留期限。在此范围内，父母的照顾权受到限制，保佐人成为子女的法定代理人（第1630条第1款）。对于当事人特别是子女本人来说，设立交往保佐是为实现交往权的无奈之举，往往在心理上造成沉重负担。故而，只有在当事人持续、反复地违反第1684条第2款规定的最佳利益保留义务时，才能设立交往保佐。"[④] "法院尤其可以

---

① See K. B. and others *v.* Croatia, No. 36216/13, 14 March 2017, para 169.

② 参见《儿童权利公约》第19条。

③ 《德国民法典》，陈卫佐译注，法律出版社2015年版，第514页。

④ ［德］迪特尔·施瓦布：《德国家庭法》，王葆莳译，法律出版社2010年版，第388页。

命令：尽在乐意协助的第三人在场时使得交往。第三人也可以是青少年辅助机构或社团；该机构或社团分别确定由哪一个人员执行任务。”①

第五节　儿童家庭生活权保障的国家实现义务

儿童家庭生活权蕴含着丰富内容，国家保障其有效实现，不仅应履行消极意义上的尊重义务、积极保护儿童免受私主体侵害的保护义务，还应发挥更为积极的作用，承担更为综合、更为全面的实现义务，最大限度地积极采取一切适当措施，为儿童家庭生活权实现创造条件。

一、国家应积极履行实现义务

实现义务是国家最大限度地采取立法、行政、司法等各种积极措施保证儿童家庭生活权实现的义务。该义务旨在从制度配套、组织设置、程序安排等方面创造儿童家庭生活权实现的条件。“自工业革命及其造成的社会动荡以来，现代国家不得不承担起一切新的任务，特别是……创造使家庭充分发挥作用所必须的生活条件。”②

考察相关国际人权文书，“人权两公约”以及《儿童权利公约》等公约均明确了对儿童家庭生活权的国家实现义务，经济、社会、文化权利委员会等部分条约机构则通过一般性意见就国家对家庭生活权的实现义务加以申明。

首先，《公民权利和政治权利国际公约》第 2 条“总括条款”规定了国家对所有公约框架下的权利包括家庭生活权承担实现义务。“缔约国必须采取立法、司法、行政、教育以及其他方面的适当措施，以履行其法律义务。”③ 该公约“第 2 条第 1 款的措辞表明，它适用于《公约》框架下的所有权利。重

---

① 《德国民法典》，陈卫佐译注，法律出版社 2015 年版，第 514 页。

② European Committee of Social Rights（ECSR），*Statement of Interpretation on Article* 16 *of the European Social Charter*（31 may 1969）. 转引自［澳］本·索尔等：《〈经济社会文化权利国际公约〉评注、案例与资料》（下册），孙世彦译，法律出版社 2019 年版，第 623 页。

③ 人权事务委员会第 31 号一般性意见：《公约》缔约国的一般法律义务的性质，第 7 段。

要的是，该条要求缔约国制定法律以实现《公约》第2条第2款所规定的义务，根据第2条第3款提供有效的补救，并且建立相关的法律制度以及其他立法、行政、政治或司法措施，通过程序保障从制度上保障某些权利”[①]。“和确保权利的所有积极义务一样，立法机关被赋予了相对广泛的自由裁量权。提供相应的司法、行政或其他措施的更为广泛深远的义务可以从第2条第1款和第2款推导出来。”[②]

其次，《儿童权利公约》的“隐私权条款”“人权两公约”的“家庭条款”进一步从不同角度规定了国家对家庭生活承担的实现义务。“各国有义务为儿童提供法律保护，使《儿童权利公约》第16条规定的权利不受任何干涉或侵犯，这表明各国有积极义务在其现有的资源范围内采取一切适当措施，确保儿童享有第16条的权利。虽然各国在为此目标采取的措施上享有一定程度的酌处权，但它们仍须遵循最重要的警示，即这些措施必须有效且符合《公约》的其他规定。”[③] 根据“人权两公约”的“家庭条款”，国家的义务同时蕴含着消极义务和采取积极措施的积极义务，积极措施指“财政援助、保护母亲、税收优惠、成家救助等措施”。[④] “实现的义务包括提供、促进或推动《经济、社会及文化权利国际公约》第10条所规定权利的义务，这意味着缔约国应采取适当的立法、行政、预算、司法和其他措施，以确保这些权利的充分实现。”[⑤]

最后，部分条约机构通过一般性意见申明了国家对家庭生活权的实现义务。经济、社会、文化权利委员会在关于“残疾人”的第5号一般性意见中

① ［奥］曼弗雷德·诺瓦克：《〈公民权利和政治权利国际公约〉评注》（修订第2版），孙世彦、毕小青译，生活·读书·新知三联书店2008年版，第41页。

② ［奥］曼弗雷德·诺瓦克：《〈公民权利和政治权利国际公约〉评注》（修订第2版），孙世彦、毕小青译，生活·读书·新知三联书店2008年版，第397－398页。

③ John Tobin, *The UN Convention on the Rights of the Child: A Commentary*, Oxford University Press, 2019, p. 555.

④ 参见［澳］本·索尔等：《〈经济社会文化权利国际公约〉评注、案例与资料》（下册），孙世彦译，法律出版社2019年版，第624页。

⑤ ［澳］本·索尔等：《〈经济社会文化权利国际公约〉评注、案例与资料》（下册），孙世彦译，法律出版社2019年版，第733页。

指出，第10条意味着，应尽一切努力帮助残疾人与其家庭生活在一起，残疾人也有权结婚拥有家庭。[①] 儿童权利委员会第6号一般性意见明确了缔约国保护儿童的全面性、综合性义务："根据《公约》就无人陪伴和无父母陪伴儿童所承担的义务适用于政府所有部门（行政、立法和司法）。这些义务包括制定国家立法，行政结构，以及必要的研究、信息、数据编纂和全面的培训活动，为这类措施给予支持。这类法律义务既是消极的也是积极的，要求缔约国不仅不得采取侵犯这类儿童权利的措施，同时还必须采取措施使儿童无歧视地享有这些权利。这些责任不仅局限于向已经无人陪伴或无父母陪伴的儿童提供保护和援助，同时也包括预防这种失散分离的措施。"[②] 儿童权利委员会第5号一般性意见第10段指出："通过以下手段促进所有儿童充分享有《儿童权利公约》载列的所有权利，这些手段可以是立法、建立政府一级和独立的协调和监测机构、综合性资料收集、提高认识和开展培训，并制定和实施适当的政策、服务和方案。"[③]

上述诸多国际人权文书不仅肯认了儿童家庭生活权的国家实现义务，同时表明其工作内容甚为宽泛，包括立法、执法、司法、教育方面的制度性保障、组织保障、程序保障等措施，具体包括立法行动、设立专门机构、特殊司法程序、专门资源和经费、专业研究培训等诸多措施。

二、国家实现义务的规范内容

（一）制度性保障

1. 制定反映公约原则与标准的立法

保障儿童家庭生活权，立法不可或缺。权利应当法律化，如果权利不能变成法律符码，不仅会在认知上出现高度不确定性，也会在行动上苍白无力。

---

① 参见经济、社会、文化权利委员会第5号一般性意见：残疾人，第30段。

② 儿童权利委员会第6号一般性意见：远离原籍国无人陪伴和无父母陪伴的儿童待遇，第13段。

③ 儿童权利委员会第5号一般性意见：执行《儿童权利公约》的一般措施（第4条、第42条和第44条第6款），第10段。

只有法律化、规范化的权利，才是真实的、可操作的权利。[①] 各缔约国应采取一切手段在国内法秩序中承认国际规则，落实儿童家庭生活权。“须铭记国际人权法的基本要求……必须在国内法秩序中以适当方式承认国际规范，必须向受到伤害的个人或群体提供适当的纠正或补偿，必须建立追究政府责任的适当手段。”[②]

其一，确保公约在缔约国实施。儿童权利委员会要求缔约国采取一切必要措施，确保《儿童权利公约》在国内法律制度中具有法律效力。尤为重要的是，“实行‘自动执行’原则的国家，以及其他声称《公约》‘具有宪法地位’或已将《公约》纳入本国法律的国家，都必须阐明《公约》在该国的适用范围”[③]。实行自动执行原则的国家，意味着可以直接适用《儿童权利公约》规定，可以在法庭上直接援引，并且国内法与之抵触时以《儿童权利公约》为准，国内法与《儿童权利公约》规定保持一致。

其二，缔约国立法应承认和落实公约原则与标准。各缔约国应在国内法秩序中承认和落实国际人权公约确立的原则，一以贯之地反映公约的原则。儿童权利委员会第 5 号一般性意见第 22 段尤其强调，必须确保在国内法中体现《儿童权利公约》确定的一般原则（第 2 条、第 3 条、第 6 条、第 12 条），鼓励缔约国制定儿童权利保护的综合性法规，突出强调《儿童权利公约》载列各项原则。除此之外，所有有关部门法（关于教育、卫生等）也应一致反映《儿童权利公约》所阐述的原则与标准。一些缔约国认为，在国内宪法中写明保证“人人”享有权利足以保障儿童权利。真正检验标准是，儿童权利是否真正得以全面实现，以及是否在法庭上得以直接援引。儿童权利委员会鼓励各国宪法纳入儿童权利条款，反映《儿童权利公约》各项主要原则，实现和突出《儿童权利公约》传递出的要旨，即儿童与成年人同样平等享有人权。但是，宪法纳入此类规定，不代表自动确保实现。为促进实现儿童权利，

① 参见高鸿钧：《走向交往理性的政治哲学和法学理论（上）——哈贝马斯的民主法治思想及对中国的借鉴意义》，载《政法论坛》2008 年第 5 期。

② 经济、社会、文化权利委员会第 9 号一般性意见：《公约》在国内的适用，第 2 段。

③ 儿童权利委员会第 5 号一般性意见：执行《儿童权利公约》的一般措施（第 4 条、第 42 条和第 44 条第 6 款），第 19 段。

还需要采取立法等多种措施。[①]

2. 以公约原则与标准审查立法

为保护儿童家庭生活权等各项权益，儿童权利委员会强调，缔约国有义务全面审查所有相关国内法和政策等，确保《儿童权利公约》得到全面恪守。儿童权利委员会第12号一般性意见强调，儿童发表意见的权利赋予缔约国以审查或修正立法的义务，应引入各种机制为儿童提供机会，帮助儿童获得适当信息、充分支持，必要时获得回馈信息，以及了解申诉、补救或赔偿的程序。[②]

此种审查不仅需要逐条审视分析，还须进行体系性、整体性考虑。毕竟，儿童权利是相互依存、不可分割的整体；审查也不是一次性任务，必须持续不断地长期开展下去；审查不仅应该覆盖拟议的立法，也应该覆盖现行的法律。

（二）组织保障

保障儿童家庭生活权在内的儿童权利，有必要设立独立儿童人权机构，[③]即官方或非官方机构中具有保护儿童人权职能的机构。独立的人权机构是促进和确保执行《儿童权利公约》的重要机制，能有效增进、保护、监督儿童权利的实现，使保护儿童权利“入主流”。[④] 儿童权利委员会第2号、第5号、第9号、第12号等数个一般性意见从不同角度对独立儿童人权机构的设立提出指导性意见。

---

① 参见儿童权利委员会第5号一般性意见：执行《儿童权利公约》的一般措施（第4条、第42条和第44条第6款），第20－22段。

② 参见儿童权利委员会第12号一般性意见：儿童表达意见的权利，第48段。

③ 联合国人权委员会于1992年通过了《关于促进和保护人权的国家机构的地位的原则》（巴黎原则），明确了国家人权机构的组成、权限、职责、业务方法等，成为国家人权机构设立的基础性标准，指导各国设立国家人权机构。1993年通过的《维也纳宣言和行动纲领》进一步呼吁各国重视“国家机构在促进和保护人权方面的重要和建设性作用”，并鼓励“建立和加强人权机构”。联合国大会和人权委员会多次呼吁建立国家人权机构，强调国家人权机构在增进和保护人权，提高公众对这些权利的认识方面可发挥的重要作用。随之，国家人权机构相继在一些国家设立。

④ 参见儿童权利委员会第2号一般性意见：独立的国家人权机构在保护和增进儿童权利的作用，第7段。

1. 儿童人权机构之设立必要

建立独立的儿童人权机构是缔约国加入公约的承诺。儿童权利委员会鼓励各缔约国建立独立的儿童人权机构，以促进和监督缔约国实施公约。

儿童的特殊性使其家庭生活权保护需要依托权威高效的专门儿童人权机构，这一要旨为儿童权利委员会第 2 号一般性意见所特别阐明。虽然儿童与成年人的人权都需要国家人权机构的保护，但儿童尤为需要特别保护，因为儿童尚处在成长期，人权易受侵犯；而大多数儿童还没有投票权，意见很少被考虑，在政府的政治进程中难以发挥有意义的作用；在利用司法制度保护儿童权利或者争取对侵犯儿童权利的行为补救时，[①] 能够诉诸专门人权机构非常必要。对残疾儿童而言，建立协调机制尤为必要：面向残疾儿童的各项服务常由各个政府和非政府机构提供，这些服务往往各自为政，职能重叠，服务提供方面也存在差距。因此，建立一个适当的协调机制十分重要。[②]

为此，儿童权利委员会鼓励缔约国设立专门儿童人权机构，或者在国家人权机构中内设负责儿童权利保护部门或专员。首先，可以设立独立的儿童人权机构，例如“儿童权利部门、儿童事务部长、部际儿童问题委员会、议会委员会、儿童影响分析、儿童问题预算和‘儿童权利状况’报告、非政府组织儿童权利联盟、儿童事务监察员和儿童权利事务专员，等等”[③]。其次，如果资源有限，难以建立独立儿童人权机构，须确保将现有资源最有效地用于增进和保护每个人包括儿童的人权，由此逐渐建立一个基础广泛的国家人权机构，内设一个专门负责儿童权利的职能明确的专员或者具体负责儿童权利的科或司，可能是最佳办法。对于已经建立相关机构的国家，重点旨在审查相关机构的地位及其效力。[④]

---

① 参见儿童权利委员会第 2 号一般性意见：独立的国家人权机构在保护和增进儿童权利的作用，第 5 段。

② 参见儿童权利委员会第 9 号一般性意见：残疾儿童的权利，第 21 段。

③ 儿童权利委员会第 5 号一般性意见：执行《儿童权利公约》的一般措施（第 4 条、第 42 条和第 44 条第 6 款），第 10 段。

④ 参见儿童权利委员会第 2 号一般性意见：独立的国家人权机构在保护和增进儿童权利的作用，第 2 段、第 6 段。

2. 儿童人权机构之基本要素

其一，独立性。儿童人权机构应具有独立性，有独立议程，有必要权力，能独立开展活动。独立儿童人权机构的基本要素是独立，应能独立制定自己议程和确定自己活动，独立监测国家遵守和执行公约的情况。① 应赋予国家人权机构有效执行人权任务的必要权力，包括听取陈述、获得评估授权范围的情况所必要资料和文件的权力、对所有有关公共实体和私人实体开展增进和保护所有儿童权利的活动的权力。②

其二，跨部门性。独立的儿童人权机构应具有跨部门性，应包括公共或私营部门的所有组织。该机构必须得到尽可能高的各级政府的授权和支持，以便全力履行职责，并覆盖所有相关工作。③

其三，协调性。儿童权利委员会审议缔约国报告时一贯强调，几乎所有政府行动都会对儿童生活产生影响，缔约国应加强中央政府各部门、各级政府、政府与民间社会之间的协调。目的在于确保各缔约国尊重《儿童权利公约》载列原则和标准，确保《儿童权利公约》不仅得到对儿童有极大影响的教育、卫生或福利等主要部门的承认，而且得到其他政府部门的承认，推动儿童权利有效落实。许多缔约国已在政府核心部门设立了专门部门，有的设在总统或总理或内阁办公室之下，目的是协调工作和儿童政策。如果赋予某一专门机构以很高权力，可直接向总统、总理或内阁负责，将有助于将儿童问题摆在政府工作的显著位置，协调各级政府尊重和保障儿童权利。该部门可负责制定全面儿童战略并监测战略执行，以及协调《儿童权利公约》报告工作。④

---

① 参见儿童权利委员会第 5 号一般性意见：执行《儿童权利公约》的一般措施（第 4 条、第 42 条和第 44 条第 6 款），第 65 段。

② 参见儿童权利委员会第 2 号一般性意见：独立的国家人权机构在保护和增进儿童权利的作用，第 9 段。

③ 参见儿童权利委员会第 9 号一般性意见：残疾儿童的权利，第 21 段。

④ 参见儿童权利委员会第 5 号一般性意见：执行《儿童权利公约》的一般措施（第 4 条、第 42 条和第 44 条第 6 款），第 37 – 39 段。

3. 儿童人权机构之工作内容

对独立儿童人权机构的工作任务，儿童权利委员会明确要求，应当在增进保护人权方面有尽量广泛的任务范围，开展系列活动，并列明了活动示范性清单，① 其内容包括：（1）在授权范围内，对侵犯儿童权利的申诉等主动进行调查；（2）对涉及儿童权利的问题进行调查；（3）应国家有关部门要求或主动围绕增进保护儿童权利问题拟订并公布意见、建议和报告；（4）审查儿童权利保护的法律和做法是否适当和有效；（5）促进国内立法、规章和做法与《儿童权利公约》等国际人权文书的规定相协调，促进规定的有效执行，包括通过解释和适用《儿童权利公约》向政府机构和私人机构提供咨询；（6）确保国家经济决策者在制定和评估国家经济和发展计划时考虑儿童权利；（7）对政府落实和监督儿童权利保护的情况进行审查并提出报告，争取对统计数字进行适当分类，定期收集资料，以确定须采取的行动；（8）鼓励批准相关国际人权文书；（9）根据所有儿童行动最优先考虑儿童最大利益的《儿童权利公约》第3条，从拟订到执行均全面评估法律和政策对儿童的影响；（10）确保在涉及儿童人权的问题上听取儿童意见；（11）促进有关非政府组织包括儿童自建组织参加拟订相关国内立法和国际文书；（12）增强公众对儿童权利重要性的认识，开展相关教育和研究活动；（13）以适当手段使成年人与儿童能普遍知晓《儿童权利公约》原则和规定，监督国家履行义务；（14）推动将儿童权利纳入学校课程；（15）开展人权教育特别是儿童人权教育；（16）进行法律诉讼，维护儿童权利，向儿童提供法律援助；（17）在提出诉讼前酌情开展调解工作；（18）确保负责照料或保护儿童的机构、服务部门及设施符合规定标准，对为教养或惩罚而拘留儿童的所有场所和照料机构

---

① 参见儿童权利委员会第2号一般性意见：独立的国家人权机构在保护和增进儿童权利的作用，第8段：在增进和保护人权方面应当有尽量广阔的任务范围，包括执行《儿童权利公约》及其任择议定书和其他有关的国际人权文书，从而有效地涵盖所有的儿童人权，特别是他们的公民、政治、经济、社会和文化权利。立法应参照《儿童权利公约》及其任择议定书作出有关具体职能、权力和义务的规定。如果国家人权机构在《儿童权利公约》存在之前就已建立，或未把执行《儿童权利公约》明确纳入其职能范围，则应作出必要的安排，包括颁布或修订立法，以确保这种机构的任务与《儿童权利公约》的原则和规定一致。

进行走访，提出报告和改进建议；（19）向儿童权利委员会提交报告。[①] 国家人权机构有权承办涉及儿童问题的案件，“国家人权机构必须有权审议个人申诉和请愿并进行调查，包括代表儿童或者儿童直接提出的申诉和请愿。为能够有效进行这种调查，它们必须有权迫使证人做证并向他们提问，有权获得有关的书面证据，有权进入拘留地点。它们还有义务争取确保儿童对任何侵犯他们权利的行为获得有效的补救——独立咨询、维护和申诉程序”[②]。国家人权机构有权支持儿童向法院起诉，有权介入法院案件使法院了解所涉人权问题。[③]

（三）程序保障

对于儿童家庭生活权的实现，程序保障同样不可或缺。狭义理解程序保障，即司法程序保障。除了司法程序，其他“行政许可程序、各种听证程序和回避程序等，对于公民基本权利的实现都有着重要的意义”[④]。

1. 儿童权利可诉诸司法审理

权利切实有意义的前提是有补救办法和对违法行为进行惩戒矫治，权利在司法上具有可诉性，违法可被追责，受害人可得到补救。特别是针对儿童身心不成熟性、不具有完全行为能力与责任能力、自我救济、自我保护能力不足等特殊性，儿童权利委员会尤为强调儿童权利诉诸司法审理之必要。儿童权利委员会在第 5 号一般性意见第五部分“权利可否诉诸司法审理问题”中特别阐明此观点，“人权两公约”框架下的权利必须被视为可予审理的权利，国内法须就应享权利作出详尽规定，使违约行为补救得以有效执行。[⑤]

---

① 参见儿童权利委员会第 2 号一般性意见：独立的国家人权机构在保护和增进儿童权利的作用，第 19 段。

② 儿童权利委员会第 2 号一般性意见：独立的国家人权机构在保护和增进儿童权利的作用，第 13 段。

③ 参见儿童权利委员会第 2 号一般性意见：独立的国家人权机构在保护和增进儿童权利的作用，第 14 段。

④ 张翔：《基本权利的双重性质》，载《法学研究》2005 年第 3 期。

⑤ 参见儿童权利委员会第 5 号一般性意见：执行《儿童权利公约》的一般措施（第 4 条、第 42 条和第 44 条第 6 款），第 25 段。

2. 有效且对儿童问题敏感的特别司法程序

基于儿童的特殊性，儿童权利委员会第 5 号一般性意见强调国家应提供有效且对儿童问题敏感的程序。儿童具有特殊性，权利行使具有依赖性，很难自力寻求补救办法保护权利实现，纠正侵权行为。各国须为儿童提供有效的、对儿童问题敏感的程序。

有效而敏感的程序，主要体现在诉讼环节应采取必要的、方便儿童的支持措施乃至独立程序，包括提供方便儿童的信息、咨询等。对儿童辩护的支持，能够确保可适用申诉程序向法院申诉的机会，获得必要法律援助。法院认定儿童权利受到侵犯的，儿童有权获得适当补偿，包括赔偿，以及依据《儿童权利公约》第 39 条获得促进儿童身心康复、复原和重返社会的适当措施。①

儿童作为具有依赖性的未成熟个体，须得到法律代理。首先，法庭等机构在对儿童的最大利益作出正式评判时，当事儿童须得到适当法律代理。“当案情移交给涉及确定儿童最大利益的行政或司法程序时，他或她除了代为发表他或她意见的监护人或代言人之外，尤其应得到一位法律代理。”“只要儿童希望表达他或她意见和通过代理履行表达意见的权利，这些代理即履行了沟通儿童确切意见的义务……当儿童意见与他或她的代理人观点出现冲突时，则必须确立一个程序，必要时可让儿童要求主管机构另设一位儿童的代理方。”②

儿童作为无民事或者限制民事行为能力人，应由法定监护人依法保护人身、财产安全，在诉讼中作为法定代理人维护儿童合法权益。但如果法定监护人本身是侵权行为人，不宜由法定监护人担任法定代理人。为此，不能立足于法定监护人保护儿童，而应由法定监护人之外的力量承担保护义务，一些国家规定了儿童权利的特殊诉权保障制度，由专门机构在儿童处于危险境

① 参见儿童权利委员会第 5 号一般性意见：执行《儿童权利公约》的一般措施（第 4 条、第 42 条和第 44 条第 6 款），第 24 段。

② 儿童权利委员会第 14 号一般性意见：儿童将他或她的最大利益列为一种首要考虑的权利（第 3 条第 1 款），第 90 段、第 96 段。

地时迅速采取行动以保护儿童，包括为儿童的利益向法院提起诉讼。

（四）行政保障

1. 制定儿童人权行动的国家战略

儿童权利委员会建议制定以《儿童权利公约》为基础的统一、全面的国家战略或儿童行动计划。同时，确保该战略权威有效，符合儿童状况，与《儿童权利公约》规定的权利相一致，得到最高一级政府的核可，并纳入国家发展规划及国家预算编制，否则该战略就可能脱离重要决策过程。1993 年世界人权会议通过的《维也纳宣言和行动纲领》呼吁各缔约国将《儿童权利公约》纳入国家人权行动计划。①

关于儿童人权行动国家战略的内容，不应仅罗列良好意图，也不限于对政策和原则的阐述，须阐述实现儿童权利的全国性进程，规定可实现的目标，保证所有儿童享有一切公民权利和政治、经济、社会、文化权利。全面的国家战略通过制订具体的部门性的国家行动计划，如教育和卫生行动计划等加以详细阐述，行动计划应列具体目标、执行措施，以及财政和人力资源配置。缔约国还应为该战略提供充足人力和资金。国家战略草拟出来后，应向政府各部门以及公众和儿童广为传播。还需要对战略进行监测和审查，经常更新数据，并向议会和公众提出定期报告。②

2. 推进儿童影响评估和儿童影响评价

国家的法律和政策必然会对儿童权利产生影响，需要对立法和政策调整进行紧密监测，对《儿童权利公约》执行情况进行严格监测，并应当纳入各级政府的工作程序，国家人权机构、非政府组织和其他机构也可进行独立监测。③ 为确保一切儿童行动均以儿童最大利益为首要考虑，以及确保《儿童权

---

① 参见儿童权利委员会第 5 号一般性意见：执行《儿童权利公约》的一般措施（第 4 条、第 42 条和第 44 条第 6 款），第 28 段、第 31 段、第 34 段。

② 参见儿童权利委员会第 5 号一般性意见：执行《儿童权利公约》的一般措施（第 4 条、第 42 条和第 44 条第 6 款），第 32 段、第 33 段。

③ 参见儿童权利委员会第 5 号一般性意见：执行《儿童权利公约》的一般措施（第 4 条、第 42 条和第 44 条第 6 款），第 27 段。

利公约》的规定在缔约国政府的法律政策制定与实施中受到重视，需要持续进行儿童影响评估，以预测拟议法律、政策或预算拨款对儿童及儿童享有权利的影响；也需要进行儿童影响评价，以评价执行工作的实际影响。这些应成为各级政府的工作，自我监督和评价本就是政府的一项义务。同时，其他机构，如独立人权机构、非政府组织、学术机构、职业协会、青年团体等也可对执行情况进行独立监测。①

3. 确保必要儿童预算

儿童权利的实现有赖国家的财政投入，国家如果不能确定儿童拨款所占比例，也就无法说明是否按照《儿童权利公约》第 4 条“根据其现有资源所允许的最大限度”落实了儿童权利。

儿童权利委员会十分重视在国家预算中对儿童问题所获资源的确认和分析，需要知道各级政府采取哪些步骤确保在作出经济社会规划和决策以及预算决定时是以儿童最大利益为首要考虑，以及确保儿童，尤其是保护处境不利的儿童免受经济政策或财政紧缩的不利影响。②

各国采取的经济保障方式主要包括儿童津贴、儿童补助金等福利，也包括提供食物、基本初级保健或最基本教育等形式。儿童津贴是具有福利性质的一种经济上的援助。儿童补助金具有救助功能，一般发给需救助的贫困家庭，协助经济贫困的父母履行抚养、照料和教育未成年子女的义务。物质保障包括食品、学习用品、衣物等，提供物质保障有助于缓解经济贫穷的儿童摆脱现实困境。

4. 培训专业人员

儿童权利委员会通过第 5 号、第 12 号等一般性意见一再申明缔约国培训从事儿童工作专业人员的义务，只是不同意见所聚焦的培训内容不同而已，“缔约国有义务为所有参与执行进程的人，即政府官员、议员和司法机关成

① 参见儿童权利委员会第 5 号一般性意见：执行《儿童权利公约》的一般措施（第 4 条、第 42 条和第 44 条第 6 款），第 45 – 47 段。

② 参见儿童权利委员会第 5 号一般性意见：执行《儿童权利公约》的一般措施（第 4 条、第 42 条和第 44 条第 6 款），第 51 段。

员，以及为所有从事儿童工作的人提供培训并进行能力建设。这类人中包括小区和宗教领袖、教师、社会工作者和其他专业人员，还有福利机构和拘留所、警察局和武装部队，包括维和部队中的儿童工作者、媒体工作者以及其他许多人"①。为所有从事儿童工作的专业人员，"包括律师、法官、警察、社会工作者、小区工作者、心理学者、照料者、居住和监狱官员、教育系统各级教师、医生、护士和其他保健专业人员、公务员和公职人员、庇护问题官员和传统领袖提供关于《儿童权利公约》第12条及其实际适用的培训"②。

培训的目的是强调儿童同样享有人权，增进对《儿童权利公约》的了解和认识，并鼓励尊重该公约的规定。专业培训课程、行为准则应反映该公约的精神。还应致力于通过中小学校的课程等方式促进儿童对人权的了解。③ 培训应具有系统性和连续性，既要有初次培训，也要有再培训。

培训应支持和鼓励儿童表达意见，通过各种宣传活动，反对妨碍实现儿童发表意见权的消极态度，从而改变普遍习惯观念。并且定期评估培训效果，审查内容不仅是公众对《儿童权利公约》的了解程度，培训对促进儿童享有权利的观念和做法所起到的积极作用。④

小　　结

国家是儿童家庭生活权保障的核心义务主体。国家存在的合法性基础和终极目标都是保障人权包括儿童家庭生活权。儿童家庭生活权实现固然需要多主体协同参与，但义务主体的多元化只是对权利保障体系的补充，不应从

---

① 儿童权利委员会第5号一般性意见：执行《儿童权利公约》的一般措施（第4条、第42条和第44条第6款），第53段。

② 儿童权利委员会第12号一般性意见：儿童表达意见的权利，第49段。

③ 参见儿童权利委员会第5号一般性意见：执行《儿童权利公约》的一般措施（第4条、第42条和第44条第6款），第53段。

④ 参见儿童权利委员会第12号一般性意见：儿童表达意见的权利，第49段。儿童权利委员会第5号一般性意见：执行《儿童权利公约》的一般措施（第4条、第42条和第44条第6款），第55段。

根本上颠覆宪法上“基本权利—国家义务”的对应结构。作为人权的儿童家庭生活权主要拘束的是国家，是对国家行为的限定和约束，其他主体在儿童家庭生活权保障体系中仅是次要的。对儿童家庭生活权保障规范结构的分析，也仍然应该以“儿童家庭生活权—国家义务”为基本框架。

国家履行义务是儿童家庭生活权的基本保障方式，即儿童家庭生活权保障的基本方式在于国家全面履行全方位的综合性保障义务，由各个国家在主权范围内，以批准的国际人权条约和国内法为成文法依据，以促进儿童家庭生活权的充分、有效实现为终极目标，以国家履行尊重、保护和实现义务为基本内容，最大限度地保障儿童家庭生活权的实现。从国际人权公约框架下审视，儿童家庭生活权保障包括国家和国际两个层面的保障。其中，国内层面的国家保障义务是基础、是根本、是核心，是直接保障、基本保障。儿童家庭生活权的实现，根本上是国内事务，依赖主权国家的意愿以及在本国政治、经济、文化基础上所采取的各项行动，国家发挥着自主权和领导权。

保障儿童家庭生活权的国家义务，是全方位的综合性义务。以《公民权利和政治权利国际公约》《儿童权利公约》等国际人权文书为依凭，国家义务主要体现为尊重、保护和实现等不同层次的国家义务。其中，禁止国家任意、非法干涉儿童家庭生活权的尊重义务是核心义务，国家应谨守消极不作为的尊重义务，避免国家公权力在面对儿童家庭私生活时的无穷大。除了尊重义务，儿童家庭生活权的充分有效实现还需要国家保护儿童免受其他私主体的侵害，防止和及时终止侵害发生的保护义务，以及国家最大限度地采取一切立法、行政、司法措施为儿童实现家庭生活权创造条件的实现义务。这些义务作为一个完整的有机体共同构成国家对儿童家庭生活权的保证。一个国家也只有最大限度地采取一切措施，忠实履行所有义务，儿童家庭生活权才能得以充分实现。

第五章　儿童家庭生活权保障中国家义务的条约监督

人权具有普遍性。联合国为了在世界范围内推动人权的普遍实现，建立了条约监督机制，监督各缔约国全面履行条约义务。当今世界，儿童家庭生活的跨国性、流动性特征日益凸显。各国孤立行动殊难实现儿童家庭生活权的有效保障。条约监督机制从外部监督各缔约国有效保障儿童家庭生活权，成为儿童家庭生活权实现的必然选择。

世界上众多拥有不同文化传统的多元民族国家何以建立跨国条约监督机制？儿童家庭生活权相关条约建立了哪些条约机构？其规范内容为何？保障儿童家庭生活权的相关条约监督实践如何展开？形成了哪些评断基准？均有待探究。

第一节　儿童家庭生活权保障的国家义务与条约监督

一、儿童家庭生活权相关条约机构

条约机构也称“条约监督机构”或“人权条约机构”，是借由核心国际人权条约或议定书设立的旨在监督国际人权条约在各缔约国实施的独立专家机构。“是监督核心国际人权条约执行情况的各独立专家委员会”，[①] 即负责“条约监督”的专门机构，故被称作“条约机构”。其产生方式以及法律基础

---

① 联合国人权高级专员办公室官网，https：//www. ohchr. org/CH/HRBodies/Pages/Treaty Bodies. aspx，2020 年 8 月 25 日访问。

均有别于基于《联合国宪章》设立的宪章机构。

目前，基于9项国际人权条约和一项任择议定书设立了10个人权条约机构。在10个人权条约机构中，涉及儿童家庭生活权的《公民权利和政治权利国际公约》《儿童权利公约》《残疾人权利公约》《保护所有移徙工人及其家庭成员权利国际公约》等四项条约均设立了条约机构，分别为人权事务委员会、儿童权利委员会、残疾人权利委员会、保护所有移徙工人及其家庭成员权利委员会等，[①] 均由人权业务水平和能力受认可的独立专家组成，独立专家由各缔约国选拔和提名。上述人权事务委员会等4个条约机构负责监督儿童家庭生活权相关国际人权条约的具体实施。所有缔约国均有义务确保上述四项儿童家庭生活权相关国际人权条约得以有效实施，使缔约国所有儿童享有条约框架下的家庭生活权。

在上述人权事务委员会、儿童权利委员会等4个条约机构中，基于设立人权事务委员会的《公民权利和政治权利国际公约》本身所具有的人权宪章地位，人权事务委员会在审查涉及儿童家庭生活权的缔约国履约报告以及个人来文实践中发挥权威作用。儿童权利委员会作为专门监督缔约国履行保护儿童权利包括儿童家庭生活权的条约机构，对缔约国履约义务以及个人来文的监督作用同样不可或缺。相较而言，残疾人权利委员会审议的个人来文中，涉及儿童家庭生活权的相关判例极少。至于保护所有移徙工人及其家庭成员权利委员会，其审议个人来文的判例并未收入联合国人权高级专员办公室网站的判例数据库中。是故，下文主要围绕人权事务委员会和儿童权利委员会的条约监督机制展开讨论。

（一）监督《公民权利和政治权利国际公约》实施的人权事务委员会

人权事务委员会是依据《公民权利和政治权利国际公约》第28条所设立的，监督各缔约国实施公约情况的独立专家机构，包括监督内含家庭生活权

---

① 联合国人权高级专员办公室官网，https：//www. ohchr. org/CH/HRBodies/Pages/Treaty Bodies. aspx，2020年8月25日访问。

的第17条“隐私权条款”在所有缔约国的全面实施。人权事务委员会由18名在人权领域具有崇高道义地位和公认专业能力的独立专家组成。所有成员任期为4年，各成员以个人能力任职，若获提名可以连任。

人权事务委员会的主要职责是审议缔约国履约报告、受理个人来文和国家间指控，发布有关公约条款专题问题的一般性意见等。人权事务委员会负责审议缔约国提交的全面履行公约义务的定期报告，并以“结论性意见”的形式向各缔约国提出关切和建议。人权事务委员会的一项重要职能是依据《公民权利和政治权利国际公约》第一任择议定书审议议定书缔约国的个人来文。

（二）监督《儿童权利公约》实施的儿童权利委员会

儿童权利委员会是监督缔约国落实《儿童权利公约》情况的独立专家机构，依据《儿童权利公约》第43条的规定所设立。该委员会由18名品德高尚且具有公认专业能力的独立专家组成，主要负责监督各缔约国实施《儿童权利公约》及两项任择议定书[①]的情况，包括落实内含儿童家庭生活权的第16条的实施情况。

根据《儿童权利公约》《儿童权利公约关于设定来文程序的任择议定书》，儿童权利委员会的职责主要包括审议缔约国履约报告、审议国家间指控、审议个人来文等。其中，审议个人来文是一项重要职责。2011年12月19日，联合国大会批准第三项任择议定书，允许儿童权利委员会审议个人来文，受理儿童提交的侵犯《儿童权利公约》及两项任择议定书所载权利的投诉。

除了以上监督缔约国履约的条约机制外，宪章机制对保障儿童家庭生活权同样不可或缺，但因宪章机制广泛适用于联合国系统内所有人权事务包括儿童家庭生活权事务，并不特定专门针对儿童家庭生活权，不具有特定性针

---

① 指《关于儿童卷入武装冲突问题的任择议定书》和《关于买卖儿童、儿童卖淫和儿童色情制品问题的任择议定书》。

对性；特别是在儿童家庭生活权相关实践中并未发挥主要作用，本书不予探讨。

二、儿童家庭生活权相关条约机构对国家履行义务的监督

儿童家庭生活权相关国际人权条约在各缔约国的有效实施需要有力的监督机制。联合国主要通过人权条约机构监督缔约国履行条约义务，推动儿童家庭生活权在各缔约国的全面、充分实现，并形成国际人权条约框架下保障儿童家庭生活权的“条约机制”。条约监督是国际人权条约规定的监督机制，是以国内保障为基础的一种间接性保障，离不开主权国家在其主权范围内的行动，且须在与儿童家庭生活权相关的国际人权公约框架内实施，国际或区域人权保障机制主要起到了监督作用。①

保障儿童家庭生活权，无论是国家层面的缔约国履行条约义务，还是联合国层面的条约监督，目标是同一的，均服务于尊重、保护和实现儿童家庭生活权的终极目标，只是分别从国内和国际两个层面展开行动各有侧重而已。两种机制服务于共同的目标，从而成为相互融合的有机整体。

缔约国履行条约义务与联合国条约监督机制各具独立性，在责任主体、手段、效力范围等方面均有所不同。前者以民族国家为单位，后者是超越国家的国际监督条约机制；前者在一国国土范围内产生法律效力，后者对所有缔约国均产生法律约束力。

缔约国履行条约义务与联合国条约监督机制密切关联，相互依存，相互促进。首先，保障儿童家庭生活权是缔约国主权范围内的事务，缔约国拥有在国内实施人权条约的自主权。国内保障是基础，是前提。保障儿童家庭生活权根本上依赖主权国家在本国政治、经济、文化基础上采取的行动。② “国家主权原则是一项公认的国际法基本原则。”③ “在当今国际社会，主权国家

---

① 参见杨帅：《论国家人权机构与国际性和区域性人权保障机制的关系》，载《法律适用》2010年第10期。

② 《联合国宪章》第2条规定，“本宪章不得认为授权联合国干涉在本质上属于任何国家国内管辖之事件”。

③ 杨泽伟：《论人权国际保护与国家主权》，载《法律科学》2003年第6期。

以及国家主权仍将是国际社会赖以存在和发展的基石，对人权保护的实现状况很大程度上要依靠主权国家在其主权范围内对人权促进和保护的意愿和行动。"[①] 其次，条约监督是运用国际人权条约规定的监督机制对缔约国履行义务的监督，是以国内保障为基础的一种间接性保障，国际保障并非替代和颠覆缔约国的国内保障，而是督促缔约国谨守条约义务。从长期实践看，国际人权条约监督机制推动了各国国家义务的全面履行，推动了基本权利清单的完善以及基本权利保障制度的实施。"20 世纪 80 年代以来……国际法在塑造和强化国内宪法的权利规范方面发挥了重要作用，通过接受和吸纳国际人权法来加强国内宪法对基本权利和自由的保障，成为宪法发展的一个显著特征，《世界人权宣言》、《公民权利和政治权利国际公约》和《经济、社会及文化权利国际公约》等国际人权法文件，成为宪法中权利规范创新的重要来源。"[②] 国际人权条约监督对人权条约的实施具有积极意义。人权条约监督机构通过发挥审查监督职能，与各缔约国建立建设性对话关系，约束缔约国按期提交履约报告，对国家间指控、个人申诉进行审议，引导促进缔约国全面尽职履行条约义务。

第二节　儿童家庭生活权相关条约监督机制

一、儿童家庭生活权相关条约监督机制的正当基础

目前，涉及儿童家庭生活权的《公民权利和政治权利国际公约》等 4 项核心人权公约设立的人权条约机构主要采取政治和外交手段开展监督工作，包括审议缔约国履约报告、接收并审议国家间指控、接收并审议个人申诉/来文、进行调查等方式。除此之外，条约机构的职责还包括发表对条约内容的

① 杨帅：《论国家人权机构与国际性和区域性人权保障机制的关系》，载《法律适用》2010 年第 10 期。

② 王德志：《论宪法与国际法的互动》，载《中国法学》2019 年第 1 期。

解读，即关于专题问题的一般性意见。这种机制被称作“以条约为基础的机制”或“条约机制”。[①] 条约机制不同于国际司法或仲裁制度，是一种对话和建议性质而非司法性质的条约实施机制。各条约机构通过的文件并没有法律拘束力。[②]

（一）条约监督机制的现实基础

1. 缔约国问题需要外部监督

从各个缔约国内部看，虽然各国在不断推进儿童家庭生活权保障工作，但不可否认，世界各国的儿童家庭生活权保障状况远未臻于完美，存在或多或少的问题，面临形形色色的困境。一方面，所有国家都存在儿童家庭生活权实现不充分、不彻底的问题。另一方面，各国均面临各自在发展过程中的一些独特问题：有的国家主观上对儿童家庭生活权的重要性认识不足或者缺乏推动实现儿童家庭生活权的积极性，儿童家庭生活权未列入权利清单。而对儿童家庭生活权的保护在很大程度上取决于一国政府的政治意愿，为此需要国际社会在法律观念上引领、在行动上制约督促。有的国家战乱冲突频发，难民大量涌现，部分儿童流离失所，儿童家庭生活权实现状况堪忧。还有的国家强制遣返非法移民，儿童与父母分离频频上演。更有屡禁不止的国际“诱拐儿童”等严重践踏儿童家庭生活权的恶劣行径等。这些均需要国际社会施加必要的监督和有效制约。

各个缔约国呈现的诸多问题使儿童家庭生活权的国际监督具有现实急迫性，为了解决各缔约国在儿童家庭生活权实现方面所面临的困境和存在的问题，为了推动各个缔约国更充分地实现儿童家庭生活权，也为了避免承担人权保障义务的一国政府脱离法律轨道侵犯践踏儿童家庭生活权，需要国际社会的外部监督制约，以推动儿童家庭生活权在全球范围内的充分实现。

---

① 参见柳华文：《联合国与人权的国际保护》，载《世界经济与政治》2015 年第 4 期。

② 参见柳华文：《联合国与人权的国际保护》，载《世界经济与政治》2015 年第 4 期。

2. 缔约国冲突需要跨国对话

从国际视野审视各个缔约国的儿童家庭生活权实现状况，各国因国情和历史发展阶段不同及多元文化的影响而具有明显差异性。而随着全球化的推进，国家间的依存愈加深远，交流日益频密，儿童或其家庭成员跨国、跨地域流动现象日益频繁而常态化。儿童家庭生活权保障的跨国性和冲突性日益凸显，必然给当事人带来异域文化的冲击和法律的挑战甚至地方保护主义的排斥。此种情况下，儿童家庭生活权的实现难以依靠单一国家的孤立人权行动而实现，不得不寻求跨国行动的可能性。

如果是在单一的民族国家内部，则具有同一性的民族文化基础利于达成共识、采取统一的儿童家庭生活权保障行动。由于民族是最初的集体认同形式，民族观念和意识为国家奠定了文化基础，使民族国家首先成为文化共同体意义上的国家，进而走向政治共同体意义上的国家。“使一国领土范围内的居民有了一种通过政治和法律而表现出来的新型归属感，这种民族意识是共同的起源、语言和历史的结晶，这种属于‘同一’民族的意识把臣民变成了一个政治共同体中的公民——作为共同体的一员，他们会相互负责。”[①] 但在缺乏同一性基础的多民族多元文化的世界里，凝聚共识则面临极大挑战。“在多元社会中，这些一体化的世界观以及具有集体约束力的伦理被打破了”，[②] 面对“多元文化背景下社会的分化和全球化进程”[③] 等挑战，由各个缔约国之间的多元性、差异性所决定，不同民族、国家很难如同单一民族、国家一样取得内部文化认同，也难以通过单一同根民族的“同一”民族意识来维系相互交往和采取统一行动，形成儿童家庭生活权保护行动的统一体。为此，在多民族、多元化共存的当今世界中，国家间共同体的构建难以通过单一民族的民族意识和文化把不同民族国家统一在一起，而是更为依赖一个超越国家共同体的法律体系，在法律层面形成和遵从法律共识——国际人权法，以

---

① ［德］尤尔根·哈贝马斯：《包容他者》，曹卫东译，上海人民出版社2002年版，第133页。

② ［德］尤尔根·哈贝马斯：《后民族结构》，曹卫东译，上海人民出版社2002年版，第135页。

③ ［德］尤尔根·哈贝马斯：《包容他者》，曹卫东译，上海人民出版社2002年版，第127页。

支撑共同体的运行，化解国家间的分歧和争端。同时，必须依托超越国家的跨国行为主体——联合国等国际人权组织，把不同民族国家组织起来，以双边协调或多边主义方式实施全球人权保护行动。儿童家庭生活权保障问题也有必要在原籍国、过境国和目的地国等不同国家之间开展双边、区域或者国际合作与对话。

（二）条约监督机制的合法化基础

人权内在驱动和设定了国际人权条约的制定与通过。人权具有普遍性和至上性，不仅是一种道德权利，也是法律意义上必须实现的权利；不仅是国内法秩序中国家履行义务的合法性基础，也是国际法秩序中联合国条约机构采取监督行动的合法性基础，为所有国际人权行动提供了法律依据和合法化基础。

所有国际人权条约，均以增进和保障人权为核心价值和终极目标，[①] 以人权为主要工作内容和工作支柱，[②] 以人权为宗旨采取跨国行动制约、监督各缔约国遵从法律共识、履行法定义务。这些法律共识通常以国际人权文书的形式表达和呈现。国际人权文书的形成，根本上得益于“人权的思想、学说、意识和理念在各国之间的交流和相互作用”。“17、18 世纪，欧洲各国之间、欧美两洲之间人权思想的传播与流布导致了人权制度的广泛普及，成为人权国际化的先导。”[③]

人类社会真正意识到人权的重要性始于“二战”结束之后，为避免两次世界大战这样的人间惨剧重演，国际社会集体行动，保护人权。1945 年《联合国宪章》视人权为全人类和平共存的基石，将“不分种族、性别、语言或宗教，增进并激励对全体人类之人权及基本自由之尊重”作为宗旨。1948 年通过的最早的联合国人权文件《世界人权宣言》明确宣示“承认人类社会所有成员之固

---

① 参见柳华文：《联合国与人权的国际保护》，载《世界经济与政治》2015 年第 4 期。

② 参见［德］尤尔根·哈贝马斯：《后民族结构》，曹卫东译，上海人民出版社 2002 年版，第 139 页。

③ 何志鹏：《人权国际化基本理论研究》，吉林大学 2004 年博士学位论文，第 24 页。

有尊严及平等且不可让渡之权利，乃是世界自由、正义及和平之基础”，每个人都平等、无差别地享有人权。[①] 这标志着普遍性人权主体观得以确立，并成为所有人民与所有国家的共同基准。

具体到儿童家庭生活权保障问题，作为人权的儿童家庭生活权本身是本源，是生成儿童家庭生活权保障相关内容体系的源权利，构成相关国际人权条约机制包括监督机制的基石，作为人权的儿童家庭生活权为条约机构的跨国监督行动奠定了合法化基础。

二、相关条约机构监督国家履行义务的缔约国报告程序

缔约国报告程序是一种重要的国际监督措施。条约机构要求缔约国定期报告条约实施情况并审议缔约国履约报告。缔约国报告成为普遍采用的重要监督措施。人权事务委员会、儿童权利委员会等条约机构，定期审议缔约国履行《公民权利和政治权利国际公约》《儿童权利公约》等公约的定期报告，审查缔约国履行义务的总体情况，并以“结论性意见”的形式对报告作出评估并对问题提出建议，推动了儿童家庭生活权在各缔约国的实现。“虽然以《联合国宪章》第 64 条为基础的一般性的报告制度从未起到很大的作用，但一系列国际人权公约规定的报告义务已经发展成为国际人权监督的至为重要的支柱。”[②]

缔约国报告程序旨在为缔约国与条约机构之间搭建一个建设性交流对话的平台，不断加深缔约国对儿童家庭生活权相关条约的理解和有效实施，了解本国与其他缔约国之间在充分实现儿童家庭生活权方面的差距，预防侵犯儿童家庭生活权等违反条约行为的发生，从而促使缔约国履行人权条约规定的尊重、保护和实现儿童家庭生活权的各项义务。

---

① 《世界人权宣言》第 2 条规定：“人人有资格享受本宣言所载的一切权利和自由，不分种族、肤色、性别、语言、宗教、政治或其他见解、国籍或社会出身、财产、出生或其他身份等任何区别。并且不得因一人所属的国家或领土的政治的、行政的或者国际的地位之不同而有所区别，无论该领土是独立领土、托管领土、非自治领土或者处于其他任何主权受限制的情况之下。”

② ［奥］曼弗雷德·诺瓦克：《〈公民权利和政治权利国际公约〉评注》（修订第 2 版），孙世彦、毕小青译，生活·读书·新知三联书店 2008 年版，第 742－743 页。

为提升各缔约国完成履约报告的能力和实效性，促使各国人权条约机构采用一致方针对缔约国履约报告义务进行同等的审议，联合国大会专门对人权事务委员会、儿童权利委员会等人权条约机构提交报告的形式与内容进行汇编，编写出《国际人权条约缔约国提交报告的形式和内容准则汇编》，明确了履约报告的形式与内容。根据该汇编，报告的内容主要涵盖“共同核心文件”和“条约专要文件”两部分。“共同核心文件”涵盖以下内容：（1）缔约国一般情况；（2）保护和增进人权的一般框架；（3）关于非歧视与平等和有效补救措施的资料。“条约专要文件”包含一切有关缔约国履行每项特定条约情况的资料，并列入资料说明已采取哪些步骤，回应委员会提出的问题。

（一）《公民权利和政治权利国际公约》的报告程序

《公民权利和政治权利国际公约》及其《议事规则》较为详尽地规定了报告程序。就人权事务委员会而言，缔约国报告程序已获得核心重要性，因为缔约国报告是实施该公约的唯一义务性程序。[①]

其一，报告的提交时间。根据《公民权利和政治权利国际公约》第 40 条第 1 款的规定，缔约国于该公约生效后一年内提交初次报告。[②] 此后，在人权事务委员会作此要求时提交后续报告。“《公约》没有规定一种定期报告的制度。但是，经过长期的深思熟虑，委员会在 1980 年 10 月建立了一个实施《公约》第 40 条第 1 款和《议事规则》第 66 条第 2 款的定期报告制度；在 1981 年 7 月制定了一个定期报告的时间间隔为 5 年的时间表。”[③]

其二，报告的内容。根据《公民权利和政治权利国际公约》第 40 条第 1 款和第 2 款的规定，缔约国应向人权事务委员会汇报。报告应涵盖以下相关内容：说明国家为实现《公民权利和政治权利国际公约》下各项权利包括儿童家庭生活权所采取的措施、实现儿童家庭生活权等条约权利所取得的进展。

---

① 参见［奥］曼弗雷德·诺瓦克：《〈公民权利和政治权利国际公约〉评注》（修订第 2 版），孙世彦、毕小青译，生活·读书·新知三联书店 2008 年版，第 743 页。

② 参见人权事务委员会第 1 号一般性意见：报告义务。

③ ［奥］曼弗雷德·诺瓦克：《〈公民权利和政治权利国际公约〉评注》（修订第 2 版），孙世彦、毕小青译，生活·读书·新知三联书店 2008 年版，第 743 页。

如果有影响《公民权利和政治权利国际公约》之实施的因素和困难，存在儿童家庭生活权实现的困境，报告应明确指出。报告具体内容由前述“共同核心文件”和“条约专要文件”两部分组成。[①]

其三，结论性意见。根据《公民权利和政治权利国际公约》第40条第4款的规定，在审议缔约国报告后，人权事务委员会要向各缔约国送交自己的报告以及认为适当的一般性意见。[②] 以“结论性意见”的形式对缔约国提出委员会所关注的问题，并提出建议。人权事务委员会不仅有权，而且为了履行根据该公约承担的责任，也有义务在“它自己的报告”中向缔约国通报它审议这些缔约国报告的结论。“从语义解释、系统解释和历史——目的论解释中可以得出以下结论。只有当委员会于它自己的报告中总结了结论，并将报告送交了所有的缔约国时，对一份缔约国报告的研究才可以视为完成。”[③]

其四，对报告的处理方式。“自委员会在1992年开始对国家报告通过结论性意见以后，它还发展出了对于报告的期间事项的更为灵活的处理方式，即在其结论性意见的末尾，声明应提交下一次定期报告的日期。但是，履行定期报告的义务并不免除缔约国在委员会根据第40条第1款（乙）项提出要求时，提交所谓‘补充报告’的义务”[④]。

（二）《儿童权利公约》的报告程序

缔约国报告也是《儿童权利公约》采取的一种强制性监督机制。所有《儿童权利公约》及其任择议定书的缔约国均应定期向儿童权利委员会提交报告。根据《儿童权利公约》第44条的规定和《国际人权条约缔约国提交报告的形式和内容准则汇编》，缔约国报告提交的时间和内容如下。

---

① 参见《儿童权利公约》第44条。

② 参见［奥］曼弗雷德·诺瓦克：《〈公民权利和政治权利国际公约〉评注》（修订第2版），孙世彦、毕小青译，生活·读书·新知三联书店2008年版，第768页。

③ ［奥］曼弗雷德·诺瓦克：《〈公民权利和政治权利国际公约〉评注》（修订第2版），孙世彦、毕小青译，生活·读书·新知三联书店2008年版，第771页。

④ ［奥］曼弗雷德·诺瓦克：《〈公民权利和政治权利国际公约〉评注》（修订第2版），孙世彦、毕小青译，生活·读书·新知三联书店2008年版，第745页。

其一，提交报告的周期。《儿童权利公约》第 44 条规定各缔约国应于该公约生效后 2 年内提交首次报告，此后每 5 年一次提交定期报告。

其二，报告的内容。报告的内容主要是全面说明本国为保障儿童权利包括儿童家庭生活权而履行义务的实际情况，包括为实现《儿童权利公约》承认的权利所采取的措施、权利享有方面的进展情况、可能影响公约规定义务履行的任何因素和困难，还应载有相关资料以使委员会全面了解公约实施情况。具体内容由前述“共同核心文件”和“条约专要文件”两部分组成。[①]

三、相关条约机构监督国家履行义务的个人来文程序

个人来文程序是个人诉诸国际人权条约机构维护人权的方式，是有效实施国际人权条约的重要人权监督机制。《公民权利和政治权利国际公约任择议定书》和《儿童权利公约关于设定来文程序的任择议定书》等均明确规定了个人来文程序，以监督各缔约国谨守国际人权条约，兑现缔结公约的承诺；从而及时有效救济受害人，实现个案正义，促进人权的全面充分实现。

（一）《公民权利和政治权利国际公约》的个人来文程序

《公民权利和政治权利国际公约任择议定书》对个人来文程序作出了全面规定，公约及其任择议定书的缔约国管辖下的任何儿童，认为家庭生活权被侵犯，在穷尽了所有国内救济手段后仍未得到有效解决的 ，可书面申请人权事务委员会进行审查。

人权事务委员会受理个人来文后，应对来文的可受理性和实体问题进行审查。首先，应依据《议事规则》第 93 条的规定确定个人来文是否符合受理条件，包括所涉国家应为任择议定书缔约国，[②] 同一事件不得同时在另一个国

---

① 参见《儿童权利公约》第 44 条。

② 《公民权利和政治权利国际公约任择议定书》第 1 条规定：“成为本议定书缔约国的公约缔约国承认委员会有权接受并审查该国管辖下的个人声称为该缔约国侵害公约所载任何权利的受害者的来文。来文所涉盟约缔约国如非本议定书的缔约国，委员会不得予以接受。”

际调查或解决程序的审查之中，申请人对国内的各种补救办法已悉数援用无遗，但如果缔约国补救办法的实施存在不合理拖延，不在此限。个人来文没有具名或不符合规定受理条件的，委员会不予受理。其次，儿童个人来文符合受理条件的，人权事务委员会应继续审议涉家庭生活权案件的实体问题。人权事务委员会决定受理后，应将儿童的个人来文提请被控违反公约规定的任择议定书缔约国。缔约国收到通知后，应于6个月内以书面形式向委员会提出解释或声明说明原委，该国已采取适当救济办法的，应一并作出说明。

（二）《儿童权利公约》的个人来文程序

个人来文的程序。《儿童权利公约关于设定来文程序的任择议定书》载明了个人来文程序。儿童权利委员会有权依据该任择议定书，接受并审查声称缔约国侵犯《儿童权利公约》等文书[①]所载权利的受害者个人来文。这意味着缔约国管辖下的任何儿童个人或儿童群体，认为自己的家庭生活权遭受侵害，在穷尽国内救济手段之后，可亲自提交或由代理人提交个人来文。其他人代表儿童个人或儿童群体提交来文的，应当征得当事儿童的同意，除非提交人能够说明未经当事儿童同意而代为提交具有正当理由。[②] 有以下情形之一的，儿童权利委员会应当视个人来文为不可受理：来文匿名的；来文未采用书面形式的；滥用来文的权利或者来文不符合公约或任择议定书规定的；同一事项正在另一个国际调查或解决程序的审查之中或儿童权利委员会已经审查的；来文毫无根据或证据不足的；未悉数用尽国内所有可用的补救办法；未在用尽补救办法后一年内提交，但此时限内确实无法提交的情况除外。[③]

个人来文的审议。儿童权利委员会主要采取“友好解决”和“审议来

---

① 包括《儿童权利公约》《关于买卖儿童、儿童卖淫和儿童色情制品问题的任择议定书》《关于儿童卷入武装冲突问题的任择议定书》。

② 参见《儿童权利公约关于设定来文程序的任择议定书》第5条。

③ 参见《儿童权利公约关于设定来文程序的任择议定书》第7条。

文”的方式审议来文。其一，友好解决。根据《儿童权利公约关于设定来文程序的任择议定书》第 9 条“友好解决”条款，儿童权利委员会应向个人来文的当事各方提供调解斡旋，在确保尊重相关规定的前提下友好解决。一经商定友好解决办法，个人来文的审议工作即告结束。其二，审议来文。根据《儿童权利公约关于设定来文程序的任择议定书》第 10 条“审议来文”条款，应根据全部资料尽快审议来文；审议应举行非公开会议；如要求采取临时措施，应加速审议；应在审查后及时向当事方传达意见及建议。

审议个人来文的后续行动。根据《儿童权利公约关于设定来文程序的任择议定书》第 11 条的规定，儿童权利委员会审议个人来文后，还需要采取“后续行动”：儿童权利委员会可以请缔约国根据委员会意见或建议所采取的措施或友好解决协议的执行情况提供资料，缔约国应在 6 个月内提交书面答复，通报回应委员会意见和建议所采取的行动。

第三节　儿童家庭生活权相关条约机构的监督实践

儿童家庭生活权的所有国内和国际行动不应停留于立法层面，更应落实于具体实践。为有效实施儿童家庭生活权相关人权条约，人权事务委员会、儿童权利委员会等条约机构开展了大量人权行动，在监督各缔约国履行义务的行动中形成了丰富的实践资源。特别是审议了一些涉及儿童家庭生活权的个人来文，形成了相关个人来文决定，为审查缔约国是否履行条约义务提供了重要判断基准。这些判断基准既是对国际人权条约的具体适用，其本身也构成国际人权文书的重要组成部分，作为一种“依据”为之后的判例所援引，成为阐释国际人权文书的重要解释资源。有鉴于此，笔者投入大量精力搜集整理了儿童家庭生活权相关判例，并通过判例进一步解析了条约机构监督缔约国履行义务的相关评断基准。

一、相关条约机构监督国家履行义务的判例概览

前文论及，涉及儿童家庭生活权的四项国际人权公约均设立了条约机构。为全面把握 4 个条约机构审议涉儿童家庭生活权个人来文决定，笔者下载并整理分析了联合国人权事务高级专员办公室网站“判例数据库”（以下简称判例数据库）中的相关判例。该判例数据库是上述委员会在工作以及个案中所提出的相关人权建议与结果的单一来源，[①] 汇总了人权事务委员会、儿童权利委员会、残疾人权利委员会等条约机构审议的大量个人来文的判例，其中包括有关儿童家庭生活权的判例。需要说明的是，虽然《保护所有移徙工人及其家庭成员权利国际公约》第 14 条同样内含儿童家庭生活权，但判例数据库中没有纳入保护所有移徙工人及其家庭成员权利委员会审议的个人来文判例。为此，下文的分析不包括该委员会的判例。

截至 2020 年 12 月 30 日，判例数据库中的儿童家庭生活权相关个人来文判例主要分布于人权事务委员会对《公民权利和政治权利国际公约》第 17 条个人来文的审议、儿童权利委员会对《儿童权利公约》第 16 条个人来文的审议、残疾人权利委员会对《残疾人权利公约》第 22 条个人来文的审议。笔者分别以上述条文为关键词进行检索，分别出现相关案例 90 件、8 件、1 件。从处理结果看，涉及《公民权利和政治权利国际公约》第 17 条的 90 件案件中，有 69 件“采纳意见”，21 件“不予受理”；涉及《儿童权利公约》第 16

---

① 联合国人权高级专员办公室网站上对判例数据库的介绍如下：“本数据库为获取负责接受和审议个人投诉的以下联合国条约机构的判例提供了简便的途径：人权事务委员会（CCPR）、禁止酷刑委员会（CAT）、消除对妇女歧视委员会（CEDAW）、消除种族歧视委员会（CERD）、残疾人权利委员会（CRPD）、强迫失踪问题委员会（CED）、经济、社会和文化权利委员会（CESCR）和儿童权利委员会（CRC）。本判例数据库旨在成为包含所有上述委员会在工作和个案中所提出人权建议与结果的单一来源。它让大众、政府、民间社会组织、联合国伙伴和国际区域机构得以研究对多年来不断演变的国际人权法的大量法律解读。它也可以为准备向委员会提交投诉的个人提供指导，使其了解委员会在不同国家具体人权问题上的意见和决定。”参见联合国人权高级专员办公室官网，https：//www. ohchr. org/CH/HRBodies/Pages/TreatyBodies. aspx，2020 年 12 月 30 日访问。

条的8件案件中，有5件“不予受理”，3件“中止决定”/“停止审议”[①]；涉及《残疾人权利公约》第22条相关的1件案件，明确“不予受理”[②]，见表1。由此，条约机构审议涉及儿童家庭生活权个人来文的判例，实际上集中于人权事务委员会对涉及《公民权利和政治权利国际公约》第17条个人来文的审议。为此，下文只聚焦人权事务委员会审议《公民权利和政治权利国际公约》第17条个人来文的监督实践。

表1　条约机构审议儿童家庭生活权相关个人来文案件情况

单位：件

条约机构	适用的条约	案件数	决定类型及相应案件数	
人权事务委员会	《公民权利和政治权利国际公约》第17条	90	采纳意见	69
			不予受理	21
儿童权利委员会	《儿童权利公约》第16条	8	不予受理	5
			中止决定	3
残疾人权利委员会	《残疾人权利公约》第22条	1	不予受理	1

国家保障儿童家庭生活权，应全面履行全方位的尊重、保护和实现义务。理论上，条约机构通过个人来文等程序监督国家是否履行条约义务，也应该

① 条约机构作出中止决定的理由多集中于提交人提出请求的事由已经解决，委员会认为来文审议失去意义，故停止审议。如D. N等人诉瑞士案，儿童权利委员会根据《儿童权利公约关于设定来文程序的任择议定书》通过的关于第61/2018号来文的决定：“2019年2月23日，提交人告知委员会，他们的父亲已取得瑞士居留证，因此不再有被遣返回厄立特里亚的风险。提交人要求撤销此案。在2019年5月31日举行的会议上，委员会审议了提交人提出的请求，根据《儿童权利公约关于设定来文程序的任择议定书》议事规则第26条，决定停止审议第61/2018号来文。”又如E. H. R. S.、A. I. R. S. 和A. H. R. S. 诉阿根廷案，儿童权利委员会根据《儿童权利公约关于设定来文程序的任择议定书》通过的关于第90/2019号来文的决定“在2020年9月28日的会议上，儿童权利委员会在审议了缔约国关于停止审议来文的请求后指出，来文的目的是防止提交人的母亲被驱逐出境，在目前情况下这种驱逐已不可能发生。尽管这一事实本身并不构成对所称违反《公约》行为的充分赔偿，但委员会认为，不驱逐提交人的母亲并授予她永久居留权的决定已使本来文失去意义，并根据《儿童权利公约关于设定来文程序的任择议定书》议事规则第26条，决定停止审议第90/2019号来文”。

② 残疾人权利委员会第6/2011号来文（2012年9月17日至28日委员会第八届会议通过的决定）：“缔约国认为，来文不可受理，因为所述事实发生在《任择议定书》生效之前；提交人的主张业经另一国际调查或解决程序审查；而且申诉明显没有根据或缺乏充分证据。”

全面覆盖尊重义务、保护义务和实现义务。但事实上，个人来文的判例显示，向人权事务委员会提交个人来文的案由主要集中于国家没有履行尊重义务或保护义务，而没有涉及国家实现义务的判例。原因主要在于，提起个人来文的案件以儿童家庭生活权受到实际侵害且向国家主张未获得有效救济为前提。而仅尊重义务和保护义务是儿童得向国家请求实际履行的义务，可作为“主观权利”为受害人所主张。尊重义务中，涉及国家任意或非法干涉儿童家庭生活权的行为。保护义务中，涉及私主体侵害儿童家庭生活权，而国家作为保护者未履行或未适足履行保护义务施加保护措施。至于国家的实现义务，是最大限度地采取立法、行政、司法等措施创造实现条件。由于该义务过于抽象，难以直接导出个人请求国家实际履行实现义务的权利。故而，也未见诸于个人来文的相关实践。为此，本章主要围绕国家尊重义务和国家保护义务展开讨论。

二、对国家履行义务进行监督的前设——适用性评断

人权事务委员会监督各缔约国履行家庭生活权保障义务，主要进行两方面作业：一是“适用性”评断，对是否适用儿童家庭生活权相关国际人权规范审查该判例进行评断；二是如果适用，再进行“合规性”评断，审查国家是否履行了相关义务，履行义务是否合规。

所谓“适用性”评断，即是否应当适用儿童家庭生活权相关国际人权文书来审查监督各缔约国履行义务的情况。具体而言，就是评断提交审议的当事儿童是否存在“有效家庭生活”。如果存在稳定有效的家庭生活，则进一步评断缔约国是否依法履行了公约框架下的儿童家庭生活权尊重或保护义务。如果不存在有效家庭生活，国家便无从保障儿童家庭生活权，审查国家是否履行了对儿童家庭生活权的尊重或保护义务都将无从谈起。“第一步是考虑《欧洲人权公约》第 8 条的适用性问题。为此，首先考虑申请人是否能够证明

存在现实有效的家庭生活。”[①] 人权事务委员会在监督缔约国履行条约义务的具体实践中，逐步建构起判断儿童家庭生活是否真实有效存在的判断基准，以及国家是否违反尊重或保护义务的判断基准。由此，人权事务委员会在审议个人来文的判例中，相当一部分都涉及判断是否构成有效家庭生活，如果是，条约机构再评断国家是否履行了对家庭生活权的尊重或保护义务。

认定家庭生活有效存在，涉及诸多复杂的主客观因素。家庭种类不同，家庭成员范围不同，相互之间存在的生物、法律或生活等连接点也不同，证明家庭生活有效存在的构成要素也必然不同。显然，家庭生活涉及诸多要素，判断存在与否并非易事。即便如此，仍然“有一些最基本的要求是必需的，如共同生活、经济联系、经常的和密切的关系等。在某种程度上，这是在家庭和其他关系之间划出了一条线，如公寓的同住者、分享住所的朋友或寄宿屋中的租户”[②]。为此，人权事务委员会、儿童权利委员会等条约机构在审议个人来文的大量实践中逐渐形成判断基准，主要包括生物要素、法律要素、生活要素三方面标准。当然，这些均属于一般基准，具体个案中，还应结合案件具体情况以儿童最大利益为首要考虑。

（一）自然血亲关系的家庭生活——具备血缘要素

家庭关系基于不同的法律事实而产生，或自然法律事实如出生，或人为法律事实如结婚、收养。其中，自然血亲的亲子关系基于出生而发生，是具有血缘纽带的血亲，相互间的法律关系建立在真实血统联络之上。由此，生物学意义上的自然血缘联系即生物要素或血缘要素，便成为此类关系的主要判定标准。“人类需要某种认同和凝聚的共同符码。血缘关系自然成为人类最初的认同纽带。”[③]

---

① Hugo Storey, *The Right to Family Life and Immigration Case Law at Strasbourg*, 39 Int'l & Comp. L. Q. 328 (1990).

② ［澳］本·索尔等：《〈经济社会文化权利国际公约〉评注、案例与资料》（下册），孙世彦译，法律出版社 2019 年版，第 630 页。

③ 高鸿钧：《走向交往理性的政治哲学和法学理论（上）——哈贝马斯的民主法治思想及对中国的借鉴意义》，载《政法论坛》2008 年第 5 期。

就自然血亲的亲子关系而言，双方是最近的直系血亲关系，基于出生的事实和亲子血缘联系，当然构成有效家庭生活，无论子女婚生还是非婚生，也无论父母婚姻存续还是解除，同居还是分居，在所不问。“生身父母与他们的孩子是适格家庭关系”，[①] 除非有例外情况。“从孩子出生的那一刻起，就其本身来说，即使父母不在一起生活，他或她与父母之间存在相当于‘家庭生活’的关系。”[②] “儿童与其父母之间存在着相当于家庭生活的纽带，即使在其出生时父母不再同居，或者他们的关系已经结束。如果申请人和孩子的母亲之间的关系持续了两年，其中一年他们共同居住并计划结婚，并且他们的孩子的怀孕是经过深思熟虑的决定的结果，那么从孩子出生的那一刻起，无论申请人与孩子母亲之间的关系处于何种状态，申请人与其女儿之间均存在相当于家庭生活的关系。”[③] 对事实婚姻、同居等关系中的亲子关系，上述标准同样适用。“欧洲人权法院认为，不能将《公约》第 8 条解释为只保护已经确立的家庭生活，在情况允许的情况下，必须扩大到自然父亲和非婚生子女之间可能发展的潜在关系。”[④] 家庭的概念不仅局限于以婚姻为基础的关系，还可以包括双方在婚姻之外生活在一起的事实“家庭”关系。在这种关系中出生的孩子，自出生时起基于出生的事实在法律上就是这个“家庭”的一部分。因此，即使在孩子出生时，其父母不再共同居住或者关系已经结束，孩子与其父母之间仍存在一种构成家庭生活的联结。[⑤]需特别说明，一夫多妻制下亲子关系认定及儿童家庭生活权保护问题。对一夫多妻制度本身的反对不应影响其中涉及的儿童的家庭生活权保护。固然，“一夫多妻制侵犯了妇女的

---

① 袁楚风：《私生活权利保护——基于国际人权法的分析》，载《河北法学》2013 年第 10 期。

② Frances Nicholson, *The Right to Family Life and Family Unity of Refugees and Others in Need of International Protection and the Family Definition Applied*, Legal and Protection Policy Research Series 35 (2018).

③ European court of human rights, *Guide on Article 8 of the European Convention on Human Rights – Right to Respect for Private and Family Life*, Home and Correspondence.

④ European court of human rights, *Guide on Article 8 of the European Convention on Human Rights – Right to Respect for Private and Family Life*, Home and Correspondence.

⑤ 参见［澳］本·索尔等：《〈经济社会文化权利国际公约〉评注、案例与资料》（下册），孙世彦译，法律出版社 2019 年版，第 631 页。

尊严，这是不可接受的对妇女的歧视。因此，无论它在何处继续存在，它都应被明确废除”[①]。一夫多妻制违反了《消除对妇女一切形式歧视公约》第5条，对妇女及其子女的精神和经济福祉产生了严重负面影响。[②] 联合国难民署将问题的重点放在对一夫多妻移民家庭中家庭成员利益特别是儿童最大利益的维护。“难民署的目标是尊重对家庭成员的文化多样性解释，确保能保护一夫多妻制家庭成员，如果一夫多妻制婚姻是根据原籍国或庇护国的法律有效缔结的婚姻，在法律上有效，则所有家庭成员都有资格获得难民署的援助，包括考虑移民安置。”[③] 欧洲人权法院则将问题的重点放在“父母与其子女间的个人关系上，而与诸如因通奸或一夫多妻所生等情况无关。即使一夫多妻制婚姻在欧洲委员会的一个成员国是非法的，但父亲与其不同妻子所生子女间的关系仍然受到《欧洲人权公约》第8条的保护”[④]。

自然血亲的祖孙关系，是除父母外最近的直系血亲，在家庭生活中扮演着重要角色，原则上以血缘关系作为认定家庭生活存在的标准。欧洲人权法院指出，“《欧洲人权公约》第8条至少包括直系亲属之间的联系，例如，祖父母和孙子女，因为这种关系可以在家庭生活中起关键作用”[⑤]。“考虑到祖父母可能在孙子女的家庭生活中发挥重要作用，在不审查家庭生活有效性的

① Frances Nicholson, *The Right to Family Life and Family Unity of Refugees and Others in Need of International Protection and the Family Definition Applied*, Legal and Protection Policy Research Series 35 (2018).

② See Frances Nicholson, *The Right to Family Life and Family Unity of Refugees and Others in Need of International Protection and the Family Definition Applied*, Legal and Protection Policy Research Series 35 (2018).

③ Frances Nicholson, *The Right to Family Life and Family Unity of Refugees and Others in Need of International Protection and the Family Definition Applied*, Legal and Protection Policy Research Series 35 (2018).

④ Stephanie Lagoutte, *Surrounding and Extending Family Life: The Notion of Family Life in the Case – Law of the European Court of Human Rights*, 21 MENNESKER OG RETTIGHETER 292 (2003). Provided by: Institut suisse de droit compare.

⑤ L. Yu. Fomina, *Protection of the Right to Respect for Private and Family Life in European Court of Human Rights*, Special Issue 3, Part B. European Research Studies 19 (2016).

情况下，判定他们之间存在家庭生活。”[①] 特殊情况下，应考虑祖孙之间共同生活的事实。“委员会拒绝了一位原籍波兰的妇女的来文，她在加拿大生活了很多年，努力为她生活在波兰的女儿和外孙获得入境签证但没有成功，委员会说明其决定的正当理由时指出，因为这些人分开生活了 17 年，所以不能说存在着一个家庭。”[②]

（二）拟制血亲亲子关系的家庭生活——具备法律要素

拟制血亲关系即拟制血亲的亲子关系，指收养关系。拟制血亲的亲子关系有别于自然血亲的亲子关系，是基于引起身份关系变动的收养行为而产生的。收养行为符合法定实质要件和形式要件的，依法在原本没有自然血亲亲子关系的当事人之间产生法律上的亲子关系，亲子间的共同生活关系有效成立。同样，婚姻关系的当事人因结婚行为进入夫妻身份关系之中，基于结婚行为而形成夫妻家庭生活关系。[③]

无论是收养行为还是结婚行为，均以形成身份法律关系、建立家庭生活共同体为目标，双方当事人之间的家庭关系是建立在法律行为之上的，其亲属关系成立与否、家庭生活有效存在与否的主要判断基准是具备法律要素与否，当以法律要素作为认定家庭生活关系成立的符码。[④] 为此，原则上，拟制血亲和婚姻关系的家庭生活有效存在，以是否具备法律要素为准。仅在特殊情况下，尚需考虑法律之外是否存在实际共同生活等要素。“一个家庭的存在不一定会因地域分离、不忠或者没有同居关系而消灭；但是，必须首先要有一个要加以保护的家庭联结。换句话说，这种保护首先要求在家庭成员之间必须存在有效的家庭生活。因此，人权事务委员会认定，在一个母亲与其养

---

① Stephanie Lagoutte, *Surrounding and Extending Family Life*: *The Notion of Family Life in the Case – Law of the European Court of Human Rights*, 21 MENNESKER OG RETTIGHETER 292 (2003). Provided by: Institut suisse de droit compare.

② ［奥］曼弗雷德·诺瓦克：《〈公民权利和政治权利国际公约〉评注》（修订第 2 版），孙世彦、毕小青译，生活·读书·新知三联书店 2008 年版，第 410 – 411 页。

③ 参见张作华：《亲属身份行为的分类研究》，载《政法论坛》2009 年第 3 期。

④ 参见高鸿钧：《走向交往理性的政治哲学和法学理论（下）——哈贝马斯的民主法治思想及对中国的借鉴意义》，载《政法论坛》2008 年第 6 期。

女只短暂地共同生活了2年后，有17年并没有作为一个家庭在一起生活的情况中，并不存在有权得到保护的家庭。因此，仅仅是一种形式上的法律联系（如婚姻或收养）可能并不够。”[①]

（三）其他亲属的家庭生活——具备生活要素

除血缘要素、法律要素外，家庭成员之间还存在其他关系纽带。为此，“设定一些最低限度的条件是必要的，这些条件包括共同生活、经济联系、固定和密切的关系等”[②]。需要依据共同生活纽带即“稳定共同生活”或者说“有效共同生活”作出判断。同居是家庭生活有效性的基本条件，因为共同生活是建立生活共同体的必要事实行为，这种共同生活事实是血缘关系较远或没有实施身份法律行为的非血缘关系者建立身份法律关系的基准，是认定家庭生活有效性的关键。为此，本章将这些要素概括为“生活要素”。“除了血缘关系以及确立家庭关系的合法形式（婚姻、收养）外，还有一些标准对家庭的存在也是至关重要的。其中，最为重要的是一起生活，经济联系或其他形式的密切和固定的关系。”[③] 对亲子和祖孙之外的其他自然血亲关系，如兄弟姐妹、叔侄等旁系血亲关系，其亲属关系相对较远，认定其是否存在家庭生活关系，除了考虑血缘因素，还应考虑“生活要素”，考察当事人之间是否存在共同生活的事实。

概言之，认定家庭生活是否存在的标准，视引起家庭关系产生的法律事实的不同而有所不同。因自然法律事实即出生而产生的亲子家庭关系，该家庭建立在真实血统联络之上，以血缘要素为家庭生活有效存在的主要判定标准；因结婚、收养等人为法律事实即身份法律行为而产生的家庭关系，该家庭建立在法律行为之上，以法律要素为家庭生活有效存在的主要判断基准；

---

① ［澳］本·索尔等：《〈经济社会文化权利国际公约〉评注、案例与资料》（下册），孙世彦译，法律出版社2019年版，第630－631页。

② ［奥］曼弗雷德·诺瓦克：《〈公民权利和政治权利国际公约〉评注》（修订第2版），孙世彦、毕小青译，生活·读书·新知三联书店2008年版，第540页。

③ ［奥］曼弗雷德·诺瓦克：《〈公民权利和政治权利国际公约〉评注》（修订第2版），孙世彦、毕小青译，生活·读书·新知三联书店2008年版，第539页。

其他血缘关系较远者或没有实施身份法律行为的非血缘关系者，共同生活是建立家庭生活共同体的必要事实行为，共同生活事实自然成为认定家庭生活有效性的关键。由此，亲属间血缘关系越近，对血缘之外其他因素的考虑就越少；亲属关系越疏，法律认可度越低，要求的认定家庭生活有效存在的证明要素也越高。

三、对国家履行尊重义务的监督——合规性评断

人权事务委员会等条约机构经过“适用性”分析，认定儿童存在有效家庭生活应当适用家庭生活权相关人权规范处理的，将进一步对各缔约国是否合规履行了尊重义务或保护义务进行“合规性”评断。这里首先分析对国家是否履行尊重义务的“合规性”评断。

人权事务委员会监督缔约国是否“合规”履行对儿童家庭生活权的尊重义务时，评断步骤与基准如下：首先，应评估国家是否违反了消极尊重义务，存在对儿童家庭生活权的直接干涉？其次，如果是，这种干涉是否构成任意、非法干涉？概言之，主要评断国家是否构成“任意”“非法”干涉。如果干涉是合法、正当、必要的，则属于合法限制，不构成国家违反尊重义务；如果有任意、非法干涉行为，则构成对国家尊重义务的违反。

从人权事务委员会的实践来看，“人权事务委员会到目前为止决定的有关尊重家庭的大多数案件分别涉及外国人的入境、居住许可或驱逐”[①]。因为，在一国处理外国人入境、居留许可或驱逐出境等事务时，常常牵连与外国人生活在一起的子女等家庭成员，事关儿童家庭生活权的实现。儿童父母或儿童本人入境、居留外国，又难免与一国公共安全、移民管制等国家利益发生冲突；以国家安全等为由将儿童父母或儿童本人驱逐出境，又常常与儿童个人利益相冲突。这些情形下，均需在儿童家庭生活权与社会公共利益之间作

---

① ［奥］曼弗雷德·诺瓦克：《〈公民权利和政治权利国际公约〉评注》（修订第2版），孙世彦、毕小青译，生活·读书·新知三联书店2008年版，第412页。

出公正的平衡。“对家庭生活的尊重与否对外国人入境和居留的权利有影响。”[①] 人权事务委员会处理外国人入境、居住许可或驱逐出境时的大量实践表明，家庭成员共同居住生活是一个家庭的正常合理行为，处理外国人的上述问题，应注重保护与外国人共同生活家庭成员的家庭生活权，不得“任意”“非法”干涉。

（一）非法干涉儿童家庭生活权的认定

非法干涉儿童家庭生活权相对容易判定，指没有法律依据、未经法定程序而加以干涉，干涉不具有合法性。《公民权利和政治权利国际公约》没有规定外国人享有进入另一国并在那里居住的权利，即不承认任何人有权进入或居住在另一国家。“移民部门对于决定是否给予签证或居住许可有相当宽泛的自由判断余地。只有‘合法地处于缔约国领土内’的外国人，即以签证或相类似的许可进入该国的外国人，才享有第12条规定的迁徙和居住自由的权利，以及第13条规定的受到保护而不被任意驱逐和引渡的权利。”[②] 而根据《公民权利和政治权利国际公约》第13条等规定，对于已经合法居留在缔约国的外国人，只有依法作出决定才可驱逐，因驱逐的决定可能会破坏当事人的家庭生活，且该决定须有国家安全等方面的紧迫事由，应准予该外国人就驱逐提出反对理由并使案件得到复审。因此，必须审查这种干涉是否违反相关规定。[③] “原则上，外国人可能因为各种原因，甚至在长时间的居住后，被剥夺居住许可并从缔约国的领土上被驱逐。除了第13条的程序性保障外，产生于第6条和第7条的禁止驳回原则、第12条第4款规定的不得从其本国被驱逐的权利以及对隐私和家庭生活的保护进一步保障了外国人不受任意的

---

① ［奥］曼弗雷德·诺瓦克：《〈公民权利和政治权利国际公约〉评注》（修订第2版），孙世彦、毕小青译，生活·读书·新知三联书店2008年版，第413页。

② ［奥］曼弗雷德·诺瓦克：《〈公民权利和政治权利国际公约〉评注》（修订第2版），孙世彦、毕小青译，生活·读书·新知三联书店2008年版，第413－414页。

③ See Maribel González Pascual & Aida Torres Pérez, *The Right to Family Life in the European Union*, Routledge, 2017.

驱逐。”[①]

（二）任意干涉家庭生活权的认定

1. 合理性衡量：违背维护儿童最大利益之目的理性

无证据未调查拒绝入境致使亲子分离。人权事务委员会在审议 Timur Ilyasov 诉哈萨克斯坦的个人来文[②]中指出，缔约国如果不当拒绝与本国公民共同生活的非本国国籍的家庭成员继续居留，就构成违反《公民权利和政治权利国际公约》第 17 条和第 23 条，干预家庭生活。缔约国依照移民规定可以拒绝提交人再次入境。然而，该裁量权不得任意而为，应受到限制，须符合《公民权利和政治权利国际公约》的条款、宗旨和目标，合情合理。提交人自 1994 年起一直在缔约国合法居住，自 2000 年起持有永久居留证，同缔约国一名国民结婚，儿子是缔约国国民，且提交人在被拒绝入境前的 14 年时间里，在缔约国已经建立家庭生活。提交人被拒绝进入缔约国，无可置疑地构成对

---

① ［奥］曼弗雷德·诺瓦克：《〈公民权利和政治权利国际公约〉评注》（修订第 2 版），孙世彦、毕小青译，生活·读书·新知三联书店 2008 年版，第 413－414 页。

② 根据第 2009/2010 号来文案，Timur Ilyasov 诉哈萨克斯坦，人权事务委员会 2014 年 7 月 7 日至 25 日通过的意见，来文提交人 Timur Ilyasov 是俄罗斯联邦国民，车臣族，他称哈萨克斯坦侵犯了他根据《公民权利和政治权利国际公约》第 2 条第 3 款（甲）项、第 12 条、第 14 条、第 19 条第 2 款、第 23 条和第 26 条享有的权利。委员会注意到，提交人就第 23 条所陈述的事实似乎涉及《公民权利和政治权利国际公约》第 17 条下的问题。提交人 Ilyasov 陈述，提交人于 1994 年首次抵达哈萨克斯坦，之后一直居住于此，2000 年获得永久居留证。2003 年 2 月与一名哈萨克斯坦国民结婚，2003 年 6 月育一子，也是哈萨克斯坦国民。2008 年 2 月 14 日，提交人与儿子赴俄罗斯探望父母，于 2008 年 8 月 24 日返回，在阿克套机场检查站，哈萨克斯坦国家安全委员会（国安委）边境机关人员未加解释拒绝提交人进入哈萨克斯坦，提交人妻子被迫赶路 1000 多公里接回儿子。提交人妻子向哈萨克斯坦人权与法治国际局寻求帮助，该局向国安委书面询问拒绝入境理由。2008 年 9 月 23 日收到答复，称为了维护国家安全，根据 1997 年《人口迁徙法》第 22 条禁止入境。2008 年 11 月 17 日，国际局代表提交人向阿斯塔纳市法院申诉，法院拒绝受理，称国际局代表未按规定获得提交人授权。国际局上诉至地区法院，法院受理并于 2009 年 1 月 13 日将案件发回阿斯塔纳市法院。2009 年 2 月 27 日，国际局对该申诉作了补充，提出提交人对拒绝入境原因的知情权、迁徙自由、家庭生活权等权利受到侵犯。2009 年 3 月 2 日，阿斯塔纳市法院驳回申诉，以提交人在俄罗斯从事非法活动为由，称国安委争议行为符合法律，为维护国家安全可以限制公民权利，未侵犯提交人权利。2009 年 3 月 16 日之后，国际局又先后向法院等有关机构提出上诉等请求，均被驳回。提交人称，他已用尽所有可用和有效的国内补救办法。提交人称，禁止他进入哈萨克斯坦侵犯他根据《公民权利和政治权利国际公约》第 23 条享有的家庭生活权，阻止他与妻儿一起生活危及他的家庭生活。

提交人家庭生活的干涉。对这种干涉，需进一步考察是否具有任意性或非法性。“任意性”包括不恰当、不公正、缺乏可预测性和不具备法律正当程序等因素。① 为此，人权事务委员会应当对提交人进入领土是否对缔约国国家安全、公共卫生、公共秩序、公共道德或他人权利和自由等构成风险进行评估。缔约国多次提及掌握有提交人据信在他国境内从事某些“非法活动”的信息，缔约国进而得出以上“非法活动”使提交人对缔约国的国家安全构成威胁的结论。② 人权事务委员会认为，没有证据表明该国的国安委和法院对相关情况开展调查，或就案情对提交人开展访谈或讯问。仅根据他国提供的情报就作出禁止提交人入境的决定，而该情报的可信度未经任何正式程序核实。人权事务委员会认为提交人在 3 年多的时间内未获准入境。他既未获知该决定的具体原因，也未获准获得案卷以对决定提出反对。因此，人权事务委员会认为，缔约国没有证明干预提交人受《公民权利和政治权利国际公约》第 17 条和第 23 条保护的权利是正当的，不正当拒绝提交人进入缔约国领土，侵犯了提交人根据《公民权利与政治权利国际公约》第 17 条和第 23 条享有的权利，构成对其家庭生活的任意干涉。

2. 相称性衡量：干涉手段不具有适当性、必要性、协调性

衡量国家的干涉是否具有相称性符合比例原则，需要审查诸多因素，根据“三要素说”，主要审查手段适当性、必要性、均衡性原则，即审查“‘手

---

① 参见第 1134/2002 号来文，Gorji－Dinka 诉喀麦隆，人权事务委员会于 2005 年 3 月 17 日通过的意见，第 5.1 段；第 305/1988 号来文，van Alphen 诉荷兰，人权事务委员会于 1990 年 7 月 23 日通过的意见，第 5.8 段；第 1557/2007 来文，Nystrom 诉澳大利亚，人权事务委员会于 2011 年 7 月 18 日通过的意见，第 7.6 段。

② 本案中，缔约国提出，已成立由检察长办公室、外交部和其他相关机关代表组成的“特别工作组”，审议向人权事务委员会提出的针对哈萨克斯坦的申诉并以“适当方式”对申诉作出回应。缔约国提出，2011 年 3 月 14 日，国安委收到消息，提交人已放弃非法活动。因此，提交人获准重新进入哈萨克斯坦，检察长办公室于 2011 年 4 月 4 日致信提交人及其代理人，将此事告知他们。缔约国提出，根据《国家安全机构法》第 13 条第 3 款的规定，拒绝危及或损害社会安全和国家安全的个人入境。根据俄罗斯联邦提供的情报，提交人对哈萨克斯坦构成此种危险，因此国安委的行动被法院认定为合法且符合哈萨克斯坦签署的国际条约。另外，缔约国提出，缔约国没有阻挠他与家人团聚，因为按照哈萨克斯坦法律可以自由离开哈萨克斯坦，提交人的妻儿完全可以在俄罗斯联邦与提交人相聚。

段与目的关联’、‘最小侵害’和‘利益衡量’等内容”[①]。这些原则主要通过一些客观事实加以判断，例如“申诉人在受控国定居时间的长短；申诉人与其母国关系的亲疏；申诉人的家人情况；有关当局行为后果的严重程度”[②]。“通过对公益与私益之间的比较权衡来决断何种利益更为重要而加以支持保护。”[③] 如果确定儿童存在有效家庭生活，国家对该儿童家庭生活的干预，不仅要符合所追求的目的，而且采取的手段必须与目的相称，无论是以公共利益为由驱逐出境导致儿童与家庭成员分离，还是拒绝入境、居留使已经亲子分离的儿童与家人团聚，均应考虑手段与目的是否相称，于儿童个人权利与公共利益之间作出公平的平衡。

（1）手段与目的不关联：为阻止母亲干扰而剥夺亲子间18个月的所有联系。

在欧洲人权法院审理的安德森（Andersson）诉瑞典案中，“瑞典社会福利机构将安德森置于公共照顾之中，因为他的健康和发展受到了与母亲行为相关的严重干扰，并且他被停止到校学习。当局为此禁止安德森的母亲在18个月内通过邮件或电话与儿子取得联系，此外，也严格限制其母亲的探视权”[④]。“瑞典政府称，安德森母亲妨碍儿子被安排在社会福利机构，多次煽动和协助安德森逃离社会福利机构，以此证明瑞典政府对其母亲探视和与儿童通信的限制是合理的。然而，欧洲人权法院认为，瑞典政府所称理由并不能证明有必要剥夺母亲与儿子在18个月内的几乎所有联系方式。而且，有关探视和通信的限制与追求目的不成比例，认为这些限制在民主社会中是不必要的。”[⑤]

---

① 杨翱宇：《论比例原则在民法中的地位》，载《河北法学》2017年第12期。

② 杨成铭：《论欧洲人权机构对家庭生活权的保护》，载《法学论坛》2005年第2期。

③ 杨翱宇：《论比例原则在民法中的地位》，载《河北法学》2017年第12期。

④ Courtney R. Howell, *The Right to Respect for Family Life in the European Court of Human Rights*, 34 U. Louisville J. Fam. L. 693 (1995).

⑤ Courtney R. Howell, *The Right to Respect for Family Life in the European Court of Human Rights*, 34 U. Louisville J. Fam. L. 693 (1995).

（2）手段与目的不相称：以坚持移民政策或刑事政策为目的驱逐无危险性的外国人致使亲子分离。

不符合“维纳塔检验标准”（执行移民法＋额外理由）驱逐出境。所谓不符合“维纳塔检验标准”而驱逐出境，是指缔约国欠缺执行移民法之外的必要额外理由而将外国人驱逐出境。根据判例，缔约国从本国领土驱逐长期居住并已建立持久稳定家庭生活联系的外国人，如果将导致亲子分离的，基于儿童最大利益考虑，不应仅是为了单纯执行移民法，而是必须在执行移民法之外，另有其他必要的额外理由，如外国人构成严重危及缔约国公共安全的犯罪等。“如果已经在缔约国的领土内居住相当长的时期，与居住国建立了家庭联系以及其他的联系（如工作、商业、财产），他们就能得到第 17 条的保护而不被驱逐出境，除非当局能说明将他们赶出该国领土乃是出于极大的公共利益。”在这方面，人权事务委员会的首个案例是维纳塔（Winata）诉澳大利亚案，被称作“维纳塔检验标准”。“申诉人是一对以前有着印度尼西亚国籍的非婚伴侣，他们于 1985 年和 1987 年分别以旅行签证和学生签证来到澳大利亚。签证到期后，他们仍然非法停留在澳大利亚。1988 年，他们的儿子出生，因为出生在澳大利亚而获得了该国公民身份。这对父母申请签证，理由是因为他们的华裔出身和天主教信仰，可能使他们回到印度尼西亚会面临迫害。然而，他们的申请被拒绝，他们面临着被驱逐的威胁。委员会承认一个缔约国在执行其移民政策并命令非法居留的人离开的方面，有很大的回旋余地。但是这一自由裁量权并不是无限制的，在某些情况中可能被任意地行使。在本案中，两位提交人在澳大利亚停留的时间已经超过了 14 年。提交人的儿子从 13 年前出生开始就在澳大利亚长大，像通常孩子一样在澳大利亚学校上学并形成了固有的社会关系。鉴于这一持续的时间段，缔约国有责任以更多事实合理地证明将父母二人驱逐不单单是为了执行其移民法，以避免这种行为被认定具有任意性。”[①] 除了以执行移民法为由，如果外国人构成严

---

① ［奥］曼弗雷德·诺瓦克：《〈公民权利和政治权利国际公约〉评注》（修订第 2 版），孙世彦、毕小青译，生活·读书·新知三联书店 2008 年版，第 415 页。

重危害缔约国公共安全的犯罪，可以作为合理理由将该外国人驱逐出境。由于该案中不存在诸如申诉人有犯罪行为等额外理由，人权事务委员会认定澳大利亚针对本案中父母和孩子的做法“违反了第 17 条第 1 款和第 23 条，涉及儿子的部分还违反了第 24 条第 1 款。[①] 非法居民的子女有权留在一个国家，因为该子女在澳大利亚出生，并在过去 13 年中已作为普通的澳大利亚儿童融入社会”，[②] 但该子女的父母却面临被驱逐出境，[③] 驱逐出境的决定是任意的。

前文案例阐明，可以基于“维纳塔检验标准”，对外国人依据移民法的规定，同时在外国人构成犯罪的情形下（执行移民法 + 额外理由）将外国人驱逐出境。但即使构成犯罪，也并非所有犯罪行为都无一例外地构成驱逐的合理理由，除非有极大的公共利益方面的考虑，特别是导致亲子分离侵害儿童家庭生活权的，应优先考虑儿童最大利益。在 Noureddine Maalem 诉乌兹别克斯坦案中，缔约国将犯罪的外国人驱逐出境导致亲子分离，就当事国是否构成“任意干涉”家庭生活权，人权事务委员会给出了非常详尽的意见。在第 2371/2014 号来文中，来文提交人 Noureddine Maalem 系阿尔及利亚国民，生于 1962 年，1983 年作为留学生抵达乌兹别克斯坦，之后一直在乌兹别克斯坦生活。1992 年与乌兹别克斯坦公民 Maalem 女士结婚，育有 5 个子女，都是乌兹别克斯坦公民。提交人于 1993 年获得居留许可，但始终未获乌兹别克斯坦公民身份。来文是以夫妻及 5 个子女（其中 3 人尚未成年）的名义提交。Maalem 曾于 2009 年初被指控犯人口贩运罪，被刑事定罪并判处 8 年徒刑，但提交人一直否认犯罪，认为自己被诬陷。提交人在 2014 年 2 月 24 日服刑 5 年后被法院决定赦免，并命令驱逐出境。提交人先后向上诉法院和最高法院

---

① 参见［奥］曼弗雷德·诺瓦克：《〈公民权利和政治权利国际公约〉评注》（修订第 2 版），孙世彦、毕小青译，生活·读书·新知三联书店 2008 年版，第 415 页、第 545 页。

② John Tobin, *The UN Convention on the Rights of the Child: A Commentary*, Oxford University Press, 2019, p. 582.

③ 参见第 1069/2002 号来文，Bakhtiyari 诉澳大利亚，人权事务委员会于 2003 年 10 月 23 日通过的意见，第 9.6 段；第 1011/2001 号来文，Madafferi 诉澳大利亚，人权事务委员会于 2004 年 8 月 26 日通过的意见，第 9.8 段。

提起上诉和监察复审请求，均被驳回。提交人主张，本人并非游客，与乌兹别克斯坦公民结婚，5 个子女都是乌兹别克斯坦公民，且自己是无辜的，没有犯罪行为。驱逐意味着与家人永久分离，没有考虑自己和儿童享有的家庭生活权，对儿童身心健康、整体发展将造成很大负面影响，侵犯了公约规定的家庭生活权。[①] 人权事务委员会认为，缔约国驱逐 5 个子女的父亲，并限制其重新进入该国，构成对家庭生活的“任意干扰”。人权事务委员会回顾，任意性概念包括不适当、不公正，缺乏可预测性和不符合正当法律程序等要素，不符合合理性、必要性和相称性等要素。[②] 如果家庭的部分成员必须离开缔约国领土而其他家庭成员有权留下，则必须基于以下标准来评估对家庭生活的具体干扰是否具有客观理由，即一方面需要考虑缔约国驱逐有关人员的理由是否充分，另一方面需要考虑此种驱逐对有关家庭及其成员造成的困难程度。本案中，Maalem 先生在乌兹别克斯坦居住了 30 多年，已与缔约国密不可分。Maalem 先生犯罪后已经服刑，没有证据表明其对缔约国构成安全威胁，缔约国没阐明何以坚持推行刑法政策的合理目标要无一例外地自动驱逐曾经犯罪并已服刑期满的外国人，而应该优先考虑提交人子女的最大利益。如果将 Maalem 先生驱逐回 30 多年前离开的阿尔及利亚，并限制其重新入境，而子女不可能跟随父亲前往阿尔及利亚，因为他们是乌兹别克斯坦国民，也难以通过定期探亲充分保持家庭联系。此种情况下，在影响儿童的所有决定中，应优先考虑儿童最大利益。本案中，缔约国未优先考虑儿童最大利益，干扰了家庭生活，给提交人及其子女造成极大困扰。迫使提交人要么选择作为一个家庭单位离开缔约国，让子女面临无法预料的挑战，要么就须听任家庭单元破裂。家庭面对的两难选择都不符合儿童最大利益。人权事务委员会认为，对 Maalem 先生发出驱逐令构成对提交人及其子女的家庭生活不相称的干扰，而缔约国对将他驱逐至阿尔及利亚的理由不能作出解释。人权事务委员会的结论是，就提交人及其子女而言，对 Maalem 先生的驱逐令导致了任意干扰家

---

① 参见第 2371/2014 号来文，Noureddine Maalem 和 Guldez Maalem 诉乌兹别克斯坦，人权事务委员会于 2018 年 7 月 17 日通过的意见。

② 参见关于人身自由与安全的第 35（2014）号一般性意见，第 12 段。

庭生活权，违反了《公民权利和政治权利国际公约》第17条第1款以及第23条第1款。[①]

（3）手段并非最小危害：干涉对儿童家庭生活的负面影响超过驱逐犯罪父母带来的好处。

以违反入境或居留方面的移民法为由驱逐父母一方或双方从而导致家庭破裂是不相称的做法，因为限制家庭生活对子女生活的负面影响超过了强迫犯有与移民有关罪行的父母离境所带来的好处。评估干涉家庭生活是否合理的相关标准，必须考虑国家将有关人员驱逐出境的理由的重要性，以及这种驱逐出境给家庭造成的困难程度。例如，在一份来文中，“一对土耳其合法夫妇永久合法地居住在荷兰，并有一个孩子居住在土耳其，另外两个孩子在东道国出生，他们要求准许第一个孩子入境和居住。被荷兰当局拒绝。在这种情况下，法院认为，这种否认是对家庭生活的不成比例的干预。父母以稳定的方式扎根在荷兰，他们在该国出生的两个孩子适应了出生国的要求，而儿子的年龄与父母和兄弟的团圆是足够的融入家庭的方式”[②]。欧洲人权法院曾指出，“国家拒绝准许入境、居留或驱逐申请人，剥夺其享受权利的机会，是否是对所追求合法目标的适当反应。在作出这一评估时，法院还须确保在个人权利和公共利益之间取得公平的平衡”[③]。缔约国可以依据其他理由，如在涉及贩毒者的驱逐案件中“保护健康和道德”，以及在拘留和出入境案件中“保护他人的权利和自由”，但依据这些其他理由通常是以更有条件的措辞说明的。[④]

（4）后果与目的不相称：将与国籍国无任何联系的移民二代驱逐出境。

如果居住国已成为移民儿童的本国，移民儿童与自己的国籍国并没有实质性联系，则为了儿童最大利益，不应将移民儿童驱逐出境。“如果一个外国

---

① 参见第2371/2014号来文，Noureddine Maalem和Guldez Maalem诉乌兹别克斯坦，人权事务委员会于2018年7月17日通过的意见。

② Maribel Gonzúlez Pascual & Aida Torres Pérez, *The Right to Family Life in the European Union*, Routledge, 2017.

③ Shazia Choudhry, *Article 7 - Right to Respect for Private and Family Life*（*Family Life Aspects*）, Queen Mary, University of London 14 PUBLICATIONS, p. 217.

④ See Hugo Storey, *The Right to Family Life and Immigration Case Law at Strasbourg*, 39 INT'L & COMP. L. Q. 328（1990）.

人被判定犯有严重的刑事罪行，或者因为诸如恐怖活动等其他原因，构成了对缔约国的国家安全和公共秩序的威胁，他或她即使在居住国有相当长时期的私人的、家庭的和商业的联系之后，依然可能被驱逐。只有在居住国成为某人的本国——就像移民第二代的情况，他们和自己的国籍国没有任何有意义的联系——之后，驱逐才不再构成处置这些人的合理方式。"① "在巴克提亚里等人诉澳大利亚案（Bukhtiyarietal. v. Australia）中，人权事务委员会认为，没有等待丈夫的诉讼程序的最终决定就驱走其妻子和孩子从而使这个难民家庭分离，这构成对第17条第1款和第23条第1款的违反。"②

在提交人 Deepan Budlakoti 诉加拿大的第2264/2013号来文中，Deepan Budlakoti 于1989年生于加拿大，一直在加拿大生活。提交人的父母拥有印度国籍，作为游客在缔约国合法居留，于1992年获得加拿大永久居民身份。提交人的父母认为，提交人因出生于加拿大自动成为加拿大公民，因此没有为他申请永久居民身份。2009年12月，提交人被控犯有非法闯入罪，处监禁4个月缓刑12个月。2010年12月，他被判犯有贩运和持有火器罪被判处3年监禁和8个月判决前拘留，因持有和贩运违法物品分别被判处1年和6个月拘留，二者合并执行。2010年4月，提交人在监禁期间首次从加拿大边境服务局的一位官员处听说他不是加拿大公民。在2011年10月24日的居留资格听证会上，公共安全与应急准备部部长说，提交人不是加拿大公民，他的加拿大护照是错误发放的，他的罪名属于严重犯罪。2011年12月8日，移民和难民委员会官员根据《移民和难民保护法》，认为提交人没有资格继续留在加拿大，决定取消其永久居民身份，并下达驱逐令。提交人申请对驱逐令的司法审查被驳回。提交人认为，驱逐他到印度侵犯他依据《公民权利和政治权利国际公约》第17条和第23条第1款规定所享有的家庭生活免遭任意干涉的权利，他将被迫与父母和弟弟分离，由于经济原因他家人无法前往印度探望

① ［奥］曼弗雷德·诺瓦克：《〈公民权利和政治权利国际公约〉评注》（修订第2版），孙世彦、毕小青译，生活·读书·新知三联书店2008年版，第413-414页。

② ［奥］曼弗雷德·诺瓦克：《〈公民权利和政治权利国际公约〉评注》（修订第2版），孙世彦、毕小青译，生活·读书·新知三联书店2008年版，第416页。

他，这对他家庭生活的干涉是任意和非法的，驱逐他的后果与缔约国预防犯罪的目的不相称。人权事务委员会忆及以往判例，缔约国拒绝允许家庭成员留在领土上将涉及干涉其家庭生活。如果迫使提交人与家人分离以及由此对提交人造成的影响与驱逐的目的不相称，驱逐可被视为任意干涉家庭，违反《公民权利和政治权利国际公约》第 17 条。因此，人权事务委员会必须审查，以确定这种干涉是否具有任意或非法性质。人权事务委员会忆及，任意性概念包括不适当、不公正、缺乏可预测性和不符合正当法律程序等要素，以及合理性、必要性和相称性等要素。对此评估，一方面需要考虑缔约国驱逐有关人员的理由是否充分，另一方面需要考虑此种驱逐对有关家庭及其成员造成的困难程度。本案中，缔约国的《移民和难民保护法》明确规定，非国民被判严重罪行成立并处至少 6 个月监禁，则其永久居民身份可被取消。人权事务委员会注意到缔约国声称，将提交人驱逐到印度与他的罪行的严重性相称。而提交人声称，他与印度没有任何联系，他同家人保持着密切关系，驱逐将完全破坏他的家庭关系，他家人因经济原因无法前往印度探望他，如果提交人被驱逐到印度，将对他的家庭关系造成不利影响。提交人的两次定罪分别发生在 2009 年和 2010 年，自获释后没有再犯。因此，人权事务委员会得出结论认为，将提交人驱逐到印度的做法，如果付诸实施，将构成对《公民权利和政治权利国际公约》第 17 条和第 23 条第 1 款的违反，对提交人家庭生活的干涉将会与预防进一步犯罪的正当目的不相称。①

（三）合法干涉儿童家庭生活权的评断

1. 符合儿童最大利益且经过法定程序的亲子分离

对儿童家庭生活的干涉，符合儿童最大利益，且已经由法院等机构通过法定程序作出裁断，则干涉具有合法性。“在巴克尔诉新西兰案（Buckle v. New Zealand）中，委员会必须决定一个困难的问题，即法院将 6 个孩子（年

① 参见第 2264/2013，Deepan Budlakoti 诉加拿大，人权事务委员会于 2018 年 8 月 29 日通过的意见，第 9.5 段、第 9.7 段。

龄分别在1岁到8岁之间）带离母亲，不再由她照顾的决定——因为据称她没有能力充分照顾他们——是否侵犯了他们家庭生活的权利。委员会虽然承认‘将母亲与孩子分离的重大性质’，但考虑到各种程序上的保障以及法院、社会工作者和一个家庭团体会议寻求另一种解决方式的各种努力，委员会最终总结认为对提交人的家庭生活的干预既不是非法的，也不是任意的。”①

2. 具有合理性的拒绝入境、驱逐出境

部分判例表明，外国人有合法理由居留在居住国的，其与未成年子女等家庭成员的家庭生活权应受保障，不得任意非法使儿童与父母亲子分离。但如果外国人触犯居住国的法律，构成威胁居住国公共秩序和国家安全的严重犯罪，则将其驱逐出境具有合法性。由此导致的亲子分离不构成干涉儿童家庭生活权，但应作出符合儿童最大利益的适当安排。“如果一个外国人被判定犯有严重的刑事罪行，或者因为诸如恐怖活动等其他原因，构成了对缔约国的国家安全和公共秩序的威胁，他或她即使在居住国有相当长时期的私人的、家庭的和商业的联系之后，依然可能被驱逐。”②

概言之，人权条约机构在审议个人来文判例以及欧洲人权法院审理案件过程中，逐步形成了认定是否构成任意、非法干涉儿童家庭生活权的基本分析框架，即评断基准。首先，进行“适用性”评断，评断儿童家庭生活是否有效存在，具有有效家庭生活是国家履行尊重义务的前提，对已经有效存在的家庭生活，再进一步衡量国家公权力施加的干预是否合法正当？其次，进行“合规性”评断，评断在保障儿童家庭生活权实现过程中，国家公权力施加的手段是否构成干涉？最后，如果构成干涉，再进一步评断干涉是否具有任意性、非法性？为此需要考量如下因素：第一，干涉是否符合法律规定，具有合法性。第二，干涉是否符合正当目的，具有正当理由，具有合理性、必要性。所谓正当目的，是出于国家安全、公共安全或者国家的经济福利的利益考

---

① ［奥］曼弗雷德·诺瓦克：《〈公民权利和政治权利国际公约〉评注》（修订第2版），孙世彦、毕小青译，生活·读书·新知三联书店2008年版，第416页。

② ［奥］曼弗雷德·诺瓦克：《〈公民权利和政治权利国际公约〉评注》（修订第2版），孙世彦、毕小青译，生活·读书·新知三联书店2008年版，第413－414页。

虑，防止混乱或者犯罪，保护健康或者道德，保护他人的权利与自由而有必要进行干预的。[①] 但应注意在儿童最大利益与社会公共利益之间取得公平的平衡。第三，干涉手段与目标是否成比例，是否与所追求的目的相称。[②]

四、对国家履行保护义务的监督——合规性评断

人权事务委员会等条约机构在“适用性”分析基础上，如果认定儿童存在有效家庭生活应得到国家尊重和保障，还应进一步审查各缔约国是否合规履行了保护义务，即进行“合规性”评断。

在国际人权实践中，人权事务委员会等条约机构监督各缔约国是否“合规”履行了作为积极义务的保护义务，评断的步骤和基准如下：首先，判断各缔约国是否应当履行而未履行积极保护义务。其次，如果履行了保护义务，再进一步判断是否未“适足”履行保护义务？是否存在“不足”或者“过当”的情形？概言之，以是否“履行”以及是否“适足履行”为主要评断基准，如果不符合上述要求，便构成国家对儿童家庭生活权保护义务的违反。

（一）国家不履行保护义务的认定

在第2279/2013号来文，Z诉澳大利亚案，人权事务委员会认为缔约国未采取必要措施保障提交人与儿子间的家庭生活权。[③] 来文提交人为Z，是波兰和澳大利亚公民，代表本人及其同为波兰和澳大利亚公民的儿子N提交申诉。提交人声称，澳大利亚侵犯了他依据《公民权利和政治权利国际公约》第14条、第17条第1款、第23条第1款和第26条享有的权利。提交人Z于2000年在波兰结婚，2004年育有一子N，2006年12月全家搬至澳大利亚珀斯。2009年9月，Z的妻子取得澳大利亚国籍，同年10月全家回到波兰，波兰是

---

① 参见第930/2000号来文，Winata诉澳大利亚，人权事务委员会于2001年7月26日通过的意见，第7.1段；第1246/2004号来文，Gonzalez诉圭亚那，人权事务委员会于2010年3月25日通过的意见，第14.3段。

② See Austen Morgan, *Right to respect for private and family life：immigration*, p. 2.

③ 参见第2279/2013号来文，Z诉澳大利亚，人权事务委员会于2015年10月19日至11月6日通过的意见，第7.3段。

Z 的公司总部所在地。之后不久，Z 的妻子想搬回澳大利亚，威胁 Z“将儿子带到他找不到的地方”。Z 遂将儿子的澳大利亚护照藏起来。2010 年 2 月，Z 在波兰提起离婚及儿子监护权诉讼。2010 年 3 月 5 日，Z 的妻子向澳大利亚驻华沙大使馆提交其儿子的紧急护照申请，3 月 17 日签发护照。[①] 3 月 31 日，Z 的妻子未经 Z 同意携子飞往澳大利亚。4 月 13 日，Z 的妻子向澳大利亚家事法院提交儿童监护权申请，4 月 21 日，该法庭签发临时命令，要求孩子与母亲生活在一起。波兰普沃茨克巡回法院在 Z 于 2010 年 2 月提起离婚后于同年 8 月 2 日裁决离婚，判定孩子由 Z 单独监护。2010 年 6 月 18 日，Z 依据《国际诱拐儿童民事方面的公约》向波兰中央主管当局提交了儿童返还申请，波兰中央主管当局向澳大利亚中央主管当局转递了申请。西澳大利亚家事法院于 2011 年 2 月 4 日裁决，命令将 Z 的儿子送回波兰。2011 年 2 月 16 日，Z 的前妻就上述裁决向西澳大利亚家事法院上诉法庭提起上诉。上诉法庭于 2011 年 4 月 13 日举行口头审理，于 7 月 8 日推翻了家事法院的裁决，裁定澳大利亚中央主管当局不应受理请求将永久居住在澳大利亚的儿童送回的申请。Z 就裁决向澳大利亚高等法院提出上诉申请被驳回。2011 年 12 月 6 日，Z 向澳大利亚中央主管当局提交申请，请求探望儿子。2012 年 11 月 1 日，中央主管当局答复 Z，要求其填写一份额外探望申请。2013 年 7 月 2 日，Z 向西澳大利亚家事法院提交了《海牙公约》规定的探望申请。2014 年 5 月 27 日，西澳大利亚家事法院命令撤销之前所有抚养令，将孩子唯一抚养责任委托给母亲，孩子与母亲住在一起，在母亲或核准机构监督下，允许 Z 在与前妻商定日期与孩子见面。Z 声称，将儿子从波兰家中带走构成任意干涉家庭，强制带离侵犯了 Z 享有的家庭生活权，违反了《公民权利和政治权利国际公约》第 17 条、第 23 条第 1 款。

人权事务委员会认为，剥夺父亲对孩子的照看构成对父亲和孩子家庭生

---

① 提交人提供了澳大利亚外交贸易部护照业务科主任一封日期为 2010 年 4 月 9 日的信函的复印件，其中通知提交人，已经按照 2005 年《澳大利亚护照法》第 11 条签发其儿子的护照。《澳大利亚护照法》规定，在特殊情况下，包括在提交护照申请前儿童离开澳大利亚的时间不满 12 个月，可不经父母一方同意和没有法院命令就签发儿童护照，并且部长也认为应签发护照，以使该儿童能够返回澳大利亚。

活权的干涉。问题是，根据《公民权利和政治权利国际公约》第 17 条的规定，需认定干涉是否属于任意的或非法的。对此，人权事务委员会忆及，在孩子的监护权与探望权案件中，用来评估对家庭生活的具体干涉是否有客观、正当理由的相关标准，一方面，须根据父母与孩子保持个人关系和相互之间经常联系的权利来审议；另一方面，须根据孩子的最大利益来审议。[①] 在本案中，人权事务委员会认为，在提交人 Z 之子被从波兰带走后，国家主管当局没有采取任何措施，让提交人及其儿子保持联络，并且因 2010 年 4 月 12 日同时提出的监护权诉讼，提交人的探望申请于 2014 年 1 月 29 日遭到西澳大利亚家事法院驳回。由于缔约国没有作出解释说明理由，人权事务委员会认为缔约国在提交人的儿子离开波兰后未采取必要措施保障提交人及其儿子之间的家庭生活权。[②] “根据上述几点，委员会断定，摆在其面前的事实构成了任意干涉提交人的家庭，违反了《公约》第 17 条第 1 款，缔约国未根据《公约》第 23 条第 1 款采取必要步骤保障家庭受保护的权利。”[③] 基于上述理由，以及缔约国未提供任何资料说明未让提交人与其儿子接触是基于孩子的最佳利益，人权事务委员会还裁定，缔约国未根据提交人之子作为未成年人的要求采取必要保护措施，这违反了《公民权利和政治权利国际公约》第 24 条第 1 款。人权事务委员会根据《公民权利和政治权利国际公约任择议定书》第 5 条第 4 款行事，认为摆在人权事务委员会面前的事实显示违反了《公民权利和政治权利国际公约》第 14 条第 1 款、第 17 条、第 23 条和第 24 条。根据《公民权利和政治权利国际公约》第 2 条第 3 款（甲）项的规定，缔约国有义务为提交人提供有效的救济。这要求缔约国对《公民权利和政治权利国际公约》权利受到侵犯的个人给予充分赔偿。因此，除其他外，缔约国有义务确保提交人与其儿子之间保持定期联络，并为提交人提供充分的赔偿。缔约国还有

---

① 参见第 946/2000 号来文，L. P. 诉捷克共和国，人权事务委员会于 2002 年 7 月 25 日通过的意见，第 7.3 段。

② 参见第 2279/2013 号来文，Z 诉澳大利亚，人权事务委员会于 2015 年 10 月 19 日至 11 月 6 日通过的意见，第 7.3 段。

③ 第 2279/2013 号来文，Z 诉澳大利亚，人权事务委员会于 2015 年 10 月 19 日至 11 月 6 日通过的意见，第 7.4 段。

义务确保今后不再发生类似的违约情况。

（二）国家未“适足”履行保护义务的认定

为保障儿童家庭生活权，条约机构监督缔约国是否履行保护义务，落足点在于评断缔约国是否“适足”履行积极的保护义务，无论是“不足”还是“过当”，都构成对积极保护义务的违反。“不足禁止”是审查缔约国是否履行保护义务的重要评断基准。条约机构对缔约国履行保护义务的“不足禁止”，是指国家履行积极的保护义务时，不得低于最低限度的要求，旨在确保保护措施有效与妥适，寻求最佳介入效果。[①] 根据欧洲人权法院的判例，如果子女被诱拐，一方无法与子女建立定期和有效联系，则法院有必要审查社会福利机构是否在特定情况下采取了一切必要措施，以便加强与其子女之间的联系。这些措施的充分性、适足性应以执行的速度来判断，因为时间的流逝可能对申诉人与其子女之间的关系产生不可补救的后果，并可能影响对该问题的事实裁决。[②]

相关判例多发于国际儿童诱拐、交往权纠纷、监护权纠纷、父母单方跨国送养等纠纷中。全球化背景下，跨国流动日益频密，跨国婚姻随之增多。而受配偶双方文化差异、分居等多方面因素的影响，跨国婚姻更为脆弱，部分婚姻破裂后，双方争夺孩子监护权，甚至父母一方未经他方同意私自将子女带回国籍国或住所地国，或者在子女来访时将其滞留，此类“国际儿童诱

---

① 参见王进文：《基本权国家保护义务的疏释与展开——理论溯源、规范实践与本土化建构》，载《中国法律评论》2019 年第 4 期。

② 参见 S. S. *v.* Slovenia, No. 40938/16, 30 October 2018. 社会福利中心实施了一项监督措施，旨在在申诉人与其子女之间建立不受阻碍的联系。在尝试多次见面失败后，在监督官员的建议下，市法院于 2011 年 12 月 28 日决定下令强制执行其先前的决定（判决第 59 段）。根据监督人员和社会福利中心的报告，市法院于 2012 年 8 月 6 日改变了探视安排，规定申诉人有权在与其父亲住在一起的地方附近看望子女（判决第 69 段）。在申诉人为变更探视安排而提起的新诉讼中，根据社会福利中心的建议（判决第 77 段），市法院于 2013 年 11 月 11 日指定专家以确定儿童拒绝与其母亲联系的原因（判决第 80 段）。这些专家批评了福利和司法民政部门至当时为止的处理方式，因此要求解除与法院的进一步合作（判决第 84 段）。面对这种反应，市法院指定了新专家，2015 年 8 月 31 日，接到举报后，将孩子的父亲转为心理治疗，指示监督人员与其合作，改变对申诉人的负面态度，并责令社福利中心指定一名特别监护人儿童的诉讼（判决第 90 段）。

拐”屡见不鲜，严重影响了儿童监护权和交往权的正常实现。其中，儿童诱拐是指“未经有权照顾儿童的人的同意或合法授权，将儿童带走的情形。如果儿童脱离照料者的照料或者未经照料者的同意，而被迁移出国界，那就构成了国际儿童诱拐”①。“国际儿童诱拐应包括两种情况：一种情况是非法迁移儿童，指未经有权决定儿童生活居所的人的同意，单方将儿童迁移出国界的行为；另一种情况是非法滞留儿童，指侵犯另一方监护权而将儿童滞留在国外。”②“儿童诱拐”主要指父母、法定监护人或其他近亲属单方迁移或滞留儿童的行为，并非第三方“诱拐”或“绑架”。为此，多数国家将儿童诱拐视为私法事项，第三方诱拐或绑架则构成犯罪。“儿童诱拐”将被拐儿童从其惯常生活环境中脱离，改变了既有监护关系，侵犯了儿童与父或母等家庭成员的家庭生活权，造成了儿童心灵创伤，也侵犯了失去孩子的父母一方的监护权。

在第514/1992号来文Sandra Fei诉哥伦比亚案中，人权事务委员会根据《公民权利和政治权利国际公约任择议定书》第5条第4款通过了意见。③来文提交人Sandra Fei为意大利和哥伦比亚公民，1957年生于波哥大，后住意大利。Sandra Fei女士称哥伦比亚违反了《公民权利和政治权利国际公约》第17条、第23条第4款和第24条等规定。Sandra Fei在1976年与Ospina Sardi结婚，1977年两人出现矛盾，1981年Sandra Fei离家出走，后赴巴黎担任记者，婚后所生的两个孩子由丈夫抚养。1982年5月19日哥伦比亚法院通过一项指令确定Sandra Fei与丈夫分居，孩子暂由父亲照管。Sandra Fei之后在巴黎一家法院提起离婚诉讼。1985年9月26日，孩子在巴黎探亲期间被其父亲绑架（带走）了。之后的1985年9月至1988年9月期间，Sandra Fei不知孩子下落，请求意大利外交部予以协助，意大利外交部请求哥伦比亚当局提供情况和司法协助。Sandra Fei称，哥伦比亚当局要么答复模糊要么否认侵犯提

---

① 王葆莳：《德国联邦最高法院典型判例研究家庭法篇》，法律出版社2019年版，第287条。

② 王葆莳：《德国联邦最高法院典型判例研究家庭法篇》，法律出版社2019年版，第287条。

③ 参见第514/1992号来文，Sandra Fei诉哥伦比亚，人权事务委员会于1994年4月4日通过的意见。

交人权利。1988 年夏天、1989 年 3 月，Sandra Fei 在意大利外交部官员协助下找到并两次与两个孩子见面，但时间都很短。此后，Sandra Fei 只能通过电话或信件与孩子联系。其间，Ospina Sardi 先生在波哥大起诉离婚，请求单独抚养孩子，并请求禁止孩子离开哥伦比亚。1989 年 3 月 13 日，波哥大第一巡回法院作出离婚终审裁决，Sandra Fei 于 1989 年 11 月才获悉，Ospina Sardi 先生拒绝遵守裁决书，并于 1991 年 6 月 21 日请求修改提交人的探视权，不准提交人来看望孩子，也不准孩子赴意大利探望母亲。1992 年 11 月 24 日，波哥大高级法院家庭法庭审理了 Ospina Sardi 先生的申诉，暂停提交人与孩子在哥伦比亚以外的任何联系。后意大利外交部得知，该案已移交哥伦比亚总检察署，总检察署负责审查哥伦比亚各法院所作裁决的执行情况。总检察长最初未作调查，未就 Ospina Sardi 先生拒不遵守裁决提起刑事诉讼。几个月后，他以本人与 Ospina Sardi 先生有“深厚友情”为由要求取消自己审理此案资格，该案转由他人处理。此后，意大利当局数次向哥伦比亚外交部申诉，哥伦比亚外交部答应早日设法解决，但未定日期，未作满意答复。Sandra Fei 以宪法权利遭到侵犯为由先后向哥伦比亚最高法院对波哥大第 19 家庭法院、总检察署以及 1992 年 11 月 24 日的裁决提起诉讼。1993 年 2 月 9 日，最高法院民事法庭撤销了 1992 年 11 月 24 日裁决书执行部分第一段关于暂停提交人与其孩子在哥伦比亚以外联系的裁定，保留了其他内容。最高法院向第 19 家庭法院和宪法法院送达了此项裁决。1993 年 4 月 14 日，波哥大第 19 家庭法院就修改探视权的请求作出了裁决，对提交人探视孩子，尤其在国外探视孩子的方式规定了某些条件。提交人称，上述事实表明，哥伦比亚违反了《公民权利和政治权利国际公约》第 17 条、第 23 条、第 24 条及《儿童权利公约》第 9 条、第 10 条，任意和非法干扰了她的私生活、侵犯了孩子平等与父母联系的权利。人权事务委员会认为，一方面，提交人提起的每项诉讼都要花几年时间才能结案，即使与不在缔约国境内定居的提交人联系有困难，也不应如此拖延，因为她在哥伦比亚有法律代理人。缔约国未能解释这些拖延现象。另一方面，对以提交人前夫或以孩子名义提起诉讼的审理和结案却快得多。鉴于离婚中父母就与子女联系提起的监护程序或诉讼的性质，所申诉问题应迅速结案。而提交人提起诉讼结案方面的拖延，实际上并未做到这一点。人权事务委员会进一步指出，缔约国当局未能确保提交人前夫执行法院关于准许提交人与孩子联系的指令，如 1982 年 5 月法院指令、1989 年 3 月 13 日法院裁决。提交人曾就这类指令未获执行提出申诉，但在 30 个月后仍在进行调查或搁置不理。人权事务委员会指出，除例外情况，离婚父母有权与子女保持联系，单方反对一般不构成例外。在本案中，提交人的前夫不顾准许母亲与孩子保持联系的法院裁决，以孩子“最高利益”为由拒绝提交人联系，对母女相聚施加严厉限制，而又并无任何特殊情况证明为何要限制提交人与其孩子的联系。Sandra Fei 曾因其前夫拒不执行给予她探视权的法院指令而对其前夫提起刑事诉讼，但由于总检察署拖延不审和置之不理而受挫。在此情况下，没有理由期望她寻求《民事诉讼法》下的任何补救。人权事务委员会认为，在几乎完全看不出有任何特殊情况的本案中，不让父母一方接近其子女并不符合子女“最高利益”。人权事务委员会认为，总检察署未能确保提交人与其女儿的联系交往权，违反了《公民权利和政治权利国际公约》第 17 条第 1 款。根据《公民权利和政治权利国际公约》第 2 条第 3 款（a）项的规定，缔约国有义务向提交人提供有效补救。人权事务委员会认为，这意味着保障提交人与其女儿的经常联系，并且意味着缔约国须确保有利于提交人的裁决得到执行。缔约国有义务确保今后不再发生类似违约行为。人权事务委员会希望在 90 天内收到缔约国关于采取措施落实人权事务委员会意见的情况。

对于“儿童诱拐”案件，国家应承担保护义务，防止和制止儿童诱拐案件的发生。“孩子与父母住在一起，但一方在未获得国家在另一方同意后才能赋予的对孩子的探视权的前提下非法诱拐孩子。在这种情况下缔约国可能存在一定程度上的积极保护义务，即采取一切适当措施将孩子交给与其本来居住在一起的父亲或母亲。而且有一些案件是关于法院在管辖权范围内，在违背亲生父母一方的意愿情况下将孩子交给他人领养的问题。可以想象，采取这样一个尖锐的措施特别需要合理的解释。在所有与孩子的身份有关的案件中，法院在进行比例性审查时主要考量的是孩子的利益最大化问题。”[①] “国际儿童诱拐”的当事人往往居住在不同国家，为遏制此类行为，海牙国际私法会议于1980年通过了《国际诱拐儿童民事方面的公约》，旨在确保缔约国被诱拐的儿童迅速返回和保证儿童监护权和探望权在各缔约国得到有效尊重。虽然该公约是旨在防止国际儿童诱拐的国际私法公约，但客观上起到了保护儿童家庭生活权的作用。根据《国际诱拐儿童民事方面的公约》，[②] 国家有义务采取一切适当措施促成交还儿童，中央主管机关有理由相信儿童在另一缔约国时，应迅速将申请书直接转至该缔约国的中央主管机关，或有可能时通知申请人。儿童所在国的中央主管机关应采取一切适当措施自愿交还儿童，司法或行政机关交还儿童的诉讼程序应迅速进行，如果自诉讼程序开始之日起6个星期内未作出判决，申请人或被请求国家的中央主管机关有权主动或应请求国中央主管机关的请求说明拖延理由，被请求国中央主管机关接到答复后，应将答复转达请求国中央主管机关，或于必要时转达申请人。[③]

小　结

儿童家庭生活权的实现，既离不开各主权国家在领土范围内全面履行义务，也离不开联合国人权条约机构监督缔约国履行义务。在联合国的长期人权实践中，通过系列核心人权公约设立了人权条约机构，包括负责监督儿童家庭生活权相关人权条约在缔约国实施的人权事务委员会、儿童权利委员会、残疾人权利委员会、保护所有移徙工人及其家庭成员权利委员会等4个独立条约机构。除此之外，联合国在工作中逐步形成缔约国报告和个人来文等监督机制，监督各缔约国履行儿童家庭生活权保障义务，保障儿童在联合国人

① 陆海娜、［奥］伊丽莎白·史泰纳主编：《欧洲人权法院经典判例节选与分析——家庭与隐私权》（第2卷），知识产权出版社2016年版，第9页。

② 参见《国际诱拐儿童民事方面的公约》第2条。

③ 参见《国际诱拐儿童民事方面的公约》第9条、第10条、第11条。

权条约框架下充分实现家庭生活权。由此，人权条约监督机制也成为儿童家庭生活权保障规范结构中的重要内容。

联合国人权条约机构在长期的监督实践中，特别是人权事务委员会在审议各缔约国个人来文的具体实践中，形成了大量判例，人权事务委员会在这些判例中的个人来文决定成为裁断各缔约国是否履行儿童家庭生活权尊重义务以及保护义务的重要判断基准。儿童家庭生活权相关条约机构监督各缔约国履行条约义务，主要进行是否适用儿童家庭生活权相关规定的“适用性”评断，以及履行义务是否合规的“合规性”评断。“适用性”评断，即是否适用儿童家庭生活权相关国际人权文书来监督各缔约国履行义务，主要判定家庭生活是否有效存在，如果认定儿童存在有效家庭生活，国家应履行相应义务，条约机构就应进一步对各缔约国是否履行了尊重义务或保护义务进行“合规性”分析。其中，评断缔约国是否“合规”履行消极尊重义务，主要是评断国家是否构成“任意”“非法”干涉。如果干涉具有合法性、必要性，则属于对权利的合法限制，不构成对尊重义务的违反；如果有任意、非法干涉行为，则构成对国家尊重义务的违反。评断各缔约国是否“合规”履行了积极保护义务，以是否“履行”及是否“适足”履行为主要评断基准。如果应履行保护义务而未履行，或者应“适足”履行而存在不足或过当的情形，均不符合“适足”履行的要求，构成国家对儿童家庭生活权保护义务的违反。

第六章　中国保障儿童家庭生活权的国家义务体系建构

家庭生活权是儿童身、心、才、智全面成长的根本保障，被一系列国际人权文书所肯认。为儿童构架一个免受非法侵扰的家庭生活领域，是中国法秩序应维护的根本内容。进入21世纪，儿童家庭生活权面临传统社会既有问题以及工业化、全球化进程中新问题的冲击，拐卖儿童、留守儿童、离婚藏抢儿童等引致的亲子分离，以及来华外国人及其未成年子女在华家庭团聚等问题交织，而儿童家庭生活权在中国法中仍付之阙如。因应客观现实，安定儿童家庭生活秩序，应结合现实国情将儿童家庭生活权保障的国际标准导入中国法秩序之中，置于国家发展的战略清单。

儿童家庭生活权保障的国际人权标准如何导入中国法律体系并发挥规范效力？又如何透过国家义务这一关键路径建构儿童家庭生活权保障制度？将是本部分的重心。

第一节　中国相关立法实践

中国现行法律没有明确规定严格意义上的儿童家庭生活权，这里是从更宏观、更宽泛意义上分析与儿童家庭生活权具有相关性的保护家庭制度和保护儿童权利的中国立法实践。相关内容分别散见于《宪法》《民法典》《未成年人保护法》等法律之中。中华人民共和国成立以来的四部《宪法》均载明了“家庭”“儿童”受国家保护的意旨。在宪法确立的基本原则框架之下，民法借由身份制度规范婚姻家庭制度，确认家庭成员享有身份权，从而维护家庭生活秩序，促进家庭功能发挥；《未成年人保护法》则专门聚焦儿童权利，体系化地全面规定了家庭、学校、社会、网络、政府和司法保护的内容，助推了儿童的整体发展水平和权益保障状况。

一、宪法相关实践

家庭制度作为社会制度的根本内容，儿童权利保护作为法律的核心价值，均应载入作为法秩序规范基础和价值基石的宪法之中。现行《宪法》第 49 条将国家对家庭、儿童的保护均上升为宪法原则。

（一）“家庭受国家保护”之宪法意旨

中国将“家庭”入宪，《宪法》第 49 条规定，“婚姻、家庭、母亲和儿童受国家的保护”，保护家庭成为宪法意旨。如何理解“家庭”？有“制度说”“基本权利说”两种理解。①

首先，国家保护家庭，是指保护“家庭制度”，即“制度性保障”。此学说出自德国公法学家卡尔·施米特所著《宪法学说》。施米特认为，家庭是一种古老的制度安排，这种制度在宪法出现前早已既存，国家宪法应将家庭作为制度予以保护，② 即提供“制度性保障”，以维护该制度的最根本内容不被废改。至于家庭制度的核心内容，是指长期植根于中国传统家庭文化的最本质部分，是家庭制度的最“硬核”部分，即家庭以婚姻为基础，婚姻以异性结合为本质。国家保护家庭，就是保障家庭制度的这些核心内容免遭瓦解。③

其次，国家保护家庭，是指保护家庭基本权利。国家保护家庭从最初涵摄家庭制度到逐步发展为涵摄家庭基本权利，认为人之为“人”，生而享有成立家庭和维系家庭的权利，这些家庭权利是由人类性本能和遗传自身基因的

---

① 参见林建军：《婚姻家庭编应承载宪法对婚姻家庭的保障》，载《中国妇女报》2019 年 7 月 31 日，第 5 版。

② 参见［德］卡尔·施米特：《宪法学说》，刘锋译，上海人民出版社 2018 年版，第 232 页。

③ 参见林建军：《婚姻家庭编应承载宪法对婚姻家庭的保障》，载《中国妇女报》2019 年 7 月 31 日，第 5 版。

本能所自然驱动生成的，是个人维系生存发展的实现方式，是一种人权。家庭基本权利是对人类姻缘、血缘结合的自然本性的法律表达，包括个人自主选择家庭生活方式即成立家庭的权利，以及个人与家庭成员营生互助维系家庭的权利。前者包括缔婚自由权、生育自由权等建立家庭的权利；后者包括家庭生活权、家庭团聚权、交往权等日常家庭生活的权利。家庭生活权内含在家庭基本权利之中，儿童家庭生活权保障也自然被家庭基本权利保护的内容所涵摄。国家对家庭基本权利承担尊重义务、保护和实现义务等多重义务。

（二）儿童受保护之宪法意旨

儿童具有特殊性，是特殊人权主体，对儿童人权的全面保障体现为一般性平等保障和特殊的专门保障。现行宪法也相应地通过一般性条款与专门性条款两类法律规范规定了对儿童权利的保护。一方面，《宪法》第 33 条规定“国家尊重和保障人权”，该人权条款平等作用于所有主体包括儿童，使儿童与所有人权主体一样平等受到尊重和保障。另一方面，《宪法》专门规定了“儿童受国家保护”的宪法原则以及儿童专有的权利。儿童作为特定群体，在身、心、才、智方面未臻成熟，权利易受侵害，自我救济、自我保护能力较差，应对儿童人权给予特别重视和保障，宪法为此确立了“儿童受国家保护”的基本宗旨，并规定了儿童受抚养、教育、保护等权利。

二、民法相关实践

2021 年 1 月 1 日起施行的《民法典》作为中华人民共和国第一部以“法典”命名的法律，在法律体系中居于基础性法律地位。《民法典》未对家庭生活权作出明确规定，但婚姻家庭编基本原则和民事权利中人格权、身份权和监护权等内容在一定程度上涵摄了家庭生活权的部分内容，主要体现在以下四个方面：一是承载宪法意旨，将“家庭受国家保护”明确为婚姻家庭编的基本原则；二是在人格权编对隐私权进行了确权；三是在婚姻家庭编建构了身份权；四是总则部分规定了儿童监护权的内容。

首先，《民法典》婚姻家庭编承载宪法的核心意旨，将宪法原则“家庭受国家保护”确立为基本原则，该原则进一步融贯于民法对家庭制度的建构之中。在宪法框架下，《民法典》建构家庭制度，旨在维护植根于长期历史传统的家庭制度的核心内容不受冲击，即家庭以婚姻为基础，婚姻以异性结合为根本的制度内容。

其次，《民法典》首次将人格权单独设立为一编，专编加以规定，反映了强化人格权保护的意旨，并在人格权编对隐私权进行了确权，以法律形式界定了“隐私权”，其明确规定：“自然人享有隐私权。任何组织或者个人不得以刺探、侵扰、泄露、公开等方式侵害他人的隐私权。”[①] 民法典隐私权保护规范为个人守护家庭生活隐私提供了法律盾牌。

再次，《民法典》体系化建构了身份制度，明确了儿童等家庭成员的身份权。每个人聚合多种不同身份，被不同身份制度赋予不同身份权利、义务。如果说公法中的身份制度旨在实现国家的治理整合，维持社会秩序；私法上的身份制度则旨在对家庭成员所处位置和角色进行类别区分，赋予不同角色以不同权利、义务，实现家庭共同体的身份区分、身份利益配置、内部秩序自治等功能。[②]《民法典》具体规定了配偶、亲子以及其他亲属的身份关系，即配偶、亲子以及其他亲属之间可以基于亲属身份依法领得相应身份利益，享有身份权利。身份关系中具有优势能力的身份主体者负有身份责任，如父母对未成年子女负有身份责任，监护人对被监护人负有身份责任，这种责任以社会认可、国家法律授权为前提。对于私主体之间的身份关系，国家并非法律上的直接义务主体，但应承担对受害人的保护义务，承担防止和终止私主体之间侵害的义务。

最后，《民法典》在总则中规定了儿童监护权，明确了自然监护人和国家公职监护人及其法定监护职责、监护类型、监护人资格的撤销与恢复等制度内容。特别是对监护人失能、缺位、不履行或不当履行监护职责的，规定了公职监护人代表国家提供兜底性监护的职责，完备了国家监护制度。

---

① 《民法典》第1032条第1款。

② 参见童列春：《私法中的身份调整》，西南财经大学2010年博士学位论文，第33－36页。

三、未成年人保护法相关实践

为保护儿童权利，贯彻宪法意旨，中国专门制定了《未成年人保护法》。2020 年修订后的《未成年人保护法》全面规定了家庭保护、学校保护、社会保护、网络保护、政府保护、司法保护等内容，形成了体系化的儿童权利保护网络。《未成年人保护法》规定了父母等监护人的监护职责，特别是第 22 条、第 21 条规定了家庭生活权相关内容：未成年人的父母因外出务工等原因在一定期限内不能完全履行监护职责的，应当委托具有照护能力的完全民事行为能力人代为照护。不得使未满 8 周岁或需要特别照顾的未成年人处于无人看护状态，或者交由不适宜的人员临时照护，不得使未满 16 周岁的未成年人脱离监护单独生活。该规定从反面明确禁止父母使未满 16 周岁未成年人单独生活。当然，法律作出禁止性规定，保护未满 16 周岁的儿童免于单独生活，应以法律确认儿童享有家庭生活权为权利基础和逻辑前提，目前的规定尚缺乏这一权利基础。

此外，国家高度重视农村留守儿童关爱保护工作，党的十八届三中、五中全会对建立健全农村留守儿童的关爱服务体系作出了全面决策部署。2016 年 2 月，国务院专门印发《关于加强农村留守儿童关爱保护工作的意见》，对农村留守儿童关爱保护工作作出制度性安排，各地区也积极开展相关工作，对促进留守儿童健康成长起到了积极作用。

概言之，虽然我国目前尚无儿童家庭生活权的明确规定，但国家不断因应社会发展和观念变革，从宪法、民法、未成年人保护法等不同法律面向上完善与儿童家庭生活权相关的法律法规，为儿童提供公法、私法与社会法保护在内的全方位保护。对儿童群体的关切，也从初期的主要关注弃婴、孤儿，到关怀困境儿童、留守儿童，再到关切监护缺失的儿童、事实无人抚养的儿童等儿童群体，儿童关爱服务与法律保护的对象在不断扩展，《民法典》《未成年人保护法》等法律也在不断拓展儿童保护的工作对象，特别是强化民政部门等国家公权力机关代表国家为儿童提供基础性、兜底性监护的法定角色与职责。

第二节　中国法建构的三重动因

进入21世纪，社会加速发展，对于幅员辽阔、发展并不均衡的中国而言，农业社会、工业社会、信息社会、智能社会不同形态同时叠加杂糅，并深刻有力地影响着儿童的家庭生活。儿童同时经受着传统社会既有问题以及工业化、全球化进程中新问题的冲击，前者如拐卖儿童骨肉分离的问题，后者如工业化进程中留守儿童家庭生活困境等阶段性问题，全球化进程中来华外国人及其未成年子女在华居留和家庭团聚的新挑战。

一、实现国际人权标准的“中国化”

家庭生活权已载入《公民权利和政治权利国际公约》《儿童权利公约》《残疾人权利公约》及儿童权利委员会第14号一般性意见等系列国际人权文书，形成了较为完备的国际人权文本体系，为国际社会确立了共同恪守的国际标准，成为检验各国融入现代文明家庭生活的标尺。儿童家庭生活权载入国际人权法，不仅是家庭生活权法律化、国际化的过程，也表明人类认识到家庭生活于人之根本价值，彰显了婚姻家庭在国际人权立法上的重要价值和独特地位，根本上是对人类基本生活方式的守护，以确保婚姻家庭圆满维持幸福和谐，免遭破坏和瓦解。

截至2021年6月，中国先后批准或加入了26项国际人权文书。[①] 其中包括涉及家庭生活权的《儿童权利公约》《残疾人权利公约》。中国现行法律未明确规定国际人权公约在国内法律体系中的地位及其司法适用，但学界基本达成共识：其一，国际人权公约在中国并非直接适用，而是将国际人权公约的内容转化为中国国内立法加以实施，是一种“转化”适用，中国实施国际

① 参见中华人民共和国国务院新闻办公室：《〈中国共产党尊重和保障人权的伟大实践〉白皮书》。

人权公约以“转化”为主要方式。其二，在司法实务中，当事人不能直接援引国际人权公约具体条文主张权利，法院同样不能根据国际人权公约的规定作出裁判。

为此，中国实施儿童家庭生活权的相关国际人权公约，应将批准加入的《儿童权利公约》等人权文书所确立的标准，作为谨守的国际人权标准，充分结合本土客观实际，将相关人权规则转化为国内法律，推动国内基本权利清单的完善以及权利保障制度的构建。特别是在全球化背景之下，这一法律行动显得尤为迫切。20 世纪 60 年代互联网的问世开启了全球互联互通的信息时代，也开启了信息交互、利益紧密相连、命运休戚与共的全球化时代。世界各国成为彼此相互嵌入的命运和利益共同体。这一切也强有力地影响着人类家庭生活方式，家庭生活的跨国性、流动性空前强烈，儿童家庭生活权面临的跨国困境重重。全球化背景下的中国，国际交往日益频繁，人员国际流动也愈益频繁，来华外国人申请入籍中国的人员增多，儿童以家庭成员身份、以家庭生活权为权利基础主张保护的权利诉求客观存在。处理上述问题需要法律遵从，体系化建构儿童家庭生活权，系统回应上述问题提上日程。

二、破解法秩序中的“权利赤字”

中国宪法和法律高度关切家庭制度的保护和儿童权益保护，形成了相对完备的法律体系。但就儿童家庭生活权而言，无论是作为人权法依据的《宪法》，还是作为身份法载体的《民法典》婚姻家庭编，以及作为儿童权利保护重要支撑的《未成年人保护法》，均没有明确规定家庭生活权的内容。

家庭生活权保障需要将相关内容变成法律符码，没有变成法律符码的权利无法被遵从和实现。现代法治社会，不应同传统社会一样，任由家庭生活单元成为法外之地，自行其是。儿童家庭生活权作为一项重要人权，应被法定化，纳入法律视野，由国家公权力提供保障和支持，权利只有变成法律符码，才能被遵从，才具有确定性、可操作性。法律也不应缺席对儿童日常家庭生活权利的保护，只有将儿童家庭生活权法律化，才能真正护佑儿童。“权利与法律应同时存在和互相构成，没有法律，权利则无法存在和发展，因而权利应该采取法律的形式，即权利的赋予和保护都采取法律的途径。权利一旦采取法律的形式，就变成了法律的一部分。”①

仅从一般意义上规定家庭生活权，依然无法实现保障儿童家庭生活权的特别宗旨。应寻求适应儿童自身特殊性的法规范形式对儿童的家庭生活权予以确认和保障，当由专门儿童立法而非平等适用于所有主体的一般性立法作为成文法依据。相较于一般主体的家庭生活权，儿童家庭生活权在权利主体、权利内容、价值理念等方面具有特殊性。相应地，儿童家庭生活权保障也内在蕴含着特别意蕴，追寻着特别宗旨。加之儿童家庭生活权的实现面临比成年人更多的困境，当给予特别重视和特别保护，体现特别保障观。

三、填补儿童面临的“家庭生活鸿沟”

儿童权利的实现，受制于政治、经济、社会物质文化基础，中国在儿童权利保护等方面的系列举措整体上助推了儿童整体发展水平和权益保障状况，儿童福利保障范围进一步扩大，农村留守儿童、困境儿童等群体得到更多关爱和保护、儿童脱贫事业取得了历史性成就。但不可否认，儿童家庭生活权保障仍面临诸多问题，既有传统社会固有的拐卖儿童、流浪儿童问题，也有工业化、城镇化推进过程中出现的留守儿童家庭生活实现困境等阶段性问题，还有持续攀升的离婚案件中屡禁不止的诱拐/藏抢孩子的问题，这些问题严重侵扰了儿童家庭生活权的实现；此外，国际化、全球化进程中还出现了来华外国人与家庭成员共同生活团聚的新挑战。

特别是农村留守儿童的家庭生活权实现存在困境，城镇化、工业化进程中，大批农村劳动力离开家园进入城市，出于户籍限制、生存成本等方面考虑，农村劳动力的迁移以青壮年农民个体而非以家庭为主，这意味着多数家庭处于离散状态。农村劳动力大量外出务工，为我国社会发展作出了重要贡献，也改善了家庭物质条件，但同时出现了大量留守儿童，家庭作为社会基

---

① 高鸿钧：《走向交往理性的政治哲学和法学理论（下）——哈贝马斯的民主法治思想及对中国的借鉴意义》，载《政法论坛》2008 年第 6 期。

本单元对儿童构筑的第一道保障功能被弱化，儿童面临家庭离散、亲子分离等“家庭生活鸿沟”，并造成诸多负面后果：儿童面临的压力和风险加大，孤立无助缺少亲情关爱，甚至罹患心理疾患，遭受意外伤害或不法侵害，影响了儿童身心健康成长、家庭幸福和社会稳定。

但儿童家庭生活权仍未入法，国家承担何种义务不甚明确，保障机制有待健全，构建中国儿童家庭生活权保障机制迫在眉睫。

第三节　中国法建构的路径选择

全面保障儿童家庭生活权，应以家庭生活权为权利基础，通过宪法、民法以及专门儿童立法等不同法律部门，从公法、私法以及社会法领域共同实现安定儿童家庭生活秩序的使命。

一、权利基础：内含于隐私权抑或独立为家庭生活权

家庭生活权在国际人权文书中，以内含于隐私权中和直接作为家庭生活权两种形式体现，而隐私权与家庭生活权两者在价值理念、客体、内容、侵害方式等方面不尽相同，家庭生活权之法益难以被一般隐私权所全面涵摄，家庭生活权的独立性根本上在于权利保护利益的独立性，隐私权保护隐私利益，而家庭生活权保护家庭生活利益。保障儿童家庭生活权，应以独立的家庭生活权为权利基础，将其作为一项独立的权利类型而非隐私权之下的一种类型予以立法表达，采取单独家庭生活权模式而非内含于隐私权的隐私权模式。具体而言，宪法应将人权意义上的家庭生活权单列为一项基本权利，民法应将家庭生活权单列为一项身份权。

（一）确认人权意义上的家庭生活权为独立基本权利

诚然，将宪法隐私权单独确认为一项基本权利同样具有合理性，如果宪法采国际人权公约中“隐私权条款”的模式，将自治隐私权、空间隐私权和

信息隐私权统纳在隐私权保护框架之下，有利于全面构建个人隐私利益保护的内容，全面抵御国家公权力对个人隐私的侵扰。但上述宪法隐私权的内涵及范围均超出了中国传统法律观念关于隐私权的理解。将作为人权的家庭生活权利单列为一类基本权利而非归类为宪法隐私权，不仅在于隐私权保护难以全面涵摄家庭生活权，还在于单列家庭生活权比概括规定宪法隐私权可以更为科学地嵌入现行宪法基本权利体系。

1. 家庭生活权要义难以被一般宪法隐私权涵盖

作为人权的家庭生活权，其内涵较为宽泛，承载着宪法隐私权意涵中难以表达的价值，且与一般隐私权在价值理念、权利客体、权利内容、侵害方式等方面存在诸多不同。是故，将家庭生活权纳入隐私权范畴，会窄化其内容，不利于儿童家庭生活权在不同面向上的全面充分实现。其一，价值理念不同。家庭生活权内含着人在共同体中自主寻找和守护共同生活方式的价值判断，不仅旨在保护个人的家庭生活隐私，也申明人类认识到家庭共同生活于人之根本价值，将安宁家庭共同生活作为个人自我实现和人格发展的领域，是“个人自主的领域——其存在和行动的范围不触及其他人的自由的领域”,[①] 每个人作为一个自主独立的个体，基于人格尊严和自由意志，有权自主支配与家庭成员的共同生活。“保护儿童家庭免受非法和任意干涉的权利的含义并不仅限于《儿童权利公约》中的规定，其可以形成独立的意义范畴，包含由儿童与被确定为其家庭成员的人之间的关系而产生的多个维度。”[②] 为此，家庭生活权所蕴含的核心价值包括个人有权自主型塑家庭共同生活方式的自由，是守护家庭共同生活的“个人自决”,[③] 是保护个人的家庭共同生活免于外界侵扰，不受他人支配和控制。[④] 个人享有不受国家公权力将所有人的

---

① ［奥］曼弗雷德·诺瓦克：《〈公民权利和政治权利国际公约〉评注》（修订第2版），孙世彦、毕小青译，生活·读书·新知三联书店2008年版，第395页。

② John Tobin, *The UN Convention on the Rights of the Child: A Commentary*, Oxford University Press, 2019, p. 580.

③ 参见王利明：《生活安宁权：一种特殊的隐私权》，载《中州学刊》2019年第7期。

④ 参见［奥］曼弗雷德·诺瓦克：《〈公民权利和政治权利国际公约〉评注》（修订第2版），孙世彦、毕小青译，生活·读书·新知三联书店2008年版，第395－396页。

生活方式同质化、标准化的自由，有不被公共化的自主权利，是个人独立人格的体现。在一个开放、自由的社会，人应该拥有更大的自主性来选择想要的家庭生活方式。保障家庭生活权，是希望构架一个受个人自由支配的私生活领域，不受国家公权力干涉。个人有权按照自己的愿望自主选择、塑造和守护家庭共同生活。个人对家庭共同生活方式的支配，是人格自由发展的基本前提，尊重家庭生活的自主性，也是尊重个人的人格自我型塑的自由，是“私人对于属于个人、家庭以及其他私域事务自我安排、自主决定和自由选择”[①]。家庭生活权不仅内含共同生活、安宁生活的价值，还蕴含独立性、自主性、差异性等价值，[②] 涉及个人能否在群居生活中找到自身定位，以实现自我价值。其二，权利客体不同。一般隐私权的权利客体是隐私利益，注重隐私利益的私密性，不受任意、非法刺探、披露。只要是个人不愿为外界知晓的与社会公共利益无关的事务，均属隐私权范畴，强调私人性、私密性；但家庭生活权的权利客体是家庭共同生活利益，家庭共同生活秩序的圆满维持，主要指向家庭生活的安宁秩序和家庭生活信息隐私，强调私人性、安宁性、自主性。其三，权利内容不同。一般隐私权的权利内容主要是禁止他人非法刺探、搜集、公开私人信息。家庭生活权的核心要义是共同生活的权利得到尊重，是个人生而固有的与家庭成员一起共同生活的权利免受非法侵扰。共同生活包括肉体生命的共处、精神生活的共通、性生活的满足、物质生活的共享等多个面向。简单地将家庭生活权归类为隐私权，难以全面诠释其丰富内涵，难以真正体现家庭生活权的核心要义。其四，侵害方式不同。对一般隐私权的侵害主要是公开搜集、披露个人私密信息。保护隐私权在于禁止他人非法搜集、公开披露私人信息；家庭生活权的内容主要体现为对家庭生活安宁的尊重，禁止他人非法、任意侵扰个人家庭生活。家庭生活权的侵害方式主要是对家庭生活的打扰，不该分离的强制分离，应该团聚的限制团聚等。

---

① 高鸿钧：《走向交往理性的政治哲学和法学理论（上）——哈贝马斯的民主法治思想及对中国的借鉴意义》，载《政法论坛》2008 年第 5 期。

② 参见［法］菲利浦·格雷茨亚诺：《欧洲对于私生活的法律保护：法国与德国的比较》，石佳友译，载《法学家》2006 年第 3 期。

2. 单列家庭生活权利于有机嵌入宪法基本权利体系

此外，如果以同时涵盖自治隐私权、空间隐私权与信息隐私权内容的宪法隐私权作为基本权利加以概括规定，将出现释义学上的难题，使得宪法隐私权与下位阶的空间隐私权、信息隐私权同时并列于宪法规范之中，难免权利位阶错位、内容重叠交叉，既不科学规范，也缺乏逻辑。因为“公民基本权利”一章已经分别规定了国际人权公约“隐私权条款”中所蕴含的住宅及通信不受侵犯即空间隐私权和信息隐私权的权利内容。[①] 此宪法框架下的公民基本权利清单中，在已规定住宅隐私和通信隐私的基础上，不宜采取“隐私权条款”即概括规定宪法隐私权的立法模式，而以单独规定家庭生活权为宜，可以有机地嵌入现行宪法的公民基本权利体系，为儿童家庭生活权保障提供成文法依据。

（二）确认作为身份权的家庭生活权为婚姻家庭权利

民法应将作为身份权的家庭生活权单列为一项婚姻家庭权利，而非作为人格权嵌入隐私权。在民法框架内，就性质而言，家庭生活权是个人与家庭成员共同生活的权利，是个人基于身份关系主张身份利益的身份权。是为夫、为妻、为父母、为子女、为亲属者，相互之间互享共同生活的身份权利，互负共同生活的身份义务，支配身份利益。当然，家庭生活权确实蕴含着保护隐私利益和人格尊严的内容，但更主要的是强调家庭成员之间基于身份共同生活的权利义务。

二、权利保护路径：公法保护、私法保护抑或综合保护

就权利属性而言，家庭生活权具有人权与身份权双重属性，既体现为个人相对国家所固有的人权，也体现为个人相对其他家庭成员基于身份所享有

---

① 《宪法》第39条规定：“中华人民共和国公民的住宅不受侵犯。禁止非法搜查或者非法侵入公民的住宅。”第40条规定：“中华人民共和国公民的通信自由和通信秘密受法律的保护。除因国家安全或者追查刑事犯罪的需要，由公安机关或者检察机关依照法律规定的程序对通信进行检查外，任何组织或者个人不得以任何理由侵犯公民的通信自由和通信秘密。”

的身份权。两种不同属性的家庭生活权应分别定着于宪法、民法等不同法律规范之中，仰赖公法、私法不同的保护路径。此外，儿童家庭生活权作为儿童享有的一项维系肉体生命涵养精神生命的重要人权，还应纳入专门保障儿童权益的《未成年人保护法》之中，采取社会法综合性保护的路径。显然，全面保障儿童家庭生活权，应采取公法、私法、社会法分别立法保护的模式，通过公法保护、私法保护、社会法保护等多重路径，体系化地应对儿童家庭生活权保障之需。

（一）公法保护：人权意义上的家庭生活权应“入宪”

宪法作为国家法秩序的价值基石和规范基础，应对家庭生活权的根本价值和权利内容进行确认，应将家庭生活权保障的国际人权标准融入国内宪法中，将其本地化、宪法化，丰富宪法的基本权利清单。目前，《宪法》仅在宽泛意义上明确了家庭制度保护和儿童权利保护的意旨。而无论对这些规定进行语义解释，还是将规定置于法律体系中进行体系解释，都无法显明家庭生活权的内容。应将家庭生活权纳入宪法规范，在宪法基本权利体系中为家庭生活权保留一席之地，明确规定家庭生活权为公民的基本权利。

宪法载入家庭生活权具有天然性、正当性。人之为人特别是儿童，其本能和尊严欲求家庭生活，其身、心、才、智的成长离不开家庭生活。守护家庭生活，是对人的自然本性的遵从，是对人的基本生存和人格尊严的维护。家庭生活权概括了人类生存所固有的、与人的尊严关联的权利，属于个人天然正当的自然权利范畴，所有人皆同等源于其本性，生而享有家庭生活权。易言之，家庭生活是人的基本必要性，人类产生伴随家庭生活权，家庭生活权早已先于国家而存在，应得到国家的尊重和保障，国家应为家庭生活权提供保障。就无法自足的儿童而言，儿童家庭生活权蕴含守护儿童生命意义的应然价值判断，构成儿童权利保护所追寻的核心价值理念，儿童有权欲求这种家庭生活状态。而此种本于人之本性、蕴含生命根本价值的固有人权，理应显明于适应其权利属性和重要性的法规范之中，获得一国法秩序中追寻终极价值、具有最高法律效力的宪法保障。

宪法规定家庭生活权，可以通过修法或者释法的形式，明确“公民享有家庭生活权，除法律规定的情形外，不受任意非法干涉”。通过对家庭生活权的保障，构架一个属于个人的不受任意、非法侵扰的家庭生活领域。“宪法就是人为了自己的生存和发展，有目的地建立和组织社会共同体的规则。”①

（二）私法保护：身份权意义上的家庭生活权应“入典”

《民法典》规定了家庭成员之间的身份权，涵盖了配偶、亲子和祖孙、兄弟姐妹之间身份关系的内容。但现行法律规范中没有涵盖家庭成员之间同屋居、同桌餐、同床寝等共同生活、相互陪伴之权利要义。虽然《民法典》第1045条第3款规定“配偶、父母、子女和其他共同生活的近亲属为家庭成员”，将“共同生活”作为认定近亲属之间是否构成家庭成员的要件。但仅将“共同生活”作为家庭成员关系的关键判定要素远远不够，而应该将“共同生活”确认为家庭成员享有的身份权，并在个人享有的身份权基础上建构身份权意义上儿童家庭生活权的私法保护制度。易言之，应当在民事权利的框架下展开身份法意义上儿童家庭生活权保护的制度安排，正面确认家庭生活权，从而为儿童等权利人主张家庭生活权请求权、依法及时制止他人的不法侵害行为等提供权利基础。

为此建议：在亲子关系中，儿童基于出生的自然事实，或基于收养的法律行为而取得与生父母或养父母的身份关系的，当然享有共同生活的身份利益。在父母子女关系中规定“父母子女享有共同生活的权利，禁止使未满十六周岁的未成年人单独生活”，“子女有与父母任何一方交往的权利，父母任何一方有义务并有权与子女交往”，“禁止父母侵害子女同父母另一方的关系”。建议在夫妻关系中规定“夫妻有共同生活的权利和义务”。

（三）社会法保护：“儿童”家庭生活权应入“儿童立法”

保障儿童享有的家庭生活权，应在宪法以及民法等相关法律平等保障所

---

① 刘茂林、秦小建：《论宪法权利体系及其构成》，载《法制与社会发展》2013年第1期。

有主体的家庭生活权的基础上，进一步通过《未成年人保护法》等专门立法形式专门聚焦儿童作出特别规定。与一般家庭生活权相比，儿童家庭生活权在权利主体、权利内容、价值理念、保障宗旨等方面均具有儿童特殊性所决定的差异性。为此，对儿童家庭生活权的保障，也无法完全等同于一般家庭生活权的保障，而应体现对儿童重视与特别保护的特别保障观，寻求适应儿童自身特殊性的法规范形式予以确认和保障，当由专门的儿童立法而非平等适用于所有主体的一般性立法作为儿童家庭生活权保障的成文法依据。在中国的法律体系中，有必要以《未成年人保护法》专门立法的形式，确认儿童享有家庭生活权，并明确其受特别保护。

《未成年人保护法》作为保护儿童权益的专门立法，全面规定了儿童受家庭、学校、社会、政府保护等内容，第 21 条还特别规定不得使未满 8 周岁未成年人处于无人看护状态、不得使未满 16 周岁未成年人单独生活等内容。但是，法律作出上述禁止性规定缺乏家庭生活权这一权利基础。

建议在《未成年人保护法》“家庭保护”一章中明确规定“未成年人享有与家庭成员共同生活的权利”，确认儿童基于家庭成员身份享有作为身份权的家庭生活权；在“政府保护”一章中规定“未成年人享有的家庭生活权受国家保护”，明确儿童享有作为人权的家庭生活权。从而为儿童家庭生活权的实现提供家庭私法、国家公法以及社会法的全面保护。

第四节　中国法建构的制度补阙

儿童家庭生活权保障机制建构的基础是国家义务，应以“儿童家庭生活权—国家义务”的对应关系为基本框架，建构儿童家庭生活权保障体系。在农业社会、工业社会、信息社会、智能社会叠加杂糅的当下，全面保障儿童家庭生活权意味着，国家不仅应该履行尊重儿童家庭生活安宁、免于干涉儿童家庭生活秩序的消极义务；还应该积极履行保护义务，防止和终止儿童家庭生活免遭私人侵害。同时，应最大限度地通过制度性保障、组织保障与程序保障等措施履行实现义务，创造保障儿童家庭生活权实现的制度生态环境，从而形成以尊重义务为核心的保障儿童家庭生活权的国家义务体系。

一、国家履行尊重义务的制度补阙

保障儿童家庭生活权，国家承担全方位的义务，其中国家尊重义务为核心义务，国家主要履行消极不作为、免于侵扰儿童家庭生活的尊重义务，禁止国家任意非法介入儿童家庭生活，避免国家公权力因失去制约而“无穷大”。仅在具备实质要件，符合儿童最大利益而确属必要，且履行法定程序的，国家方可诉诸亲子分离等对家庭生活的干预措施。

（一）明晰家庭自治与国家干涉的界限

1. 禁止任意、非法干涉儿童家庭生活

国家应尊重儿童家庭生活权，禁止任意、非法干涉儿童家庭生活权。综合儿童权利委员会第 14 号一般性意见等相关国际人权文书及相关实践，禁止如下非必要的亲子分离，倘若存在干预性不太大的措施可保护儿童，就不应采取分离做法，除非符合儿童最大利益。

禁止违背父母意愿使亲子分离；禁止因经济原因使亲子分离，但应将经济贫困作为需要支助的信号，为父母和法定监护人履行抚养义务提供适当援助；禁止因父母残疾使亲子分离，只有为家庭提供必要支助仍不足以有效避免儿童遭遇风险或危害的情况下才可考虑分离做法；禁止以同性恋为由使亲子分离。除非以上分离谨守法律规定，经过司法程序，符合儿童最大利益。

2. 家庭生活损害儿童最大利益的，得施加干涉

如果家庭正常合法运行，家庭秩序圆满维持，家庭功能良好发挥，符合儿童最大利益，则国家应尊重儿童家庭生活权，使儿童与家庭成员有尊严地安宁共同生活，国家不得任意、非法干涉。

但父母等监护人失能、缺位、不履行或不当履行监护职责，家庭生活已经损害儿童最大利益的，为维护儿童基本生存，使之获得有效连贯的照料和保护，国家应当及时介入。当父母等监护人“失能”，监护能力不足时，国家

应及时补足监护人欠缺之能力，使儿童获得必要的照料和保护；当父母等监护人因失踪、死亡等而缺位，儿童处于无人监管保护境地时，国家应及时填补家庭监护空缺之位，使儿童获得不间断的照料和保护；当父母等监护人不履行或不当履行监护职责，行为违法侵害儿童权益时，国家应及时介入阻断危害后果发生，使儿童获得安全的照料和保护。

（二）明晰儿童家庭生活权限制与国家保障的界限

1. 以禁止任意、非法限制儿童家庭生活权为原则

家庭生活权是儿童生而固有的基本人权，在我国法律框架下应属于宪法的基本权利。前文论及，我国应将家庭生活权纳入宪法的基本权利清单。对此宪法基本权利，国家应尊重和保障，主要承担消极意义上的免于侵扰的尊重义务。从而为儿童营造一个有尊严、安宁的家庭生活环境，确保儿童的安宁家庭生活秩序不被公权力任意地、非法地侵扰，使儿童获得来自家庭的身、心、才、智全面成长的基本保障。为此，国家对儿童家庭生活权所承担的最原始、最核心、最基本的义务是“尊重义务”。这意味着在一般情况下或者说原则上，国家不得任意、非法限制儿童家庭生活权。

就外国儿童而言，家庭生活权可以构成外国儿童出入境的重要法律依据。外国人出入境关涉一个国家的国家安全、外交、人口、就业等诸多问题，具有高度的政治性。缔约国有权出于国家安全等方面的关切严格执行移民政策，依法决定外国人及其未成年子女的入境、居留和驱逐出境等事务。如果非本国国民对本国构成安全威胁，无论其与本国公民是否存在有效家庭生活关系，缔约国均可依法拒绝其入境或将其驱逐出境。[①] 为此，移民部门对是否给予外国人签证或居住许可有相当宽泛的自由判断余地。但家庭生活权又属于各缔约国应当尊重和保障的人权，家庭生活权无疑构成外国儿童入境或者获得居留许可的重要依据，以及不被任意驱逐出境的重要法律障碍，除非出于极大

① See Kerry Abrams, *Protecting the Right to Family Life in Immigration Law*, Family Reunification and the Security State (forthcoming, 2017), p. 1.

的公共利益等现实考虑。[1] 只是家庭生活权不被当然解释为保障获得居留许可的权利，但应允许儿童不受阻碍地行使家庭生活受尊重的权利。为此，中国应尊重外国儿童的家庭生活权。首先，对中国公民的不具有中国国籍的未成年子女，可以申请在中国居留。其次，针对来华务工经商、从事科学研究等工作的高级经营管理人员、高级专业技术人员等外国人，如果其属于已经在中国合法居留的外国人，允许其不具有中国国籍的未成年子女享有相同的居留权利；外国人在中国连续合法居留一定时间后取得永久居留资格的，同样的规则应适用于其不具有中国国籍但共同生活的未成年子女。

2. 以依法限制儿童家庭生活权为例外

儿童家庭生活权具有界限性，例外情况下，当儿童家庭生活权与公共福祉发生冲突的，出于极大的公共利益方面的现实考虑，国家可依法施加干涉。例如，出于对国家安全的关切依法拒绝外国籍儿童以实现家庭生活权为由入境、居留，或者将外国儿童的父母驱逐出境。此种对权利主体——儿童的家庭生活权的限制，便是对义务主体——国家的保障义务的免除。

但国家施加限制并非无所约束，应具有合法性、必要性和相称性。此种限制是正当、必要、合法的限制。否则，便构成任意、非法的干涉。具体而言，对儿童家庭生活权施加限制须由法律明确规定，乃出于保护国家安全等极大公共利益的目的，符合公共福祉，具有相称性，且不得以可能损害权利的方式实行限制，也不得严重损害儿童最大利益。例如，如果将一名家庭成员从缔约国境内驱逐出境，或以其他方式拒绝一名家庭成员入境或居留，给儿童造成严重身心创伤，则不符合儿童最大利益之目的，手段与目的也不具有相称性，因为限制家庭生活导致家庭破裂所造成的牺牲及对子女的负面影响超过了强迫父母离境带来的好处，此种情况下，儿童的亲密家庭关系应继续维持。还需要强调，将外国儿童驱逐出境遣返回原籍国，必须以遣返符合儿童最大利益为前提。"必须以安全、适合儿童和对性别敏感的方式采取遣返

---

① ［奥］曼弗雷德·诺瓦克：《〈公民权利和政治权利国际公约〉评注》（修订第2版），孙世彦、毕小青译，生活·读书·新知三联书店2008年版，第414－415页。

措施。”[①] 应全面考虑儿童返回面临的如下事项：儿童返回将面临的安全、治安、经济状况，应当酌情由社会组织进行调查评估；是否为儿童作出照料安排；是否了解儿童意见以及照料者的意见；儿童在东道国融入的程度及离开原籍国的时间长短；儿童有权维护其身份，包括国籍、姓名及家庭关系；儿童的培养教育尽可能具有连续性和注意儿童的族裔、宗教、文化和语言背景。[②] 如果返回原籍国使儿童面临遭受侵犯的风险，或者没有事先作出可靠具体的监护安排，原则上就不应返回原籍国。[③]

二、国家履行保护义务的制度补阙

国家有效保障儿童家庭生活权，不仅应履行消极尊重义务，在儿童遭受父母或其他私主体侵犯时，还应善尽积极的保护义务，事先积极预防侵害行为发生，事后采取有效补救措施。

（一）国家作为保护者建立事先预防机制

1. 建立监测制度

有效实施儿童家庭生活权法律规范，防范实施主体的行为偏离立法者意图，有必要建立严格的法律实施监测机制。可通过登记制度、核查制度、强制报告制度等进行动态监测。

首先，建立登记制度。乡镇人民政府/街道办事处应建立详细、完备的留守儿童、困境儿童登记制度，建立翔实、完备的信息台账，实行动态管理。其次，建立走访核查机制。由乡镇人民政府/街道办事处的儿童督导员、各村儿童主任、专业社会工作者等定期排查掌握农村留守儿童、困境儿童家庭和监护信息，并向乡镇人民政府/街道办事处、民政部门报告，确保农村留守儿

---

① 儿童权利委员会第 6 号一般性意见：远离原籍国无人陪伴和无父母陪伴的儿童待遇，第七部分“家庭团聚、遣返和其他长期解决办法”，第 87 段。

② 参见儿童权利委员会第 6 号一般性意见：远离原籍国无人陪伴和无父母陪伴的儿童待遇，第七部分“家庭团聚、遣返和其他长期解决办法”。

③ 参见儿童权利委员会第 6 号一般性意见：远离原籍国无人陪伴和无父母陪伴的儿童待遇，第七部分“家庭团聚、遣返和其他长期解决办法”，第 85 段。

童、困境儿童得到妥善照料，家庭生活权得到实现。最后，健全强制报告制度。村（居）民委员会、幼儿园、学校、医疗机构、社会工作服务机构及其工作人员，发现留守儿童等单独居住或失踪，或者监护人失能、缺位、不履行或不当履行监护职责的，应在第一时间向公安部门、民政部门报告，公安部门、民政部门应及时告知未成年人的父母或者其他监护人并积极采取相应措施。负有强制报告责任的主体未履行报告义务，造成严重后果的，应依法严肃追责。

2. 建立健全探视及监护监督制度

设立探视、监护监督人。对儿童监护人、公职监护人以及私营机构履行监护职责的情况，以及分离后的父母与儿童探视交往的情况，应进行有效监督。可明确居（村）民委员会承担监督职责，其监督职责主要包括：首先，监督监护人等相关责任主体履行照料和保护职责的执行情况；有权要求监护人报告监护事宜；监护人缺位时，临时承担监护人职责并请求人民法院重新指定监护人；监护人严重侵害被监护人人身、财产权益的，向人民法院申请撤换监护人。其次，对父母与子女探视交往的情况进行监督。“在保护家庭的框架内，国家有特殊的义务促进子女在离婚后或是家庭解体后和两位家长之间交流沟通的权利。”[①] 监督主体对探视纠纷进行监督和协调，父母一方拒不履行义务，拒绝子女与对方交往的，应采取措施确保双方建立有效联系，可以向法院代为申请交还令、交往令，保护儿童家庭生活权。村（居）民委员会履行监督职责，应听取儿童意见，了解儿童关切。

3. 完备调查评估机制

国家介入儿童家庭生活需符合儿童最大利益，无论是亲子分离的临时替代照料安排、撤销监护资格、寄养、送养等安排，还是限制入境、居留或驱逐出境等决定，都需要以儿童最大利益为根本遵循。而儿童最大利益的判定需要进行科学专业的调查评估。其一，评估儿童个体的最大利益，应逐案进

---

① ［奥］曼弗雷德·诺瓦克：《〈公民权利和政治权利国际公约〉评注》（修订第2版），孙世彦、毕小青译，生活·读书·新知三联书店2008年版，第398页。

行调查评估，需要通过跨学科专业人员组成的专业团队，且须在当事儿童的参与下，通过评判和确定两个步骤，全面审酌相关要素，作出专业决定。[①] 其二，评估儿童群体的最大利益，程序上应通过评判和确定两个步骤作出判定，且需要设立区别于评判个体的程序，当危及众多数量儿童的利益时，政府机构应征集儿童代表意见，如举行儿童听证会，通过儿童为主导的组织、儿童联盟或其他代表性机构、学校、社会网络和互联网等开展讨论，[②] 并给予这些观点以应有的考虑。在规划或作出直接或间接涉及儿童群体的措施和法律决策时，应确保涵盖各类儿童。

法院、检察院等司法机关以及公安、外交、民政等政府部门应在处理涉及儿童家庭生活权的相关事务时，如离婚、抚养、探视、收养、监护、出入境、居留等诸多相关事务时，全面建立调查评估制度。可以委托第三方社会组织，对当事儿童个体或者儿童群体的情况进行专业调查评估，以确保符合儿童最大利益。[③] 乡镇人民政府/街道办事处等应根据调查评估结果有针对性地安排监护指导、心理疏导、医疗救治、行为矫治、法律咨询等专业服务。对于困境儿童家庭经济困难且符合社会救助、社会福利政策的，应及时纳入社会保障范围。

（二）国家作为公断者和保护者建立事后救济机制

权利得不到救济，就失去其意义。针对现实中儿童家庭生活权的侵害主要集中于父母等监护人怠于履行监护责任或滥用监护权侵害儿童权益、父母一方诱拐儿童等情形，国家应在儿童遭受侵犯后，惩戒、矫正行为人的违法行为，为受害人提供救济措施，实现矫正正义。

---

① 参见儿童权利委员会第 14 号一般性意见：儿童将他或她的最大利益列为一种首要考虑的权利（第 3 条第 1 款），第 47 段。

② 参见儿童权利委员会第 14 号一般性意见：儿童将他或她的最大利益列为一种首要考虑的权利（第 3 条第 1 款），第 91 段。

③ 参见儿童权利委员会第 6 号一般性意见：远离原籍国无人陪伴和无父母陪伴的儿童待遇，第五部分“满足一般和具体的保护需要”，第 32 段。

1. 行为人惩戒

侵害儿童家庭生活权的违法行为应被追责，应及时查明、处理侵害儿童家庭生活权的事件，追究行为人相应法律责任。其中，针对当下离婚中父母一方藏抢儿童拒绝交出的突出问题，可以借鉴德国交往保佐制度，建立交还令、交往令制度，或者在现有人身安全保护令中明确交还令和交往令两类情形。首先，父母离婚、分居的，儿童享有与父母交往的权利，法院可以在离婚判决书中判决交往的形式、期限等。如果父母一方在离婚期间或离婚后藏抢儿童拒绝交出，另一方无法与子女共同生活或正常联系交往的，法院可以核发相应的交还令或交往令，督促当事父或母交还儿童或者确保儿童与另一方母或父定期交往，并设定期限。如果当事父或母仍然拒绝交还儿童或拒绝定期交往，法院可以依法采取拘留、罚款等强制措施，但是不能对子女的人身进行强制执行。此外，如果父母与子女的交往损害儿童最大利益，法院也可以核发限制或排除交往权的裁定，但以符合儿童最大利益为限，特别是针对较长时间限制或排除交往权的裁判。

2. 监护人支助

对于监护人监护能力不足的，国家应为父母和法定监护人履行其抚养子女义务提供分类保障，支助父母承担抚养责任，包括提供社会福利、儿童津贴和其他社会支助服务，并恢复或增强父母照料和保护子女的能力。针对父母欠缺监护能力的具体情形，国家应提供相应的指导、支持、帮助。针对监护人监护能力不足的，如患严重疾病、陷入经济困境的，国家应采取支持性措施，及时补足监护人的能力，提供相应的生活、医疗及其他必要的协助支持，使儿童得到及时照料和保护。监护人经济贫困的，国家应提供必要财力支持。

三、国家履行实现义务的制度补阙

国家应通过组织及程序性安排，强化国家权力的科学配置，确保在法治化轨道上良性运行，为儿童家庭生活权实现提供体制化保障。

（一）立法行动：立法前儿童影响评估、立法后儿童影响评价

国家的法律政策必然对儿童权利产生影响，需要对法律政策进行及时审查，以保护儿童权利。为确保在一切儿童相关行动中以儿童最大利益为首要考虑，以及确保《儿童权利公约》框架下包括儿童家庭生活权在内的所有儿童权利在法律政策制定与实施中得到全面充分实现，应在制定、出台法律、政策或预算拨款时进行儿童影响评估，实施后进行儿童影响评价。[①]

（二）组织保障——设立儿童专门机构

儿童家庭生活权保障的所有法律规范都需要通过组织机构加以落实，建立基础广泛的独立儿童人权机构，进而建构协作的监管机制十分必要。这既是缔约国履行公约的一种承诺，也是儿童家庭生活权实现的体制化保障。鉴于保障儿童权益经常涉及多个职能部门的合作，儿童家庭生活权的实现需要依托一个权威、高效的专门儿童人权机构，能够独立、有效地监督、增进和保护儿童家庭生活权等各项权利。

我国目前设立了妇女儿童工作委员会负责组织、协调、指导和督促有关部门在各自职责范围内的妇女儿童保护工作。妇女儿童工作委员会的成立更好地助推了儿童的全面发展特别是权益保护工作。只是妇女儿童工作委员会只是议事协调机构，主要职能限于协调和推动各成员单位的工作，限制了其保障作用的发挥。有必要设立独立的儿童保护机构，如儿童部或儿童权利委员会，协调监管儿童权利包括家庭生活权的保障工作，使儿童家庭生活权在专门儿童保护机构的监管协调之下达致整体效果的最大化。

（三）程序保障：提供公正有效且对儿童敏感的特别程序

针对儿童的特殊性，应为儿童提供有效而敏感的程序。[②] 有效而敏感的程

---

① 参见儿童权利委员会第 5 号一般性意见：执行《儿童权利公约》的一般措施（第 4 条、第 42 条和第 44 条第 6 款），第 45 段。

② 参见儿童权利委员会第 5 号一般性意见：执行《儿童权利公约》的一般措施（第 4 条、第 42 条和第 44 条第 6 款），第 24 段。

序主要体现在提供方便儿童的必要支持措施乃至设立独立程序，正如儿童权利委员会第 5 号一般性意见第 24 段所明确：“这些程序应当包括提供方便儿童的信息、咨询、辩护，包括对自我辩护的支持，以及使用独立申诉程序和向法院申诉的机会，并获得必要的法律和其他援助。”在涉及儿童家庭生活权的案件中，应当以符合儿童年龄的方式告知儿童法律、支持服务、司法程序等相关信息。为儿童提供综合支持，很多儿童在亲子分离后难以与他人交流、倾诉自己的情绪和感受等，有必要为其提供心理咨询服务以及朋辈支持项目等加以解决。在涉及儿童家庭生活权的案件处理过程中，儿童须得到法律代理，应依法通知儿童法定代理人或成年亲属等合适成年人到场，并在适当场所采取适当方式进行，注意保护儿童隐私权及其他合法权益。“法庭和对等机构在对儿童的最大利益作出正式评判时，当事儿童必须得到适当的法律代理。当案情移交给涉及确定儿童最大利益的行政或司法程序时，他或她除了代为发表他或她意见的监护人或代言人之外，尤其应得到一位法律代理，以备一旦决策所涉各方之间可能发生冲突。”[①] 但决定时，也必须考虑儿童观点，通过家事调查员或独立律师等保障儿童真实意愿被倾听，受影响的儿童应获得机会表达对处理问题的看法。此外，需要特别指出，儿童作为无民事或者限制民事行为能力人，应由其法定监护人依法保护其人身、财产安全，在诉讼中作为法定代理人维护儿童合法权益。但在监护案件中，法定监护人常常就是侵权行为人，不宜担任法定代理人。为此，制度设计不能立足于儿童自我保护及其法定监护人保护儿童，还应明确法定监护人之外的主体承担保护义务，在儿童处于危险境地时迅速采取行动，为儿童利益向法院提起公益诉讼。

---

① 儿童权利委员会第 14 号一般性意见：儿童将他或她的最大利益列为一种首要考虑的权利（第 3 条第 1 款），第 96 段。

结　论

儿童家庭生活权是儿童享有的与家庭成员共同生活、免受非法、任意侵扰的权利，是触及儿童基本生存层面、维系肉体生命和涵养精神生命的基本人权，为儿童身、心、才、智全面成长提供了全方位保障。

保障儿童家庭生活权，为儿童架构免受非法侵扰、有尊严的安宁家庭生活领域，是《世界人权宣言》《公民权利和政治权利国际公约》《儿童权利公约》等系列国际人权文书的题中之义。借由上述人权文书，联合国在儿童家庭生活权保障宗旨、保障的界限、国家义务、条约监督机制等方面形成了普遍遵行的国际人权最低标准。其一，从保障宗旨看，儿童家庭生活权被儿童特殊性赋予了主体、内容和价值理念方面的特别意蕴，进而决定了儿童家庭生活权保障的特别保障观，即在立法行动、制度配套、组织设置、人员配备、程序安排等方面应为儿童采取专门的、特别的保障措施，这些特别措施均由特别保障观所内在设定。其二，从保障界限看，国家保障儿童家庭生活权，应明晰两个界限：一是明晰国家与家庭的作业边界。原则上，国家不得非法、任意侵扰家庭私生活，仅在家庭生活损害儿童最大利益时，国家才能依法介入。二是明晰权利限制与权利保障之间的边界。儿童家庭生活权与国家安全等公共利益冲突的，可对儿童家庭生活权施加限制，对儿童权利的限制就是对国家义务的免除，对权利限制的起点就是权利保障的终点。国家公权力对儿童家庭生活权构成合法限制还是任意、非法干涉，评断基准是国家公权力的干涉是否具有非法性、任意性？具体需要考虑如下因素：干涉是否符合法律规定具有合法性？干涉是否具有合理性、必要性，干涉手段是否符合正当目的？干涉的手段与目标是否成比例？是否与所追求的目的相称？如果是，构成对儿童家庭生活权的合法限制；否则，便构成任意的或者非法的干涉。

其三，从国家义务看，人权创设了国家义务，国家是儿童家庭生活权保障的核心义务主体，国家履行义务是儿童家庭生活权实现的最基本途径。易言之，探讨儿童家庭生活权保障问题，归根到底是回答国家如何履行保障义务的问题。而国家义务是全方位的综合性义务，体现为尊重、保护和实现等不同层次的义务。其中，排斥国家任意、非法侵扰的尊重义务是最原始、最核心的国家义务。此外，儿童家庭生活权的充分、有效实现，还需要国家承担保护儿童免受其他私主体侵害的保护义务，采取一切立法、行政、司法措施为儿童家庭生活权创造条件的实现义务。这些义务作为一个完整、有机体系共同构成国家对儿童家庭生活权的保证，其中尊重义务和保护义务主要从单向度的儿童个体人权保护的角度出发，赋予儿童个人以主观请求权，实现排除国家公权力侵害的防御权功能以及防止终止私人侵害的功能。而实现义务注重从儿童群体的整体性角度出发进行制度性保护，实现制度的复杂协调融合和有限资源的高效合理配置。一个国家只有最大限度地采取一切措施，忠实履行所有义务，儿童家庭生活权才能得以充分实现。其四，从条约监督机制看，儿童家庭生活权的实现，离不开主权国家在领土范围内全面履行义务，以及联合国人权条约机构对各缔约国履行义务的有效监督。联合国通过系列核心人权公约设立了负责审议儿童家庭生活权相关条约在各缔约国实施的人权事务委员会、儿童权利委员会等条约机构，形成缔约国报告程序和个人来文程序等监督机制，并在长期监督实践中特别是人权事务委员会审议缔约国个人来文实践中，形成了裁断缔约国是否履行义务的重要判断基准：一是进行是否适用儿童家庭生活权相关规定的“适用性”评断，即条约机构决定是否适用儿童家庭生活权相关国际人权文书监督各缔约国履行义务，应判定家庭生活是否有效存在，具有有效性的家庭生活是国家履行家庭生活权保障义务的前提。如果认定存在有效家庭生活，国家应履行保障儿童家庭生活权的相应义务，条约机构再进一步对各缔约国是否履行尊重义务或保护义务进行“合规性”分析。二是对国家履行义务合规与否进行“合规性”评断。评断缔约国是否“合规”履行消极的尊重义务，主要评断国家公权力施加的手段是否构成干涉？如果构成干涉，再进一步评断是否构成“任意”“非法”干涉。

如果干涉合法且必要，则属于对权利的合法限制，不构成对尊重义务的违反；如果存在任意的或非法的干涉行为，则构成对国家尊重义务的违反。评断各缔约国是否“合规”履行积极的保护义务，以是否“履行”以及是否“适足”履行为主要评断基准，如果不符合上述要求，便构成国家对儿童家庭生活权保护义务的违反。

保障儿童家庭生活权，应成为当今中国法秩序维护的根本内容，这既是对儿童基本生活方式和人格尊严的守护，对国际社会共同恪守的国际人权标准的承诺，也是摆脱当今儿童家庭生活权面临多重困境的必然选择。如何全面保障儿童家庭生活权？中国应以批准的儿童家庭生活权相关国际人权公约标准为主要规范依据，结合中国国情，以家庭生活权为权利基础，以“儿童家庭生活权—国家义务”的对应关系为基本框架，以国家履行义务为基本途径，通过宪法、民法以及未成年人保护法等不同法律部门共同建构儿童家庭生活权保障体系，尤其是完备保障儿童家庭生活权的国家义务体系。为此，国家不仅应履行尊重儿童家庭生活权免于干涉的消极义务；还应该积极履行保护义务，防止和终止儿童家庭生活免遭私人侵害。同时，应最大限度地通过制度配套、组织设置、程序安排等措施，实现制度的复杂协调融合和有限资源的高效合理配置，创造保障儿童家庭生活权实现的制度生态环境，从而形成以尊重义务为核心的保障儿童家庭生活权的国家义务体系，实现安定儿童家庭生活秩序的使命，为儿童建构一个免受非法侵扰、有尊严的安宁家庭生活领域。

参考文献

一、中文文献

（一）中文专著

1. 孟昭华、王明寰、吴建英编著：《中国婚姻与婚姻管理史》，中国社会出版社 1992 年版。

2. 董安生：《民事法律行为——合同、遗嘱和婚姻行为的一般规律》，中国人民大学出版社 1994 年版。

3. 王利明主编：《人格权法新论》，吉林人民出版社 1994 年版。

4. 顾鉴塘、顾鸣塘：《中国历代婚姻与家庭》，商务印书馆 1996 年版。

5. 张文显：《21 世纪西方法哲学思潮研究》，法律出版社 1996 年版。

6. 王世杰、钱端升：《比较宪法》，中国政法大学出版社 1997 年版。

7. 胡长清：《中国民法总论》，中国政法大学出版社 1997 年版。

8. 刘海年、王家福主编：《中国人权百科全书》，中国大百科全书出版社 1998 年版。

9. 陈顾远：《中国婚姻史》，商务印书馆 1937 年版。

10. 费孝通：《乡土中国 生育制度》，北京大学出版社 1998 年版。

11. 郝卫江：《尊重儿童的权利》，天津教育出版社 1999 年版。

12. 史尚宽：《亲属法论》，中国政法大学出版社 2000 年版。

13. 徐显明主编：《人权研究》（第 2 卷），山东人民出版社 2001 年版。

14. 施慧玲：《家庭·法律·福利国家》，台北，元照出版有限公司 2001 年版。

15. 夏勇：《人权概念起源——权利的历史哲学》，中国政法大学出版社 2001 年版。

16. 程燎原、王人博：《权利及其救济》，山东人民出版社 2002 年版。

17. 瞿同祖：《中国法律与中国社会》，中华书局 2003 年版。

18. 梁漱溟：《中国文化要义》，上海人民出版社 2005 年版。

19. 徐显明主编：《国际人权法》，法律出版社 2004 年版。

20. 王雪梅：《儿童权利论：一个初步的比较研究》，社会科学文献出版社 2005 年版。

21. 周伟：《宪法基本权利：原理 · 规范 · 应用》，法律出版社 2006 年版。

22. ［日］阿部照哉等编著：《宪法（下）——基本人权篇》，周宗宪译，中国政法大学出版社 2006 年版。

23. 曾令良：《欧洲联盟法总论——以〈欧洲宪法条约〉为新视角》，武汉大学出版社 2007 年版。

24. 梁克隆编：《西方哲人论儿童教育》，中国社会科学出版社 2007 年版。

25. 徐显明主编：《人权法原理》，中国政法大学出版社 2008 年版。

26. 张千帆：《美国联邦宪法》，法律出版社 2011 年版。

27. 张作华：《亲属身份行为基本理论研究》，法律出版社 2011 年版。

28. 颜厥安、林钰雄主编：《人权之跨国性司法实践——欧洲人权裁判研究（四）》，台北，元照出版有限公司 2012 年版。

29. 杨立新：《家事法》，法律出版社 2013 年版。

30. 孙谦、韩大元主编：《公民权利与义务：世界各国宪法的规定》，中国检察出版社 2013 年版。

31. 王希：《原则与妥协：美国宪法的精神与实践（增订版）》，北京大学出版社 2014 年版。

32. 郭道晖：《人权论要》，法律出版社 2015 年版。

33. 刘志强：《人权法国家义务研究》，法律出版社 2015 年版。

34. 徐爽：《公民基本权利的宪法和法律保障》，社会科学文献出版社 2016 年版。

35. 周刚志、钱宁峰、管华：《弱势群体宪法权利研究》，中国政法大学出版社 2017 年版。

36. 林来梵：《从宪法规范到规范宪法》，商务印书馆 2017 年版。

37. 张翔：《基本权利的规范建构》，法律出版社 2017 年版。

38. 段小松：《联合国〈儿童权利公约〉研究》，人民出版社 2017 年版。

39. 邓正来：《国家与社会：中国市民社会研究》，中国法制出版社 2018 年版。

40. 龚向和主编：《人权法学》，北京大学出版社 2019 年版。

41. 夏吟兰编著：《家事法专论》，中国政法大学出版社 2020 年版。

（二）中文译著

1. ［英］约翰·密尔：《论自由》，许宝骙译，商务印书馆 1959 年版。

2. ［法］狄骥：《宪法论》，钱克新译，商务印书馆 1962 年版。

3. ［法］卢梭：《爱弥儿：论教育》，李平沤译，商务印书馆 1978 年版。

4. ［英］罗素：《婚姻革命》，靳建国译，东方出版社 1988 年版。

5. ［美］J. 罗斯·埃什尔曼：《家庭导论》，潘允康等译，中国社会科学出版社 1991 年版。

6. ［美］哈罗德·J. 伯尔曼：《法律与革命：西方法律传统的形成》，贺卫方等译，中国大百科全书出版社 1993 年版。

7. ［奥］凯尔森：《法与国家的一般理论》，沈宗灵译，中国大百科全书出版社 1996 年版。

8. ［英］A. J. M. 米尔恩：《人的权利与人的多样性——人权哲学》，夏勇、张志铭译，中国大百科全书出版社 1995 年版。

9. ［美］约翰·罗尔斯：《正义论》，何怀宏、何包钢、廖申白译，中国社会科学出版社 1998 年版。

10. ［美］杰克·唐纳利：《普遍人权的理论与实践》，王浦劬等译，中国社会科学出版社 2001 年版。

11. ［德］尤尔根·哈贝马斯：《包容他者》，曹卫东译，上海人民出版社 2002 年版。

12. ［德］尤尔根·哈贝马斯：《后民族结构》，曹卫东译，上海人民出版社 2002 年版。

13. ［英］戴维·M. 沃克：《牛津法律大辞典》，李双元等译，法律出版社 2003 年版。

14. ［法］孟德斯鸠：《论法的精神》（上册），张雁深译，商务印书馆 2004 年版。

15. ［德］伊曼努尔·康德：《道德形而上学原理》，苗力田译，上海世纪出版集团 2005 年版。

16. ［古希腊］亚里士多德：《政治学》，高书文译，九州出版社 2007 年版。

17. ［美］哈罗德·J. 伯尔曼：《法律与革命：西方法律传统的形成》，（第 1 卷），贺卫方等译，法律出版社 2008 年版。

18. ［奥］曼弗雷德·诺瓦克：《〈公民权利和政治权利国际公约〉评注》（修订第 2 版），孙世彦、毕小青译，生活·读书·新知三联书店 2008 年版。

19. ［美］威廉·邓宁：《政治学说史》中卷，谢义伟译，吉林出版集团有限公司 2009 年版。

20. ［奥］曼弗雷德·诺瓦克：《国际人权制度导论》，柳华文译，北京大学出版社 2010 年版。

21. ［德］迪特尔·施瓦布：《德国家庭法》，王葆莳译，法律出版社 2010 年版。

22. ［德］萨维尼：《当代罗马法体系（一）：法律渊源·制定法解释·法律关系》，朱虎译，中国法制出版社 2010 年版。

23. ［美］林·亨特：《人权的发明：一部历史》，沈占春译，商务印书馆 2011 年版。

24. ［美］汉娜·阿伦特：《过去与未来之间》，王寅丽、张立立译，译林出版社 2011 年版。

25. ［法］卢梭：《社会契约论》，钟书峰译，法律出版社 2012 年版。

26. ［美］理查德·塔克：《自然权利诸理论：起源与发展》，杨利敏、朱圣刚译，吉林出版集团有限责任公司 2014 年版。

27. ［美］玛萨·艾伯森·法曼：《自治的神话：依赖理论》，李霞译，中国政法大学出版社 2014 年版。

28. 《德国民法典》，陈卫佐译注，法律出版社 2015 年版。

29. ［德］黑格尔：《法哲学原理》，范扬、张企泰译，商务印书馆 2017 年版。

30. ［美］艾伦·德肖维茨：《你的权利从哪里来?》，黄煜文译，北京大学出版社 2014 年版。

31. ［德］康德：《康德论教育》，李其龙、彭正梅译，人民教育出版社 2017 年版。

32. ［美］塞缪尔·莫恩：《最后的乌托邦：历史中的人权》，汪少卿、陶力行译，商务印书馆 2016 年版。

33. ［美］苏珊·穆勒·奥金：《正义、社会性别与家庭》，王新宇译，中国政法大学出版社 2017 年版。

34. ［美］汉娜·阿伦特：《人的境况》，王寅丽译，上海人民出版社 2017 年版。

35. ［美］玛莎·努斯鲍姆：《欲望的治疗：希腊化时期的伦理理论与实践》，徐向东、陈玮译，北京大学出版社 2018 年版。

36. ［德］卡尔·施米特：《宪法学说》，刘锋译，上海人民出版社 2016 年版。

37. ［美］约翰·洛克：《人权》，郑雨译，吉林出版集团股份有限公司 2018 年版。

38. ［澳］本·索尔、［澳］戴维·金利、［澳］杰奎琳·莫布雷：《〈经济社会文化权利国际公约〉评注、案例与资料》（上册），孙世彦译，法律出版社 2019 年版。

39. ［澳］本·索尔、［澳］戴维·金利、［澳］杰奎琳·莫布雷：《〈经济社会文化权利国际公约〉评注、案例与资料》（下册），孙世彦译，法律出版社 2019 年版。

（三）期刊论文

1. 徐显明：《人权主体之争引出的几个理论问题》，载《中国法学》1992年第5期。

2. 杜钢建：《析生活权与生存权》，载《法学探索·贵州省政法管理干部学院学报》1996年第2期。

3. 朱国斌：《法国关于私生活受尊重权利的法律与司法实践》，载《法学评论》1999年第3期。

4. 莫纪宏、宋雅芳：《论国际人权公约与国内宪法的关系》，载《中国法学》1999年第3期。

5. 杨成铭：《简评区域性人权机构与世界人权机构的关系》，载《法学评论》1999年第4期。

6. 黄列：《中国的家庭生活权及其保障》，载刘海年主编：《〈经济、社会和文化权利国际公约〉研究：中国挪威经社文权利国际公约研讨会文集》，中国法制出版社2000年版。

7. 徐显明、曲相霏：《人权主体界说》，载《中国法学》2001年第2期。

8. 孙世彦：《论国际人权法下国家的义务》，载《法学评论》2001年第2期。

9. 莫纪宏：《两个国际人权公约下缔约国的义务与中国》，载《世界经济与政治》2002年第8期。

10. 杨泽伟：《论人权国际保护与国家主权》，载《法律科学（西北政法学院学报）》2003年第6期。

11. ［芬］凯塔琳娜·佛罗斯特尔：《实质平等和非歧视法》，载《环球法律评论》2005年第1期。

12. 杨成铭：《受教育权的国家义务研究》，载《政法论坛》2005年第2期。

13. 杨成铭：《论欧洲人权机构对家庭生活权的保护》，载《法学论坛》2005年第2期。

14. 齐延平：《国家的人权保障责任与国家人权机构的建立》，载《法制与社会发展》2005 年第 3 期。

15. 韩大元：《国家人权保护义务与国家人权机构的功能》，载《法学论坛》2005 年第 6 期。

16. 李拥军：《论权利的生成》，载《学术研究》2005 年第 8 期。

17. 邓正来：《中国法学向何处去（上）——建构“中国法律理想图景”时代的论纲》，载《政法论坛》2005 年第 1 期。

18. ［法］菲利浦·格雷茨亚诺：《欧洲对于私生活的法律保护：法国与德国的比较》，石佳友译，载《法学家》2006 年第 3 期。

19. 杨永纯：《〈欧盟基本权利宪章〉研究——基于亚洲区域一体化视角的反思》，载《山东社会科学》2006 年第 6 期。

20. 上官丕亮：《生命权宪法保障的理论基础研究》，载《环球法律评论》2007 年第 6 期。

21. 孙萌：《国际人权法与国际人道主义法之比较研究》，载《东岳论丛》2008 年第 2 期。

22. 赵新彬：《英国 1998 年〈人权法案〉对尊重私人与家庭生活权利的保护及其借鉴》，载《河南司法警官职业学院学报》2008 年第 2 期。

23. 高鸿钧：《走向交往理性的政治哲学和法学理论（上）——哈贝马斯的民主法治思想及对中国的借鉴意义》，载《政法论坛》2008 年第 5 期。

24. 高鸿钧：《走向交往理性的政治哲学和法学理论（下）——哈贝马斯的民主法治思想及对中国的借鉴意义》，载《政法论坛》2008 年第 6 期。

25. 曾培芳、王冀：《议“家庭”概念的重构——兼论家庭法学体系的完善》，载《南京社会科学》2008 年第 11 期。

26. 魏书音：《未成年人的最佳利益、自由和权利》，载《中山大学法律评论》2015 年第 4 期。

27. 李震山：《宪法意义下之家庭权》，载《中正大法学集刊》第 16 期（2004 年）。

28. 徐国栋：《国家亲权与自然亲权的斗争与合作》，载《私法研究》2011 年第 1 期。

29. 王泽鉴：《人格权的具体化及其保护范围·隐私权篇》（下），载《比较法研究》2009 年第 2 期。

30. 张作华：《事实身份行为与事实身份关系的法律保护——以事实婚姻为中心》，载《四川大学学报（哲学社会科学版）》2009 年第 4 期。

31. 杨开湘：《隐私权：私人生活的法律保障》，载《湖湘论坛》2009 年第 5 期。

32. 郭道晖：《人权的国家保障义务》，载《河北法学》2009 年第 8 期。

33. 柳华文：《性别平等：联合国人权条约机构的实践及其启示》，载《法学杂志》2009 年第 8 期。

34. 张杨：《国家介入父母、子女关系的法理基础及限度》，载《法制与社会》2010 年第 6 期。

35. 钟国才、张继承：《身份权类型的理论认识与评价——基于类型化思维的思考》，载《南昌大学学报（人文社会科学版）》2010 年第 5 期。

36. 毛俊响：《国际人权公约权利限制的基本原则及其对我国的启示》，载《政治与法律》2010 年第 9 期。

37. 杨帅：《论国家人权机构与国际性和区域性人权保障机制的关系》，载《法律适用》2010 年第 10 期。

38. 李秋高：《在伦理与法理之间：一种古老权利的重新构造——家庭权法律问题初步研究》，载《北京理工大学学报（社会科学版）》2011 年第 1 期。

39. 郑素华：《儿童权利保护的“非歧视”原则探究》，载《青少年犯罪研究》2011 年第 1 期。

40. 齐延平：《论作为法治价值基础的“人的尊严”》，载《江苏行政学院学报》2011 年第 1 期。

41. 徐国栋：《普通法中的国家亲权制度及其罗马法根源》，载《甘肃社会科学》2011 年第 1 期。

42. 杜承铭：《论基本权利之国家义务：理论基础、结构形式与中国实践》，载《法学评论》2011 年第 2 期。

43. 张翔：《论家庭身份的私法人格底蕴及其历史演变》，载《法律科学（西北政法大学学报）》2011 年第 2 期。

44. 施慧玲、陈竹上：《论婚姻移民家庭权之平等保障——全球法本土化的考察与反思》，载《月旦法学杂志》2011 年第 2 期。

45. 李洁：《学习权研究的现状、趋势与展望》，载《湖北社会科学》2011 年第 3 期。

46. 姚国建：《宪法是如何介入家庭的？——判例法视角下的美国宪法对家庭法的影响及其争拗》，载《比较法研究》2011 年第 6 期。

47. 方兴、田海平：《道德权利如何为正当的权利体系奠基》，载《南京社会科学》2012 年第 2 期。

48. 张作华：《认真对待民法中的身份——我国身份法研究之反思》，载《法律科学（西北政法大学学报）》2012 年第 4 期。

49. 张翔：《基本权利的体系思维》，载《清华法学》2012 年第 4 期。

50. 翁燕青：《私人与家庭生活的欧洲共识与善良风俗》，载《人权与跨国性司法实践（欧洲人权裁判研究四）》，台北，元照出版有限公司 2012 年版。

51. 刘茂林、秦小建：《论宪法权利体系及其构成》，载《法制与社会发展》2013 年第 1 期。

52. 王锴：《婚姻、家庭的宪法保障——以我国宪法 49 条为中心》，载《法学评论》2013 年第 2 期。

53. 刘保玉、周玉辉：《论安宁生活权》，载《当代法学》2013 年第 2 期。

54. 邓晓芒：《黑格尔的家庭观和中国家庭观之比较——读〈精神现象学〉札记（之一）》，载《华中科技大学学报（社会科学版）》2013 年第 3 期。

55. 张伟：《国际人权条约与宪法的关系》，载《政法论坛》2013 年第 3 期。

56. 张永和、严冬：《论软法的力量——基于国际人权公约视角的研究》，载《思想战线》2013 年第 3 期。

57. 郑玉双：《婚姻与共同善的法哲学分析——兼论同性婚姻合法化困境》，载《浙江社会科学》2013 年第 5 期。

58. 石文龙：《中外宪法基本权利限制的研究现状及其评述》，载《云南大学学报（法学版）》2013 年第 6 期。

59. 夏吟兰：《婚姻家庭法的伦理分析》，载夏吟兰、龙翼飞主编：《家事法研究》2013 年卷，社会科学文献出版社 2013 年版。

60. 杨海坤：《宪法平等权与弱者权利的立法保障——以老年人权益保护立法为例》，载《法学杂志》2013 年第 10 期。

61. 张杨、周翰伯：《干预主义的国家介入父母子女关系理论之探讨》，载《辽宁公安司法管理干部学院学报》2014 年第 1 期。

62. 单纯：《论艾滋病关联者人权保障的法理特征》，载《法治研究》2013 年第 12 期。

63. 张翔：《走出“方法论的杂糅主义”——读耶利内克〈主观公法权利体系〉》，载《中国法律评论》2014 年第 1 期。

64. 袁钢：《国家保障人权：最佳人权保障机制》，载《人权》2014 年第 2 期。

65. 郑净方：《国家亲权的理论基础及立法体现》，载《预防青少年犯罪研究》2014 年第 3 期。

66. 刘权：《目的正当性与比例原则的重构》，载《中国法学》2014 年第 4 期。

67. 韩央迪：《家庭主义、去家庭化和再家庭化：福利国家家庭政策的发展脉络与政策意涵》，载《南京师范大学学报（社会科学版）》2014 年第 6 期。

68. 常健：《论中国人权保障的四类规范及其相互关系》，载《现代法学》2015 年第 2 期。

69. 夏吟兰、陈汉、刘征峰：《涉台婚姻中离婚后子女抚养权、探视权保障研究》，载《海峡法学》2015 年第 2 期。

70. 金小红、王静美：《城乡结合部留守儿童的行为问题：亲子分离或家庭教育的影响——基于定量分析的研究》，载《教育研究与实验》2015 年第 3 期。

71. 柳华文：《联合国与人权的国际保护》，载《世界经济与政治》2015 年第 4 期。

72. 郑春燕：《基本权利的功能体系与行政法治的进路》，载《法学研究》2015 年第 5 期。

73. 管华：《人权证成范式批判》，载《人权》2016 年第 1 期。

74. 夏吟兰：《比较法视野下的“父母责任”》，载《北方法学》2016 年第 1 期。

75. 黎红雷：《儒家家庭观及其在现代企业中的转化》，载《学术论衡》2016 年第 3 期。

76. 毛俊响：《国际人权话语权的生成路径、实质与中国的应对》，载《法商研究》2017 年第 1 期。

77. 黎敏：《“宪法体系化”再思考——限权宪法原理下的限权原则体系与宪法价值秩序》，载《政法论坛》2017 年第 2 期。

78. 张杨：《西方儿童权利保护论与解放论争议之探讨——基于年龄—能力—权力模式的争论》，载《沈阳工业大学学报（社会科学版）》2017 年第 3 期。

79. 朱军：《系统论视角下国家义务理论的构造：体系与方法》，载《福建行政学院学报》2017 年第 3 期。

80. 王锴：《论宪法上的一般人格权及其对民法的影响》，载《中国法学》2017 年第 3 期。

81. 曾祥耿：《公共生活与私人生活的间性思考——阿伦特人类活动领域理论旨趣析解》，载《海南师范大学学报（社会科学版）》2017 年第 5 期。

82. 于文豪：《试论人权法学研究的定位、内容与方法》，载《人权》2017 年第6 期。

83. 毛俊响：《论“联合国核心人权公约”的共性 》，载《人权》2017 年第 6 期。

84. 杨辉明、李培昌、骆首鸣：《拘役罪犯回家生活权落实困境与破解》，载《人民检察》2017 年第 7 期。

85. 于佳立：《从传统到现代：人类共同生活基本结构的变迁——读斐迪南·滕尼斯〈共同体与社会〉》，载《南方论刊》2017 年第 9 期。

86. 杨翱宇：《论比例原则在民法中的地位》，载《河北法学》2017 年第 12 期。

87. 王德志：《论宪法与国际法的互动》，载《中国法学》2019 年第 1 期。

88. 刘练军：《民法典应承载宪法对家庭之制度性保障》，载《法制与社会发展》2018 年第 2 期。

89. 唐冬平：《在国家主义与个人主义之间：中国宪法上的家庭观及其转型》，载《江汉大学学报（社会科学版）》2018 年第 4 期。

90. 侯健：《人权何以成为人权：证明方式、内在逻辑及理据》，载《政法论丛》2018 年第 4 期。

91. 王进文：《宪法基本权利限制条款权利保障功能之解释与适用——兼论对新兴基本权利的确认与保护》，载《华东政法大学学报》2018 年第 5 期。

92. 詹世友：《共同的好生活：康德政治伦理学的本旨》，载《道德与文明》2018 年第 5 期。

93. 黄德明、谢垚琪、陈珺：《保护基本权利原则在〈欧盟基本权利宪章〉生效后的前景分析》，载《广西大学学报（哲学社会科学版）》2019 年第 2 期。

94. 林建军：《论国家介入儿童监护的生成机理与生成条件》，载《中国法律评论》2019 年第 3 期。

95. 郭栋：《法理的概念：反思、证成及其意义》，载《中国法律评论》2019 年第 3 期。

96. 王炳钰：《移民与家庭生活：新西兰中国新移民实证研究》，载《中山大学学报（社会科学版）》2019 年第 3 期。

97. 王进文：《基本权国家保护义务的疏释与展开——理论溯源、规范实践与本土化建构》，载《中国法律评论》2019 年第 4 期。

98. 林建军：《国际人权公约视野下儿童家庭生活权概念的逻辑展开》，载《人权》2019年第6期。

99. 李仲宇：《阿伦特保守主义儿童观及其现实意义》，载《曲靖师范学院学报》2019年第6期。

100. 王利明：《生活安宁权：一种特殊的隐私权》，载《中州学刊》2019年第7期。

（四）学位论文

1. 何志鹏：《人权国际化基本理论研究》，吉林大学2004年博士学位论文。

2. 郭玉芳：《新自由主义：自由与平等的关系》，吉林大学2009年博士学位论文。

3. 刘丽：《〈欧洲人权公约〉实施机制——兼论对亚洲及中国的启示》，武汉大学2011年博士学位论文。

4. 吴鹏飞：《嗷嗷待哺：儿童权利的一般理论与中国实践》，苏州大学2013年博士学位论文。

5. 王琼雯：《家庭权初论》，苏州大学2013年博士学位论文。

6. 段立章：《儿童宪法权利研究》，山东大学2016年博士学位论文。

二、外文文献

（一）外文专著

1. Shazia Choudhry & Jonathan Herring, *European Human Rights and Family Law*, Hart Publishing, 2010.

2. Maribel Gonzǘlez Pascual & Aida Torres Pérez, *The Right to Family Life in the European Union*, Routledge, 2017.

3. John Tobin, *The UN Convention on the Rights of the Child: A Commentary*, Oxford University Press, 2019.

（二）外文期刊

1. Michael Rosenbaum, *Are Family Responsibility Laws Constitutional*,

1 Family Law Quarterly 55 (1967).

2. Paltrow LM. , *Religious Freedom and Family Life*: *Reflections on the Right to Choose*, 6 Conscience 3 (1985).

3. Hugo Storey, *The Right to Family Life and Immigration Case Law at Strasbourg*, 39 Int'l & Comp. L. Q. 328 (1990).

4. Courtney R. Howell, *The Right to Respect for Family Life in the European Court of Human Rights*, 34 U. Louisville J. Fam. L. 693 (1995).

5. Helen Sweeting and Patrick West & Martin Richards, *Teenage Family Life, Lifestyles and Life Chances*: *Associations with Family Structure, Conflict with Parents and Joint Family Activity*, 12 International Journal of Law, Policy and the Family 15 (1998).

6. Stephanie Lagoutte, *Surrounding and Extending Family Life*: *The Notion of Family Life in the Case – law of the European Court of Human Rights*, 21 Mennesker OG Rettigheter 292 (2003).

7. Samantha Besson, *The Principle of Non – discrimination in the Convention on the Rights of the Child*, 13 Int'l J. Child. Rts. 433 (2005).

8. Ann Laquer Estin, *Family Law Federalism*: *Divorce and the Constitution*, 16 William & Mary Bill of Rights Journal 381 (2007).

9. Thomas Hammarberg, *The Principle of the Best Interests of the Child*: *What It Means and What It Demands from Adults*, Warsaw (2008).

10. Katherine K. Baker, *Marriage and Parenthood as Status and Rights*: *The Growing, Problematic and Possibly Constitutional Trend to Disaggregate Family Status from Family Rights*, 71 Ohio State Law Journal 127 (2010).

11. O. Ghita, *Marriage and Family Life in the Jurisprudence of the European Court of Human Rights*, 8 Agora Int'l J. Jurid. Sci. 58 (2014).

12. Lior Barshack, *Dignity, Descent, and the Rights to Family Life*, 8 Law & Ethics of Human Rights 161 (2014).

13. Lucas Lixinski, *Comparative International Human Rights Law*: *An Analy-*

sis of the Right to Private and Family Life across Human Rights "Jurisdictions", 32 Nordic Journal of Human Rights 99 (2014).

14. Ihsan Yilmaz, *Pakistan Federal Shariat Court's Collective Ijtihād on Gender Equality, Women's Rights and the Right to Family Life*, 25 Islam and Christian – Muslim Relations 181 (2014).

15. Marjan Ajevski, *Fragmentation in International Human Rights Law: Beyond Conflict of Laws*, 32 Nordic Journal of Human Rights 87 (2014).

16. Linda D. Elrod, *Family Law and Human Rights: The United States Perspective*, 7 International Law Forum 167 (2005).

17. Vasile Tudor, *Legal Aspects of the Right to Respect Private and Family Life*, 21 Nephron Clinical Practice2 (2015).

18. L. Yu. Fomina, *Protection of the Right to Respect for Private and Family Life in European Court of Human Rights*, Special Issue 3, Part B. European Research Studies 19 (2016).

19. Bree Akesson, *The Right to Home: Domicide as a Violation of Child and Family Rights in the Context of Political Violence*, 30 Children & Society 369 (2016).

20. Koldo Casla, *The Rights We Live in: Protecting the Right to Housing in Spain through Fair Trial, Private and Family Life and Non – retrogressive Measures*, 20 The International Journal of Human Rights 285 (2016).

21. Sylvie Da Lomba, *Vulnerability and the Right to Respect for Private Life as an Autonomous Source of Protection against Expulsion under Article* 8 *ECHR*, 6 Laws 32 (2017).

22. Serena Mayeri, *Intersectionality and the Constitution of Family Status*, 32 Constitutional Commentary 377 (2017).

23. European Court of Human Rights, *Guide on Article* 8 *of the European Convention on Human Rights: Right to Respect for Private and Family Life*, Home and Correspondence, https://www.echr.coe.int/Documents/Guide

Art8ENG. pdf.

24. Michael J. Higdon, *Constitutional Parenthood*, 103 Iowa Law Review 1483 (2018).

25. Bianca – Codruta Băra, *The Right to Family Life and Religious Freedom Versus the States' Interests*, 24 International Conference KNOWLEDGE – BASED RGANIZATION 156 (2018).

26. Delphine Nakache, *Migrant Workers and the Right to Family Accompaniment: A Case for Family Rights in International Law and in Canada*, 56 International Migration 221 (2018).

27. Frances Nicholson, *The Right to Family Life and Family Unity of Refugees and Others in Need of International Protection and the Family Definition Applied*, Legal and Protection Policy Research Series 35 (2018).

28. Karsten Herzmann, *The Protection of Marriage and Family: A Constitutional Responsibility to Enable All – embracing Interaction as a Means without an (Objective) End*, Springer China – EU Law Journal 2019.

（三）外文判例（欧洲人权法院）

1. Werner SÜS *v.* Germany, No. 32299/02, 31 July 2002.

2. Sylvester *v.* Austria, No. 36812/97 and 40104/98, 24 July 2003.

3. C. G. and others *v.* Bulgaria, No. 1365/07, 5 December 2006.

4. K. B. and others *v.* Croatia, No. 36216/13, 14 March 2017.

5. S. S. *v.* Slovenia, No. 40938/16, 30 October 2018.

6. Gaspar *v.* Russia, No. 23038/15, 12 June 2018.

7. Wunderlich *v.* Germany, No. 18925/15, 10 January 2019.

8. BEGOVI. *v.* CROATIA, No. 35810/14, 13 June 2019.

9. Blyudik *v.* Russia, No. 46401/08, 25 June 2019.

10. Olindraru *v.* Romania, No. 1490/17, 19 March 2019.

附　录

本文涉及的条约机构一般性意见/建议一览表

序号	条约机构	一般性意见/建议	主题
1	人权事务委员会	第 1 号一般性意见	报告义务
2		第 2 号一般性意见	报告准则
3		第 3 号一般性意见	第 2 条（国家一级的执行）
4		第 16 号一般性意见	第 17 条（隐私权）
5		第 17 号一般性意见	第 24 条（儿童权利）
6		第 18 号一般性意见	不歧视
7		第 19 号一般性意见	第 23 条（家庭）
8		第 23 号一般性意见	第 27 条（少数群体的权利）
9		第 27 号一般性意见	第 12 条（迁徙自由）
10		第 28 号一般性意见	第 3 条（男女权利平等）
11		第 31 号一般性意见	《公约》缔约国的一般法律义务的性质
12		第 32 号一般性意见	在法庭和裁判所前一律平等和获得公正审判的权利
13		第 34 号一般性意见	见解自由和言论自由（《公约》第 19 条）
14	儿童权利委员会	第 2 号一般性意见	独立的国家人权机构在保护和增进儿童权利的作用
15		第 5 号一般性意见	执行《儿童权利公约》的一般措施（第 4 条、第 42 条和第 44 条第 6 款）
16		第 6 号一般性意见	远离原籍国无人陪伴和无父母陪伴的儿童待遇

续表

序号	条约机构	一般性意见/建议	主题
17		第 7 号一般性意见	在幼儿期落实儿童权利
18		第 8 号一般性意见	儿童受保护免遭体罚和其他残忍或不人道形式惩罚的权利
19		第 9 号一般性意见	残疾儿童的权利
20		第 10 号一般性意见	少年司法中的儿童权利
21		第 12 号一般性意见	儿童表达意见的权利
22		第 14 号一般性意见	儿童将他或她的最大利益列为一种首要考虑的权利（第 3 条第 1 款）
23	经济、社会、文化权利委员会	导言	一般性意见的目的
24		第 3 号一般性意见	缔约国义务的性质（《公约》第 2 条第 1 款）
25		第 5 号一般性意见	残疾人
26		第 20 号一般性意见	经济、社会和文化权利方面不歧视（《经济、社会及文化权利国际公约》第 2 条第 2 款）
27	消除对妇女歧视委员会	第 6 号一般性建议	有效的国家机制和宣传
28		第 21 号一般性建议	婚姻和家庭关系中的平等
29		第 29 号一般性建议	婚姻、家庭关系及其解消的经济后果
30	保护所有移徙工人及其家庭成员权利委员会、儿童权利委员会	保护所有移民工人及其家庭成员权利委员会第 4 号和儿童权利委员会第 23 号联合一般性意见（2017 年）	保护所有移徙工人及其家庭成员权利委员会和儿童权利委员会通过了《关于原籍国、过境国、目的地国和返回国在具国际移民背景儿童的人权方面的国家义务的保护所有移民工人及其家庭成员权利委员会第 4 号和儿童权利委员会第 23 号联合一般性意见（2017 年）》